ABC
de la psychologie
et de la psychanalyse

Corinne Morel

ABC
de la psychologie
et de la psychanalyse

Editeur : Michel Grancher

JACQUES GRANCHER
98, rue de Vaugirard
75006 Paris

COLLECTION ABC

ABC de l'Astrologie, D. de Caumon-Paoli
ABC de la Cartomancie, G. Sciuto
ABC de la Graphologie, M. Moracchini
ABC de l'Hypnose, E. Barone et J. Mandorla
ABC de l'Astrologie chinoise, D. de Caumon
ABC des Rêves, C. Genest
ABC du Yoga, M.-F. Lemoine
ABC des Tarots, C.H. Silvestre
ABC des couleurs, D. Béresniak
ABC du Yi-King, B. Ducourant
ABC de la Géomancie, A.-M. Cacciaguerra
ABC de la Morphopsychologie, C. Binet
ABC du Magnétisme, J. Mandorla
ABC des Sciences Occultes, L. Maar et C.H. Silvestre
ABC de la Numérologie, J.-D. Fermier
ABC des Prévisions Astrologiques, D. de Caumon
ABC de la Morphochirologie, M. Bouillon et P. Rouillier
ABC de la Radiesthésie, J.-L. Crozier et J. Mandorla
ABC de la Géobiologie, D. Semelle
ABC des Expressions du Visage, Dr L. Corman
ABC de la Chance, G. Schwinn
ABC de la Symbolique du tarot, C. Silvestre-Haéberlé
ABC des Runes, J.-P. Ronecker
ABC de la Numérologie chinoise, J.-D. Fermier
ABC de l'Astrographologie, S. Chermet-Carroy
ABC de la Médecine chinoise, N. Raphaël
ABC de la Relaxation, J. Choque
ABC de Généalogie, V. Gautier
ABC des Chakras, D. Lecroq
ABC du QI Gong, L. Dong
ABC de L'Encromancie, U. Mukanda
ABC de la Magie Blanche, P. Guérin
ABC des Coïncidences mystérieuses, Jean Moisset
ABC de l'Énergie pyramidale, Jacques Warin

COLLECTION ORACLE

L'Oracle de Belline, C. Silvestre-Haéberlé
Numérologie : Le Livre des cycles, J.-D. Fermier
Numérologie : Le symbolisme des lettres, J.-D. Fermier
Votre avenir au quotidien par les tarots, C.-H. Silvestre
12 meilleures méthodes pour tirer le tarot, C.-H. Silvestre
Le livre des signes et des symboles, Schwarz-Winklhofer-Biedermann
La numérologie au quotidien, J.-D. Fermier
La roue astrologique et le tarot, C. Silvestre-Haéberlé
Le grand jeu de Mlle Lenormand, C. Silvestre-Haéberlé
Les symboles dans la Bible, A. Soued
Le Tarot Persan de Mme Indira, Mme Indira, C. Silvestre-Haéberlé
Le Tarot du Chat, C. Sédillot, C. Trapet
Les Messages du Rêve, E. Gautier
Votre Avenir au quotidien par le Yi-King, J. Warin

Les Tarots, C. Silvestre-Haéberlé
L'Energie au bout des mains, J.-L. Crozier
Les 10 Meilleures façons de tirer Le Belline, C. Silvestre-Haéberlé
Réincarnation et renaissance intérieure, J. Esner
Les Anges de votre vie, Dr J.-M. Paffenhoff
Le Tarot Hindou, Mme Indira et C. Silvestre-Haéberlé
Tarot et Numérologie, J.-D. Fermier et C. Silvestre-Haéberlé
Découvrez votre destinée grâce à l'astrologie karmique, Laurence Larzul
Le grand Etteilla et le Tarot égyptien, Colette Silvestre-Haéberlé

COLLECTION AUTREMENT

La Numérologie Autrement, M.-L. Roth
L'Astrologie Autrement, M. Duquesne
La Couleur Autrement, Brigitte Gautier
La Dynamique Mentale Autrement, M.-L. Roth
La Voyance Autrement, Corinne Morel
Le Magnétisme Autrement, A. Van Eizner
La Sophrologie Autrement, A. Payen de la Garenderie
La Graphologie Autrement, S. Chermet-Carroy
La Chirologie Autrement, C. Peyron

ISBN : 2733904604

INTRODUCTION

« Connais-toi, toi-même »

Psychologie au quotidien

Brigitte a trente-deux ans. Elle est seule, et même désespérément seule si on l'écoute. Toutes ses tentatives pour rencontrer l'âme-sœur ont échoué. Pourtant, elle tombe facilement amoureuse et elle ne compte plus le nombre d'hommes qu'elle a aimé ou cru aimer. Néanmoins, chaque fois qu'elle éprouve des sentiments, l'élu est marié, habite à cinq cents kilomètres ou est sous le joug d'une mère possessive qu'il refuse de quitter. Bref, Brigitte a l'impression d'être sous l'influence d'un mauvais sort qui la frustrerait constamment de l'amour. Elle se sent persécutée et ne comprend pas pourquoi avec elle « ça ne marche jamais », pourquoi il y a toujours un problème insurmontable. Quand elle se plaint de ses mésaventures sentimentales, ses amies lui reprochent gentiment ses choix :

- « Tu as le chic pour systématiquement t'engager dans des relations impossibles ! » lui disent-elles.

Brigitte reconnaît la réalité de la remarque mais elle ne se sent absolument pas responsable. Elle n'y est pour rien. Ce n'est quand même pas de sa faute si elle tombe amoureuse d'hommes mariés, éloignés, submergés par un travail envahissant, etc. Un jour, une de ses amies lui conseille de réfléchir vraiment sur la situation, sans rien se cacher, de cesser de se considérer comme une victime ou de se croire envoûtée par quelques méchants sortilèges. Elle lui explique qu'elle-même a vécu la même histoire. A bout de force, elle est allée trouver un ***psychothérapeute***. Cette démarche lui a permis de comprendre que ce qui se passait dans sa vie affective n'était pas innocent et que, finalement, en y réfléchissant bien, elle faisait toujours en sorte de s'éprendre d'hommes indisponibles.

- « Tu comprends, lui dit-elle, le problème ne venait pas de l'extérieur mais de l'intérieur, c'étaient *mes mauvais fantômes* qu'il fallait chasser ! »

- « Alors tu crois que c'est parce que je m'interdis d'être aimée ? » lui demande Brigitte incrédule.

- « C'est possible, mais la cause peut aussi être ailleurs, chaque cas est unique et donc chaque réponse est individuelle. Ce que je peux en revanche t'assurer, c'est que tu es responsable de ce qui t'arrive. Sans le savoir bien sûr, sans même être consentante, mais responsable, quand même. C'est un ***choix inconscient*** ! »

Brigitte la regarde. Elle est sceptique. Mais tout au fond d'elle une voix lui dit : « Beaucoup de femmes trouvent des hommes libres et désireux de s'engager et de s'unir, alors pourquoi pas moi ? »

*

* *

François est toujours malade. Malade n'est pas vraiment le terme exact, car le plus souvent, les médecins ne diagnostiquent aucun trouble organique. Les plus téméraires le renvoient chez lui, en lui recommandant de moins s'écouter, les autres, par stratégie ou par négligence, lui prescrivent quelques médicaments dans le but de soulager les symptômes ressentis, mais artificiels.

Il n'en demeure pas moins que François se plaint perpétuellement de douleurs, de migraines, de maux d'estomac, de crampes, etc. Au moindre trouble, il court chez un médecin. Son entourage ne prend plus guère au sérieux « ses » maladies et essaie de le raisonner. En fait, il semble que François a besoin d'être malade pour exister. C'est comme si la maladie donnait un sens à sa vie, comme si elle lui donnait une identité.

Lors de l'une de ses innombrables consultations médicales, le généraliste qui l'ausculte lui parle d'***hypocondrie*** et lui conseille de s'adresser à un ***psychologue***. A cette simple évocation, François s'emporte :

- « Je ne suis pas fou », rétorque-t-il à son médecin.

- « Personne ne vous parle de folie ; d'ailleurs, ce terme ne signifie pas grand chose. Il n'y a aucune honte à consulter un psychologue. En l'occurrence, il pourrait vous aider et il saura, dans tous les cas, mieux vous expliquer ce qu'est l'*hypocondrie* », répond calmement le médecin.

*

* *

Marie doit se rendre à une soirée. Cette perspective ne l'enthousiasme guère. Elle craint, en fait, d'y retrouver une amie, qu'elle n'a pas revue depuis plusieurs mois, et envers laquelle elle nourrit quelques griefs. N'osant pas inventer une excuse, par horreur du mensonge, Marie se résigne à se rendre à cette soirée. Au moment où elle s'apprête à quitter son appartement, elle ne parvient pas à mettre la main sur ses clefs. Elle cherche dans tout l'appartement, mais le trousseau reste introuvable. Au bout d'une heure de vaines recherches, elle s'aperçoit qu'il lui sera impossible d'aller à la soirée prévue. D'une part, parce qu'elle est à présent terriblement en retard ; d'autre part, parce que, de toute manière, elle n'est toujours pas parvenue à retrouver ses clefs et qu'elle ne peut pas partir en laissant sa porte ouverte. Très agacée, comme toute personne le serait dans la même situation, elle téléphone à Nathalie, organisatrice de la soirée, pour s'excuser de son absence.

Le lendemain, dans un magasin de son quartier, elle rencontre un ami, qui était à la soirée de la veille. Marie lui explique alors ses malheurs et conclut en annonçant qu'elle a finalement retrouvé ses clefs. Le trousseau se trouvait dans la poche d'une vieille veste en laine. Bien que Marie ne comprenne pas comment ses clefs avaient pu atterrir dans ce vêtement, elle s'avoue bien heureuse de les avoir retrouvées et en haussant les épaules s'exclame :

- « Tant pis, pour la soirée, de toute façon, je ne tenais pas tellement à y aller. Et puis, l'essentiel c'est d'avoir retrouvé mes clefs. »

Son ami la regarde, amusé, et lui dit :

- « En ***psychanalyse***, au sujet de ton histoire, on parlerait d'***acte manqué !*** »

*

* *

Choix inconscient pour Brigitte, ***hypocondrie*** pour François, ***acte manqué*** pour Marie ; autant de mots et de concepts que l'ABC de la psychologie se propose d'éclairer et de comprendre. Mais bien d'autres aussi comme ***inconscient, libido, pulsions de mort, paranoïa,*** etc. Car la destination de la psychologie est dans ce projet : éclairer et comprendre les comportements humains.

Une science de l'Âme

La multiplicité des théories et des thérapies est à l'origine de la confusion qui règne dans l'esprit de la plupart des personnes. Beaucoup assimilent psychiatrie et psychologie, ou encore amalgament psychanalyse et psychothérapie. L'information est pauvre en la matière et, à moins d'être un initié, les différences, aussi importantes soient-elles du point de vue théorique ou pratique, demeurent ignorées. Aussi, dans un premier temps, il est nécessaire de distinguer clairement les quatre disciplines fondatrices : la psychologie, la psychanalyse, la psychiatrie et la psychothérapie.

Psychologie, psychanalyse, psychiatrie et psychothérapie

Quelle est la différence entre un psychologue et un psychiatre ? Qu'est-ce que la psychanalyse ? Que signifie psychothérapie ? La liste est encore longue des questions qui se posent au non-initié, pour qui ces statuts sont dénués de sens.

En fait, si l'on veut répondre à ces premières questions, il convient d'abord d'élucider deux questions plus fondamentales encore, qui sont :

1) Qu'est-ce qui réunit le psychologue, le psychanalyste, le psychiatre et le psychothérapeute ?

Réponse : leur objet d'étude, l'esprit.

2) Qu'est-ce qui les sépare ?

Réponse : principalement, leur conceptualisation, leur formation et leurs méthodes.

Nous comprenons ainsi que ce qui relie ces quatre disciplines, ***leur objet d'étude*** : *l'esprit,* explique en grande partie, voire en totalité, la confusion qui règne. C'est un peu comme amalgamer homéopathe et acupuncteur. Certes, l'un et l'autre sont médecins, l'un et l'autre soignent les désordres organiques, mais il n'en demeure pas moins vrai que leur technique et leur conceptualisation divergent. Le même parallèle peut s'établir entre, par exemple, un rhumatologue et un gynécologue. Il ne viendrait à l'esprit de personne d'aller consulter un gynécologue pour un problème de... dos ! Pourtant, l'un et l'autre sont médecins et l'un et l'autre partagent le même objet d'étude : le corps. Cependant, leur spécialité se différencie aisément ; même le profane (le non-médecin) est capable d'assimiler et de comprendre la différence.

En psychologie, il n'en va pas de même, parce que l'esprit ne peut pas être morcelé comme le corps ! Les spécialités médicales correspondent effectivement à un morcellement du corps. Le dermatologue s'occupe des problèmes cutanés, le dentiste des affections dentaires, le stomatologue des troubles digestifs... A chacun sa partie du corps ! En psychologie, on ne peut opérer ce type de divisions. Ce sont donc uniquement les techniques employées et la conceptualisation du fonctionnement psychique qui divergent. Mais, plus essentiellement encore, c'est la formation suivie qui permet objectivement d'opérer des césures.

*Le **psychologue*** a suivi une formation universitaire. La profession est réglementée et le psychologue patenté est obligatoirement possesseur d'un DESS. Il a suivi au minimum cinq années d'études et seul l'enseignement dispensé par les Instituts universitaires de psychologie donne droit à l'exercice de la profession. Toutes les personnes, ayant suivi un autre cursus, ne sont pas autorisées à porter le titre de psychologue.

*Le **psychanalyste,*** en revanche, n'a pas nécessairement une formation universitaire. En fait, il n'existe pas d'études universitaires de psychanalyse. La profession n'est pas protégée ; ce qui signifie que toute personne peut s'improviser psychanalyste et apposer, à cet effet, une plaque sur sa porte ! Cependant, dans la réalité, les psychanalystes amateurs ne sont pas légion. La majorité des praticiens ont rempli les deux conditions nécessaires à l'exercice de la profession : formation dans un Institut d'études psychanalytiques (pour l'aspect théorique) et analyse didactique (pour l'aspect thérapeutique). C'est d'ailleurs essentiellement ce deuxième élément qui donne droit au titre : le psychanalyste, avant de psychanalyser à son tour, a été psychanalysé lui-même ! On parle, dans cette perspective, d'analyse didactique, définie selon Laplanche et Pontalis comme :

> « *La psychanalyse que suit celui qui se destine à l'exercice de la profession de psychanalyste et qui constitue la pièce maîtresse de sa formation.*»[1]

---

1. J. LAPLANCHE et J.-B. PONTALIS. Vocabulaire de la psychanalyse, p. 25.

Le psychiatre, pour sa part, a suivi des études de médecine, la psychiatrie correspondant à une spécialisation. Il s'agit donc d'un ***médecin spécialisé.*** A la différence du psychologue ou du psychanalyste, il peut prescrire des médicaments. Par sa formation, il envisage plus les désordres psychiques sous un angle médical que sous un angle psychologique. Mais il peut également, dans le cadre de ses fonctions, proposer une psychothérapie ou une analyse, selon qu'il se soit formé à ces techniques ou pas.

Le psychothérapeute, enfin, est formé à une ou plusieurs thérapies. Tout comme pour la psychanalyse, l'exercice de la profession n'est pas protégé et peut s'installer psychothérapeute qui veut. Le nombre de thérapies ne cessant d'augmenter, il y a quantité de psychothérapeutes. Les formations (lorsqu'elles existent !) sont privées. Il n'y a pas d'études universitaires de psychothérapie. Cela étant dit, les thérapies les plus anciennes ou les plus célèbres (comme l'analyse jungienne, la thérapie comportementale, le psychodrame) sont bien structurées. L'exercice est alors étroitement surveillé et découle d'une formation sérieuse et approfondie.

On le voit, chaque discipline se différencie de ses consœurs principalement par la nature, la réglementation et la qualité des formations. Néanmoins, les choses se compliquent singulièrement lorsqu'on envisage les fréquentes intrications auxquelles ce quaternaire donne lieu.

Un praticien peut être et psychologue et psychanalyste. Un psychiatre peut être formé à la thérapie comportementale et officier alors en qualité de psychothérapeute. Un psychanalyste peut adjoindre à la cure analytique classique des thérapies plus contemporaines. Un psychothérapeute peut être et psychothérapeute et psychologue diplômé ou psychanalyste ou psychiatre. La confusion s'explique alors aisément, et si l'on en croit la multitude de thérapies qui naissent chaque année elle est loin d'être tarie. Sans compter que certains praticiens exercent sans avoir même suivi l'ombre d'une formation. La plus grande vigilance est donc requise dans le choix et de la thérapie et du thérapeute.

Psychologie et psychanalyse

Dans le cadre du présent ouvrage, ce n'est pas l'aspect thérapeutique qui nous intéresse mais l'aspect théorique.[2] Nous avons simplement

2. Les différentes thérapies feront l'objet d'un autre ouvrage, du même auteur, à paraître prochainement aux éditions Jacques Grancher.

tenu ici à éclaircir l'inextricable amalgame qui sévit dans tout ce qui touche à la psychologie.

Si, du point de vue pratique, le psychologue et le psychanalyste se différencient par les méthodes thérapeutiques employées, au niveau de la théorie, en revanche, la pensée-maîtresse demeure celle de Freud. C'est la raison pour laquelle nous userons indifféremment des termes de psychologie (science de l'âme) et de psychanalyse (élaboration théorique freudienne), la distinction s'imposant uniquement au niveau des procédés thérapeutiques relatifs à l'une ou l'autre spécialité.

Les concepts, que nous abordons dans le cadre de cet ouvrage, se retrouvent, en partie ou en totalité, dans chacune des quatre disciplines ; ils constituent la base de toute psychologie. La représentation et le fonctionnement de l'appareil psychique (Ça-Moi-Surmoi et conscient-préconscient-inconscient) et la construction historique de la personnalité (les stades de la libido) sont, en effet, les structures basiques de la psychologie et des psychothérapies contemporaines, toutes tendances confondues. Nous considérons donc que la théorisation freudienne est incontournable et que l'étude de la psychologie commence là. Une fois ces concepts assimilés, chacun est libre de préférer un courant à un autre, en sachant que tous font référence, explicitement ou implicitement, à Freud.

Le choix d'étudier Freud, dans un ouvrage de psychologie, nous a donc paru le plus opportun, dans la mesure où on peut considérer que la psychologie est née avec Freud et que les travaux, pensées et recherches de ce grand homme, ont été aussi révolutionnaires que puissants, puisqu'ils perdurent encore aujourd'hui.

Le terme psychologie signifie littéralement science de l'âme (psychologie : du grec *psukhê,* âme, et *logos,* science). La psychologie est donc à l'origine un terme *apersonnel* et inféodé qui désigne uniquement l'étude de la conscience humaine et des faits psychiques. Jusqu'à la moitié du XIXe siècle, la psychologie n'était pas considérée comme une discipline à part entière. Elle était du ressort de la philosophie (pour l'aspect théorique) ou de la médecine (concernant les pathologies nerveuses). C'est à partir de Freud, que la psychologie s'est émancipée de la philosophie et de la neurologie, pour devenir une science autonome. Cette scissure apparaît nettement dans le fait qu'un non-médecin peut exercer la psychologie ou la psychanalyse (selon sa formation).

Dans cette optique, nous considérons que psychologie et psychanalyse sont indissociables, d'un point de vue théorique et historique.

Cependant, et nous reviendrons plus en détail sur ce point, dans la plupart des consciences, la psychanalyse est réduite à une thérapie, la dimension théorique restant méconnue ou dénaturée. De plus, la psychanalyse a mauvaise presse... On la juge dépassée, tortueuse, charlatanesque, trop obscure, selon son expérience personnelle, ses lectures ou... son humeur !

Ainsi, parler de psychanalyse peut a priori rebuter celui-là même à qui ce livre est destiné. Il pourrait penser : « C'est trop compliqué ! » ou encore « Ce n'est pas la psychanalyse qui m'intéresse mais la psychologie. J'ai envie de comprendre ce que signifie ***inconscient,*** comment se construit la ***personnalité,*** pourquoi ***rêvons*-nous,** d'où proviennent les ***conflits psychiques,*** etc. » Or, ce sont justement là les questions auxquelles l'ABC de la psychologie et de la psychanalyse se propose de répondre et c'est justement là qu'intervient toute la conceptualisation freudienne.

L'objet de l'ABC de la psychologie est d'expliquer à chacun le fonctionnement de l'appareil psychique, les lois qui régissent les comportements humains et la construction de la personnalité.

La recherche de signification

Inconscient, névrose, oralité, complexe, frustration, fantasme, transfert, sont autant d'expressions qui jalonnent les conversations courantes. C'est sans doute par cette banalisation et cette généralisation des termes, que la psychanalyse nous prouve le mieux qu'elle a en partie pénétré la société. Seulement, si Freud, à travers la divulgation de ses concepts, apprécierait d'avoir laissé son empreinte ; il ne pourrait que constater, dans l'après-coup, que la terminologie a largement transcendé le cadre thérapeutique, mais que le contenu et les définitions sont bien loin d'avoir suivi. La chose est évidente, derrière un même signifiant se dissimule une multitude de signifiés. Certes, les mots se sont démocratisés et appartiennent dorénavant à tous, mais la connaissance semble, en revanche, toujours réservée à quelques-uns : les initiés.

Un ABC de la psychologie, pourquoi ?

Le projet de ce livre est donc de mettre du sens sous ces mots, de resignifier clairement les principaux concepts de la psychologie freudienne, de reposer les définitions classiques. L'intention en est simple : on ne peut plus ignorer aujourd'hui les découvertes freudiennes, non pas pour une raison purement culturelle, mais bien plus parce que la connaissance des principaux énoncés de la psychologie nous paraît nécessaire à la compréhension de l'être humain. Certes, il existe d'autres schèmes explicatifs, d'autres modes de pensée, d'autres représentations, et nous n'affirmons, en aucun cas, que la psychanalyse se révèle être l'unique, ou même la meilleure, « psychologie de l'être humain » ; cependant, il apparaît difficile de faire l'économie de la pensée freudienne. Ce qui ne suppose pas de tout accepter, ou de renoncer à d'autres théories, mais plutôt de connaître et d'intégrer les bases de la psychologie classique.

La psychanalyse fait partie, sans conteste, de notre patrimoine culturel. Elle s'est installée dans notre inconscient collectif, pour reprendre l'expression jungienne. Il suffit d'observer à quel point, dans le langage courant, certaines idées, certains représentants sont connus de tous. Freud, par exemple, est devenu une figure historique. On a tous un jour ou l'autre entendu son nom, et on sait également tous, plus ou moins parfaitement, qu'il est le fondateur de la psychologie moderne. Cependant, souvent, notre savoir s'arrête là. Pourtant, de plus en plus nombreuses sont les références à la psychanalyse. On parle volontiers d'un Moi faible, de contenus inconscients, de traumatisme, de fantasme, de complexe d'Œdipe non résolu, etc. Toutes les sciences humaines s'y réfèrent, au moins partiellement.

Bien plus, l'étude des concepts freudiens nous paraît importante d'un point de vue existentiel. La psychanalyse a trop souvent été réduite à la cure, c'est-à-dire à une pratique thérapeutique. Postulat qui implique qu'elle ne soit réservée qu'aux seuls thérapeutes. Cependant, il s'agit ici d'une limitation préjudiciable au public et à la psychanalyse elle-même.

C'est sans doute la surdétermination du signifiant, son application à la fois à une pratique spécifique et à un ensemble de théories qui explique la méprise. Le premier point a souvent été occulté. Les raisons peuvent en partie s'expliquer par la volonté de protéger la psychanalyse, plus que par celle défendue de protéger le non-initié. Certes, il est tout à fait dangereux de s'improviser psychanalyste, et le souci de protection paraît ici justifié, mais peut-on refuser pour autant l'accès à un savoir ? Serait-ce dire que l'ignorance est plus inoffensive que le savoir ? Nous sommes convaincus du contraire. En voulant coûte que coûte empêcher une connaissance imparfaite, une pratique sauvage, une interprétation éhontée, on provoque un mal bien plus grand encore, qui est l'exclusion ou, si l'on préfère, l'élitisme. Sans entrer dans des considérations philosophiques, on peut néanmoins s'interroger sur l'appartenance du savoir.

Prenons comme parallèle la médecine : si une formation insuffisante et non reconnue peut s'avérer dangereuse pour les patients, si l'automédication est dangereuse, la connaissance ***pour soi,*** sans intention pour autrui, ne peut qu'être bénéfique. La prévention, par exemple, fait en partie référence aux comportements à adopter mais repose également sur la transmission d'un savoir (comme l'importance de manger équilibré en relation avec la connaissance des organes et mécanismes digestifs).

De là, la crainte des psychologues semble plus être de perdre un potentiel de clients que de donner une connaissance nécessairement incomprise. C'est ici sous-estimer la capacité d'intégration et d'assimilation du public. La peur est plutôt de voir des personnes se substituer aux psychanalystes et donc de voir les divans se vider. Pourtant, là encore, la médecine nous prouve le contraire, la connaissance élémentaire de l'anatomie, des lois physiologiques, le respect de certains comportements, la défense de l'hygiène, sont autant d'éléments positifs sur un plan préventif mais incapables néanmoins d'enrayer toutes les maladies, En d'autres termes, et malheureusement, les salles d'attente des médecins n'ont pas désempli et la divulgation du savoir n'a été que bénéfique.

Un ABC de la psychologie, pour qui ?

Pour tous !

C'est justement là la divulgation du savoir que nous recherchons. Comme je l'ai déjà précisé, il n'est nullement question de faire du lecteur un thérapeute. Il ne s'agit pas d'un ouvrage proposant des recettes pour régler les conflits intérieurs ou pour soulager les angoisses de son prochain. Pour remplir cette difficile tâche, une formation, c'est-à-dire une confrontation à la pratique sous l'œil exercé et vigilant d'un professeur lui-même formé, est incontournable. Il serait désastreux de s'improviser psychologue ou de se livrer, de façon plus anodine mais tout aussi préjudiciable, à des interprétations sauvages. Il s'agit plutôt, ce qui nous semble plus fondamental, de comprendre les mécanismes psychiques.

De la même manière, l'ABC de la psychologie ne saurait se substituer à la lecture d'autres ouvrages. Il ne propose donc pas de faire l'économie d'un travail de recherche élaboré et constructif. Il doit plutôt être envisagé comme une initiation aux grands concepts de la psychologie moderne. Pour pleinement pénétrer la pensée freudienne, le mieux est encore de lire... Freud lui-même ! Seulement, beaucoup redoutent de s'engager dans de telles lectures. Les initiés ont tellement supposé que les gens étaient incapables de comprendre par eux-mêmes, qu'ils ont fini par en être convaincus eux-mêmes. Non pas qu'on aille jusqu'à prétendre : « Vous n'êtes pas capable de comprendre » mais plutôt « Freud est inaccessible ».

L'ABC de la psychologie, dans cette optique d'ouverture et de communication du savoir, est donc naturellement pour tous. Chacun trouvera un bénéfice à sa lecture. Le premier, et non le moindre, est de ne plus rester dans l'ignorance. Le second est d'étudier l'homme, c'est-à-dire soi-même, et de réaliser, en partie, l'axiome de Socrate : « Connais-toi, toi-même ».

Bien évidemment, l'ABC de la psychologie est destiné à tous ceux qui, à travers leur vie professionnelle, gèrent des relations humaines : les médecins, encore actuellement non formés à la psychologie, le personnel soignant, les praticiens sociaux, mais aussi les chargés de communication, les enseignants, les formateurs, les commerçants, les graphologues, etc. Sans oublier au-delà de la perspective professionnelle, la quotidienneté des relations familiales, amoureuses, amicales, pour lesquelles la connaissance de la psychologie humaine se révèle précieuse et indispensable à des échanges sains.

FREUD, SA VIE, SON ŒUVRE

On ne peut parler de psychologie, sans parler de Freud. Pour une pleine compréhension des concepts majeurs, il est indispensable de suivre le parcours du premier psychanalyste, d'une part parce qu'il est étroitement lié à celui de l'histoire de la psychologie ; d'autre part, parce que la théorie s'origine en partie dans l'histoire de son fondateur.

L'enfance

Sigmund Freud naît le 6 mai 1856 à Freiberg, en Moravie, dans la région nord-est de l'empire autrichien. Son père, Jabob Freud, a 44 ans, lorsque Sigmund vient au monde. Il est déjà père de deux enfants, nés de son premier mariage. Après un second mariage « éclair », Jacob épouse Amalia, qui est de vingt ans sa cadette. Ils ont ensemble huit enfants (cinq filles et trois garçons), dont Sigmund est l'aîné.

Freud a donc une généalogie assez complexe, surtout dans une époque où la famille est moins éclatée que de nos jours. Il est l'aîné, en tant que premier enfant qui naît du mariage de Jacob et d'Amalia. Mais, sa position d'aîné est toute relative puisqu'il a, en fait, deux grands demi-frères. La complexité de la généalogie fait que Sigmund se retrouve d'ailleurs oncle d'un neveu plus âgé que lui : son demi-frère, Emannuel, a un fils en 1855, qu'il prénomme John.

L'enfance de Sigmund est très marquée par les fréquents changements et les difficultés économiques que connaît la famille Freud. En octobre 1859, à cause de problèmes financiers affectant le commerce de laine dont s'occupe Jacob Freud, toute la famille est obligée de s'installer à Leipzig. Quelques mois plus tard, ils quittent Leipzig pour emménager définitivement à Vienne.

La religion est également très présente. Jacob est un fervent pratiquant et il enseigne à son fils les traditions, rituels et prières du judaïsme. Sigmund est circoncis à huit mois et il évolue dans un monde où la religion, le sacré et le respect de Dieu sont omniprésents.

La famille Freud n'est pas fortunée et la vie au quotidien n'est pas toujours facile. Elle traverse des périodes fortement troublées : problèmes professionnels et précarité financière notamment.

De brillantes études

Malgré ces tensions financières, Sigmund est un élève brillant et motivé. Ses prouesses scolaires sont remarquables, puisqu'il entre au lycée avec un an d'avance et qu'il est, durant toute sa scolarité, le premier de sa classe. Il se passionne pour les langues étrangères, apprend le français, l'anglais, en plus de l'allemand et de l'hébreu, qu'il parle déjà couramment. A huit ans, selon Jones, son biographe, Sigmund lit Shakespeare. Il étudie également le latin et le grec. Le petit Freud semble avoir une véritable boulimie de connaissances, une soif de savoir inextinguible.

Après avoir obtenu son baccalauréat, Freud s'oriente vers des études de biologie et de médecine. Là encore, il se révèle brillant étudiant. Il obtient à plusieurs reprises des bourses d'études suite à des mémoires et autres travaux de recherches. Il s'illustre notamment en zoologie, en biologie, en neurologie.

En 1881, alors qu'il est âgé de 25 ans, Freud obtient son titre de docteur en médecine. Il n'interrompt pas pour autant ses études et recherches, mais commence à exercer afin de s'émanciper financièrement.

Trois ans plus tard, il s'oriente plus spécifiquement vers la clinique et la pathologie et se distingue, là encore, à travers diverses publications : *Un cas d'hémorragie cérébrale avec foyer de symptômes basaux indirects dus au scorbut, Névrite multiple aiguë des nerfs spinaux et cérébraux, L'origine du nerf acoustique*, etc.

Il rédige également quantité d'articles, de comptes rendus d'ouvrages et de traductions ; ce qui augure déjà l'aisance et la rapidité de sa plume. Roger Dadoun souligne néanmoins les insuccès de Freud : *Sur la conception de l'aphasie. Etude critique* ne se vendra qu'à 257 exemplaires en neuf ans !

Même si le chemin est dur et la reconnaissance tardive, Freud n'abandonne pas et, toujours motivé par une intense soif de connaissances, il poursuit ses études et recherches. Il approfondit ses connaissances en pathologie et en clinique infantile. Il entreprend également des recherches sur la cocaïne et publie plusieurs articles sur le sujet.

Freud et l'hypnose

Ses études en biologie et médecine ne le satisfont pas pleinement. Il perçoit d'autres mécanismes plus fondamentaux que la science officielle ignore encore. Il se tourne alors vers la psychologie. Au printemps 1885, il obtient une bourse qui lui permet de séjourner six mois à Paris, pour y suivre des cours. La capitale française l'enthousiasme. C'est lors de ce séjour qu'il rencontre Charcot.

Cette rencontre est déterminante tant pour Freud, l'homme, que pour la psychanalyse. Charcot s'est spécialisé dans l'étude des hystériques. L'hystérie, par son caractère spectaculaire et théâtral, se prête magnifiquement aux expériences de Charcot. Le médecin, devant étudiants et chercheurs médusés ou sceptiques, pratique l'hypnose. Or, l'hystérie, affection nerveuse sans lésion organique, est célèbre par son cortège de symptômes impressionnants : paralysie, cécité, surdité, etc. Charcot, en utilisant l'hypnose, obtient alors des résultats surprenants.

Pour Freud, c'est une révélation. Même si, par la suite, il rejette l'hypnose, les démonstrations de Charcot se révèlent décisives dans l'histoire et l'élaboration de la psychanalyse. Freud y voit alors surtout la preuve du caractère psychique (et notamment déjà de sa dimension inconsciente) de l'hystérie, et de la force de la suggestion (c'est-à-dire la possibilité de soigner par la parole).

La vie sentimentale de Freud

Freud est l'homme d'une seule femme : Martha. Il la rencontre en 1882 et il s'en éprend éperdument. Martha Bernays a 21 ans, Sigmund en a 26. Leurs fiançailles durent quatre années. Freud, écrivain prolifique en tout domaine, se distingue également dans sa vie amoureuse, à travers une correspondance aussi abondante que romantique. Ses études, ainsi que divers séjours pour des raisons de travail et de recherches, l'obligent fréquemment à s'éloigner de sa fiancée. Il manifeste néanmoins le désir de tout partager avec elle et ses lettres contiennent bon nombre d'informations sur l'évolution de sa pensée durant cette période.

Ils se marient le 13 septembre 1886. De leur union, naissent, avec comme le souligne Jones une régularité quasi parfaite, six enfants : Mathilde (1887) ouvre la liste, Anna (1893) la termine. C'est la cadette qui sera la plus proche de son père et qui reprendra à sa mort le flambeau de la psychanalyse. Un autre personnage joue un rôle très important et a une influence indéniable sur Freud. Il s'agit de Minna Bernays, la sœur unique de Martha, qui vient habiter avec eux après la mort de son fiancé. « Tante Minna » est très présente aussi bien au niveau des enfants, qu'au niveau de Freud lui-même. Ils auront l'un et l'autre des échanges intellectuels privilégiés.

Les années de galère

L'année de son mariage, Freud ouvre un cabinet privé. Il revient de son séjour parisien, enthousiaste et confiant dans l'avenir. Il déchante très vite car l'accueil qui lui est réservé par les médecins et scientifiques est des plus froids et des plus hostiles. Malgré les réticences que lui témoignent la profession, on lui propose la direction d'un service de neurologie dans un institut pour enfants. Bien que le poste ne soit pas rémunéré, il permet à Freud d'obtenir des lettres de noblesse ainsi qu'un certain prestige.

L'ouverture de son cabinet privé, en revanche, n'est pas une réussite. Il a des difficultés financières et souffre de l'imprécision concernant et son statut et les techniques thérapeutiques. Insatisfait par les résultats qu'il obtient avec les méthodes officielles ou traditionnelles, Freud se tourne vers l'hypnose, que Charcot lui a fait découvrir et « adopter ». A l'été 1889, il se rend à Nancy pour rencontrer Liebault et Bernheim, spécialisés dans la suggestion hypnotique. Freud commence à entrevoir l'importance de la suggestion et de la parole dans le processus de guérison. Ce sont les prémisses de l'association libre, fer de lance de la psychanalyse, qui se dessinent.

De retour à Vienne, Freud, en collaboration avec Breuer, fait ses premiers essais de « cure par la parole ». Les cas d'Anna O. et d'Emmy von N. sont restés célèbres jusque de nos jours, car ils symbolisent la « préhistoire » de la technique psychanalytique : l'écoute, l'association libre y figurent en bonne place.

Naissance de la psychanalyse

C'est à partir de cette époque que Freud fonde la psychanalyse. Il n'aura de cesse de corriger, d'approfondir ou de modifier les concepts. Comme toute science humaine naissante, la psychanalyse connaîtra bon nombre de réformes. Il s'agit d'ailleurs pour Freud de préciser des concepts, de les reprendre, de les retravailler, plus que de transformer radicalement les hypothèses de base.

La théorie des pulsions et les topiques sont des exemples typiques de l'évolution de la pensée. Il faut surtout retenir que la psychanalyse n'est pas née en un jour. Elle s'est élaborée dans le temps, progressivement. Elle continue d'ailleurs de nos jours son évolution. Comme toute science humaine, elle ne peut qu'être en perpétuelle mouvance, puisque son objet d'étude, l'homme, ne cesse de changer. Les conditions de vie, l'éducation, les structures socioculturelles déterminent ces changements, qui se répercutent nécessairement sur la personnalité. Néanmoins, les théories relatives à l'appareil psychique que Freud a développées demeurent valables, même si certains réajustements en fonction de la réalité objective méritent d'être faits. Les concepts clefs comme les topiques, les pulsions, les structures caractérielles, le refoulement, l'inconscient, permettent de comprendre la structure psychologique individuelle.

Freud et la psychanalyse

Entre 1894 et 1898, Freud entreprend son auto-analyse. C'est également dans cette période qu'il rompt avec Breuer, prélude des incessantes brouilles qui ne cesseront alors de marquer l'histoire de la psychanalyse. Il noue, dans le même temps, des relations amicales et scientifiques avec Fliess.

En 1900, Freud publie *L'interprétation des rêves,* œuvre capitale pour la psychanalyse comme pour l'homme. Les concepts de base y apparaissent avec notamment la première topique et la place prépondérante de l'inconscient dans la théorie. Là encore, c'est un cuisant échec commercial. Il faut huit années pour épuiser les 600 exemplaires du premier tirage. Les réactions sont hostiles mais Freud n'en est pas à sa première désillusion, ni à sa dernière !

Ces insuccès sont significatifs à plus d'un titre. D'abord parce qu'ils témoignent de la dimension révolutionnaire des concepts psychanalytiques ; ensuite, parce qu'ils rendent admirablement compte de l'acharnement dont Freud a dû faire preuve.

Une fois encore, loin de l'abattre l'échec le stimule, puisque Freud redouble alors d'énergie.

> *« Franchie la mauvaise passe qui suit la parution du grand ouvrage de fondation Die Traumdeutung, Freud déploie une étonnante activité créatrice, publie coup sur coup livres, articles, études de cas qui constituent les fondements de la psychanalyse et que de nouveaux développements ne cesseront de consolider. Il sort de*

l'isolement, admirateurs et disciples viennent à lui, en nombre croissant ; de précieuses et durables amitiés se nouent, auxquelles répondent, souvent dramatiques, les dissidences et les ruptures.»[3]

Les victoires de Freud

A partir de 1901-1902, Freud commence à être reconnu. Si la reconnaissance des débuts est timide, elle va en se renforçant, même si, conjointement, l'hostilité de certains milieux se fait de plus en plus sentir. De nombreux intellectuels, psychologues, médecins, écrivains, se joignent à Freud et adhèrent aux concepts psychanalytiques. Le mouvement prend corps. Des réunions sont organisées tous les mercredis soir. Le petit groupe ainsi réuni fonde même la *Société psychologique du mercredi.* En 1908, beaucoup plus développée (les adeptes et disciples sont alors nombreux), son nom change pour *Société psychanalytique de Vienne.* Beaucoup de psychanalystes, aujourd'hui célèbres, s'y rendront. Parmi les plus connus, on peut citer : Ernest Jones, Otto Rank, Sandor Ferenczi, Karl Abraham, C.G. Jung.

En 1905, Freud récidive en publiant un ouvrage extrêmement controversé : *Trois essais sur la théorie de la sexualité.* Il touche un thème jusqu'alors tabou, en réhabilitant le désir et le plaisir, ce qui n'est pas sans choquer une époque puritaine. C'est une nouvelle fois un échec commercial, mais Freud, comme toujours, ne se laisse pas décourager et refuse de sacrifier une once de terrain à ses détracteurs, en adoucissant par exemple les concepts qui figurent dans les *Trois essais.*

L'évolution de la pensée freudienne se continue alors à travers d'autres publications fondamentales : *Le Moi et le Ça, Totem et tabou, Psychopathologie de la vie quotidienne*, entre autres. Les années de combat cèdent progressivement la place à une reconnaissance de plus en plus officielle et massive.

Freud, l'homme

Ses élèves, adeptes, amis et ennemis, le décrivent comme un homme rigoureux et intransigeant. Il est d'abord un travailleur acharné et

3. R. DADOUN, *Freud*, p. 77.

infatigable ; l'ensemble de ses écrits en constitue la plus formidable preuve. Son amour des voyages contribue à enrichir sa culture et à ouvrir sa pensée : ses pays de prédilection étant l'Italie et la Grèce. Son séjour à Paris l'enthousiasme. Lorsque la psychanalyse est enfin reconnue à un niveau international, Freud se rend, non sans appréhension, aux Etats-Unis. Enfin, forcé d'émigrer à cause de la guerre, il termine sa vie en Angleterre.

Ses nombreux voyages correspondent bien au personnage : curieux, insatiable et avide de connaissances et d'expériences. Outre la psychologie qui est son cheval de bataille, Freud s'intéresse à la mythologie, à l'art, à l'histoire des religions, à la sociologie, à la philosophie, à la linguistique. Lui-même avoue que ne pouvant tout faire et tout entreprendre, il a posé des limites à ses recherches, en se consacrant uniquement à la psychologie, mais que s'il avait pu, il se serait engagé dans d'autres études et d'autres travaux.

Freud apparaît comme un mari fidèle et aimant. Sa vie familiale est stable et heureuse. Il est considéré par ses enfants comme un père sévère mais présent. La famille est néanmoins éprouvée par une série de deuils. Les décès de sa mère, de son frère, de sa fille, de son petit-fils, de Breuer et d'Abraham, affectent profondément Freud.

On le voit, entre les tensions financières, les insuccès de ses livres, la difficulté à faire reconnaître la psychanalyse et les drames familiaux, Freud n'a pas eu une vie facile. Il a néanmoins eu une existence d'une richesse exceptionnelle, où ont foisonné voyages, études, recherches, hostilité et honneurs, amitiés et ruptures.

Amitiés et ruptures

L'histoire de la psychanalyse se caractérise par une succession d'amitiés fortes et de farouches ruptures. Nous ne ferons ici qu'évoquer les plus célèbres. Après avoir rompu avec Breuer, c'est au tour de Fliess. Adler connaît plus tard le même destin. Après avoir été un élève dévoué et un fervent défenseur de la pensée freudienne, Adler se démarque du *Maître* par l'élaboration de ses propres théories. Suite à de fortes dissensions et d'importants désaccords idéologiques, Freud et Adler se séparent.

La rupture la plus retentissante n'en demeure pas moins celle opérée avec Jung. Après avoir été étroitement liés, tant d'un point de vue intellectuel qu'affectif, les deux hommes se déchirent. Les motifs invoqués portent encore et toujours sur des raisons idéologiques !

Cependant, les fréquentes ruptures, ainsi que leur caractère définitif et l'hostilité quasi haineuse qui en résulte, laissent supposer que d'autres « intérêts » étaient en jeu. La grande peur de Freud était d'être plagié, trahi et trompé. Il vouait à « sa » science un tel amour que toute attaque qui lui était faite, même légitime, était irrémédiablement considérée comme une offense et tuée dans l'œuf.

Les combats difficiles, que le fondateur a dû mener, expliquent sans doute cette intolérance à la différence. Freud s'est tellement battu, épuisé, a tant souffert pour faire reconnaître la psychanalyse, que sa peur d'être dépossédé de son bien s'explique aisément dans cette perspective. Après tout, Freud n'était qu'un homme, avec ses failles et ses erreurs, et qui plus est, un homme pourvu d'un caractère fort, rigoureux et intransigeant !

Maladie et mort de Freud

De 1923, alors qu'il est âgé de 66 ans, à 1939, année de sa mort, Freud est affecté par une maladie terriblement éprouvante. Il subit en 1923 une première intervention chirurgicale pour une tumeur cancéreuse de la mâchoire. S'ouvre alors la longue liste de consultations et opérations subies tout au long des seize années qui s'écoulent entre la naissance de la maladie et la mort du malade. Néanmoins, Freud manifeste une remarquable résistance et un prodigieux courage. Sa production n'est en rien ralentie, ni par la douleur, ni par la fatigue. Outre l'écriture, jamais interrompue, Freud s'occupe de sa vie sociale, puisque c'est surtout dans cette tranche de vie qu'il est vraiment reconnu et honoré. Il obtient le prix Gœthe en 1930, distinction qui le touche profondément. De nombreuses personnalités lui rendent hommage, le félicitent, le rencontrent. Même le cinéma lui offre 100 000 dollars, pour réaliser un film sur sa vie et sur la psychanalyse, cachet que Freud refuse.

On le voit, bien que très affaibli par sa maladie, les seize dernières années de la vie de Freud sont à l'image de l'ensemble de son existence : riches et remplies. Pourtant, le mal dont il souffre est extrêmement éprouvant.

> *« Le compte que donne Schur des interventions de toute nature que Freud eut à subir – excision de tissus précancéreux ou cancéreux, électrocoagulation, greffes, ajustements de la prothèse, etc. – témoigne de la farouche volonté du malade de relever le défi de la*

maladie, de tenir tête, coûte que coûte, à cet agent de la mort incrusté dans sa chair. »[4]

Freud meurt en 1939, alors qu'il travaille sur un *Abrégé de la psychanalyse* ; ce livre, inachevé et laissé en legs, prouve la volonté omniprésente chez Freud de démocratiser la psychanalyse.

4. R. DADOUM, *Freud*, p. 151.

LA MÉTAPSYCHOLOGIE

Principes de base de la métapsychologie

La psychologie freudienne n'a à proprement parler rien inventé, mais elle a défini un système de représentations et de concepts clefs, dont l'avantage principal est de présenter une grande clarté.

Freud a dégagé des références et des modèles d'explications ; il n'a pas découvert pour autant l'esprit. En effet, le mental humain a donné lieu à de multiples spéculations et à diverses définitions. Les médecins, les théologiens et surtout les philosophes se sont longuement penchés sur la nature et les propriétés de la conscience humaine. Néanmoins, jusqu'à Freud, seuls les phénomènes psychiques conscients étaient pris en compte. ***L'esprit était raison.***

Les manifestations, que Freud qualifie d'inconscientes, étaient soit négligées, soit considérées comme des mécanismes réflexes physiologiques, qui n'avaient aucune relation avec l'esprit. Les instincts, par exemple, en raison de leur nature organique, n'étaient pas le fait de la conscience humaine.

Partant de là, tout fait impulsif, « pulsionnel », primaire, irréfléchi, était ramené à l'organique et donc au corps. La nature de l'esprit était réflexion, raison, pensée.

La grande révolution de la psychanalyse dans l'étude du fonctionnement mental est donc liée à la notion d'inconscient. C'est d'ailleurs en partie ce qui conduit Freud à choisir le terme de « métapsychologie » pour désigner cet ensemble théorique.

Le mot fut, en effet, créé par Freud en référence au terme « métaphysique », qui évoque une autre approche de la physique, la prise en compte d'éléments rejetés par la science officielle. Dans cette perspective, l'expression de « métapsychologie » correspond à la volonté de Freud de s'opposer à la psychologie de l'époque, qui ne s'intéresse, comme nous l'avons déjà souligné, qu'aux seuls phénomènes conscients. Il va donc, à travers sa conceptualisation de l'appareil psychique, aller *au-delà ou après* (selon l'étymologie de la particule « méta » = après).

Qu'est-ce qu'étudie la métapsychologie ?

L'esprit.

Elle constitue, d'une manière plus précise, l'ensemble des théories relatives au fonctionnement psychique.

En l'exprimant plus simplement, il s'agit d'étudier la conscience humaine. C'est-à-dire quelque chose d'abstrait, de non palpable, de non représentable. Et c'est là que Freud réussit un prodige en parvenant à donner un schéma structuré et organisé de l'esprit.

> En psychologie, on parle de psychisme, les termes «esprit», «mental» ou «conscience» étant plutôt réservés au vocabulaire philosophique ou scientifique.

L'avantage indéniable de la métapsychologie est d'offrir une grande clarté. La précision est due à la formation scientifique de Freud. Il était avant tout médecin et neurologue et ses topiques révèlent son sens de l'ordre et de la méthode ainsi que sa volonté d'expliquer concrètement et rationnellement des principes abstraits.

C'est justement sur ce point que la métapsychologie a le plus de mérites. Car, rappelons-le, son objet d'étude : l'esprit ou le psychisme humain, est par essence irréel, c'est-à-dire invisible, informe, impalpable. Freud parvient donc à donner une représentation concrète d'un élément abstrait.

Il convient d'ailleurs, à ce sujet, de bien distinguer le cerveau de l'esprit. La psychologie n'étudie par le cerveau mais les productions mentales, la somme des pensées, des désirs, des besoins, des idées, des peurs, des angoisses, etc. Or, ces productions mentales ne sont pas organiques. On ne peut pas voir ou toucher une pensée !

La trépanation permet d'observer le cerveau, le fonctionnement des neurones, des nerfs, des hémisphères, mais elle ne permet en aucun cas d'étudier l'appareil psychique.

L'énergie psychique

La métapsychologie correspond à l'ossature de la psychanalyse. Freud la définit en ces termes :

> *« J'appelle ainsi un mode d'observation d'après lequel chaque processus psychique est envisagé d'après les trois coordonnées de la dynamique, de la topique et de l'économie.»*[1]

La première formulation importante de la métapsychologie est celle d'énergie psychique.

Au même titre qu'une action physique induit une production d'énergie, dite physique, le psychisme et l'ensemble de ses constituants émettent une énergie, dite psychique.

Il s'agit là d'un aspect primordial pour la compréhension générale de la métapsychologie. En représentant les productions mentales (pensées, désirs, peurs etc.) sous la forme d'une énergie, Freud parvient à donner une dimension matérielle ou réaliste, c'est-à-dire quantifiable et mesurable, aux phénomènes psychiques. Il attribue une ***expression concrète*** à l'esprit, par essence, abstrait.

Se représenter la somme des activités mentales sous la forme d'énergie permet donc de les identifier et de les observer. Lorsque mon bras se tend et que ma main saisit un objet, il y a production et dépense d'énergie. De la même manière, lorsque je pense, désire, prévois, projette, il y a création d'énergie. De là, on comprend aisément que toute production mentale est active, entraîne des conséquences perceptibles et quantifiables et équivaut à une activité interne réelle.

> La notion d'énergie psychique permet d'envisager concrètement la somme des créations mentales.
>
> Une pensée, un désir, une idée, une peur sont avant tout une quantité d'énergie.

Pour en revenir à la définition freudienne de la métapsychologie, il convient d'étudier cette énergie psychique selon les trois coordonnées de l'économie, de la dynamique et de la topique.

L'aspect économique

Il correspond à la dimension quantitative de l'énergie psychique. Il étudie donc sa puissance, sa circulation, mais aussi son devenir. Le point de vue économique est lié au concept d'investissement. L'énergie va chercher à s'investir dans un objet intérieur ou extérieur pour pouvoir se dépenser, s'épuiser. L'aspect économique étudie donc comment l'énergie circule et s'investit.

1. S. FREUD, *Ma vie et la Psychanalyse*, p. 82.

L'aspect topique

L'un des autres postulats de la métapsychologie, et non le moindre, concerne la division du psychisme en instances et soulève, par contrecoup, la notion de conflits. ***L'esprit n'est pas un et indivis,*** mais il est au contraire constitué de différents systèmes. Ces systèmes ou instances correspondent à des organisations différentes de l'énergie psychique. L'aspect topique s'articule sur deux niveaux :

1) la description et l'étude des instances psychiques,

2) la disposition spatiale de ces instances.

Pour le premier point, nous étudierons en détail les deux topiques freudiennes : conscient - préconscient - inconscient (première topique) et Ça - Moi - Surmoi (deuxième topique).

En ce qui concerne le deuxième point, il est important de souligner d'emblée le projet de la mise en place d'une topographie du psychisme humain. Il s'agit de situer de manière spatiale, de tracer comme sur un plan l'appareil psychique.

Ainsi, comme pour la notion d'énergie, l'aspect topique manifeste la volonté de concrétiser, de représenter physiquement le mental humain. Là encore, il convient d'envisager cette géographie de l'appareil psychique d'une manière symbolique. Il s'agit d'une représentation illustrée, sans correspondances organiques. Nous le répétons encore une fois : ***l'esprit est abstrait.***

Cependant, il est possible de représenter, de donner un schéma explicatif de ce qui n'a pas d'apparence physique. Par exemple, bien que la générosité soit une qualité abstraite, ni quantifiable, ni palpable, je peux néanmoins en décrire les effets, en observer les démonstrations. Il n'en demeure pas moins vrai que je ne peux pas, pour autant, observer au microscope, disséquer, enfermer dans une éprouvette, la générosité. Il en va de même pour le psychisme humain.

L'aspect topique répond en fait à l'exigence scientifique de Freud de démontrer de la manière la plus représentative et schématique possible l'organisation des pensées et autres contenus psychiques.

L'aspect dynamique

Il correspond à la dimension qualitative de l'énergie psychique. Il met en jeu les notions de forces et de conflits. Si l'aspect topique décrit différents systèmes psychiques, l'aspect dynamique permet d'observer les relations, intrications et conflits qui s'exercent entre ces différentes instances et formes pulsionnelles.

Le principe de base de la métapsychologie réside dans cette notion de division mentale et de dissensions, déchirements, conflits intérieurs. La métapsychologie met en évidence le fait que le mental est divisé. Il est lieu de ***conflictualisation*** et source de souffrance. S'il était uni, l'individu connaîtrait une parfaite sérénité. Il existe donc des forces, de nature différente, qui s'opposent. L'aspect dynamique étudie la qualité, le degré et les conséquences de ces oppositions internes.

Étude des pulsions

La théorie des pulsions s'est construite progressivement et a fait l'objet de maintes modifications. L'introduction du terme ***pulsion*** amorce une première étape : la différenciation de l'énergie psychique. Les pulsions se distinguent des instincts à proprement parler.

Freud propose le terme allemand « trieb » (pulsion) pour marquer la différence entre l'énergie psychique relative aux besoins vitaux et l'énergie psychique relative à l'ensemble des désirs.

Nous reviendrons ultérieurement sur ces différentes formes pulsionnelles et sur la différence entre instincts et pulsions. Dans un premier temps, il convient d'étudier le fonctionnement de l'énergie psychique (quelle que soit sa nature).

La métapsychologie fait référence à trois principes :

- le principe de plaisir
- le principe de réalité
- le principe de constance (ou principe de nirvana)

Désir = tension ?

Il est nécessaire pour comprendre l'activité de l'énergie psychique ou pulsionnelle de la considérer sous la forme d'une excitation. D'ailleurs, les travaux antérieurs à Freud faisaient référence aux notions de « tension nerveuse » ou « d'excitation nerveuse ». Le seuil de l'énergie est initialement bas. C'est-à-dire qu'il respecte un niveau linéaire, synonyme de bien-être et de détente (absence de tension).

Cette idée peut être représentée par une ligne.

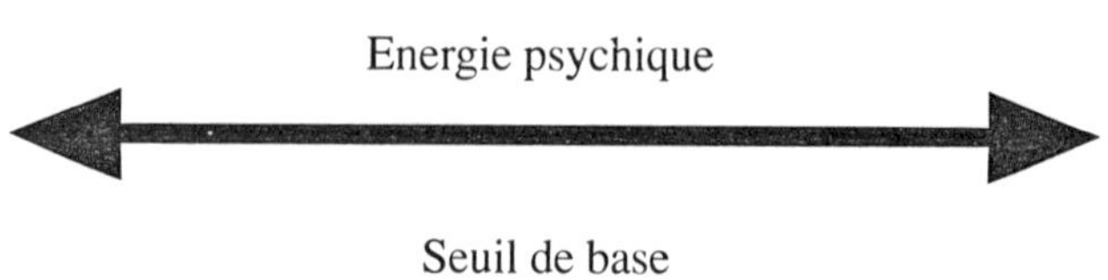

Absence de désir = absence de tension

L'émergence de besoins ou de désirs (comme de toute autre expression mentale : idée, peur, angoisse, projet, etc.) se traduit par une production d'énergie. Il y a donc augmentation d'énergie, appelée aussi ***tension.***

En d'autres termes, un désir crée une quantité d'énergie, qui accroît son niveau initial.

Le schéma suivant représente la transformation opérée :

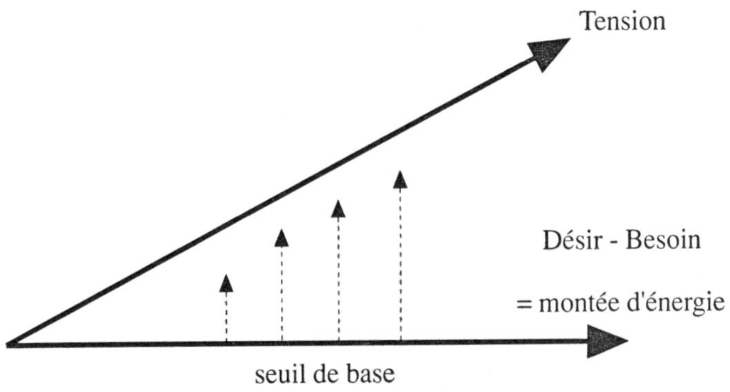

Désir = tension

Les deux précédents schémas laissent clairement apparaître le postulat de base qui est : ***production psychique = augmentation d'énergie, donc désir = tension.***

A l'observation, ce fait est facilement repérable. La détente, le bien-être, la quiétude, se manifestent lorsqu'on se sent repus, apaisés, satisfaits. Ce qui signifie que l'absence de désirs ou de besoins (en tout cas obsédants ou trop prenants) correspond, du point de vue métapsychologique, à un niveau linéaire ou bas d'énergie.

Exemple

Lorsqu'un désir ou un besoin se fait sentir (la faim, par exemple), on perçoit une tension intérieure. Sur le plan théorique, le désir se matérialise sous la forme d'une augmentation d'énergie, qui nous met effectivement sous tension. Nous sommes alors habités par un sentiment désagréable, perturbant, jusqu'à ce que l'énergie revienne à son seuil initial : en passant à l'acte et en mangeant.

Comment l'énergie revient-elle à son niveau le plus bas ?

Par la satisfaction, c'est-à-dire par le passage à l'acte. A ce moment-là, l'énergie interne s'épuise ou s'élimine dans une activité extérieure.

C'est ce que l'on appelle en psychanalyse : la décharge.

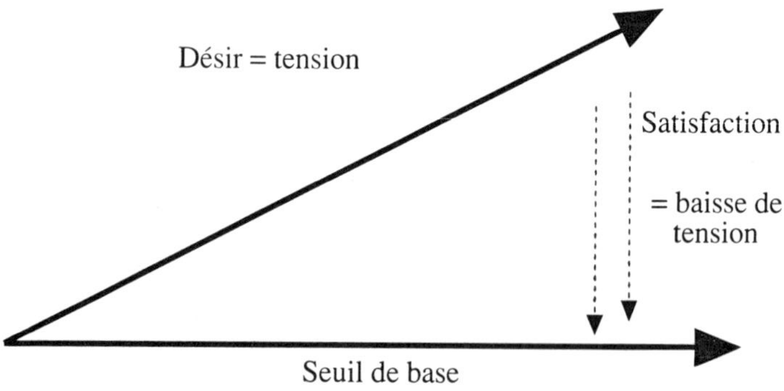

Décharge = disparition de la tension

Le principe de plaisir

Il s'agit d'une loi régissant le psychisme. Le principe de plaisir comme son nom l'indique est tout entier orienté vers la recherche de plaisir. En d'autres termes, son objectif est d'éviter le déplaisir, la souffrance, la frustration.

Or, comme nous venons de le voir, l'émergence d'un désir provoque un accroissement énergétique, une tension, et donc du déplaisir. Le principe de plaisir va donc œuvrer à rétablir « l'ordre mental », par le moyen le plus rapide et le plus économique qui soit : la décharge.

Dans une approche globale, on peut ramener le principe de plaisir simplement à la volonté de satisfaction. Il témoigne donc d'un fonctionnement très primaire et archaïque : l'élimination de la tension par l'épuisement de l'énergie dans la satisfaction du désir.

Cependant, et on en convient aisément, du fait de la complexité de la nature humaine et de la réalité, les choses sont loin d'être aussi simples. Toute tension ne peut pas être soulagée immédiatement, de même que tout désir n'est pas réalisable. C'est cette évidence qui conduit au deuxième postulat : le principe de réalité.

Le principe de réalité

Si le principe de plaisir recherche essentiellement et primitivement l'apaisement des tensions, le principe de réalité tient compte des exigences et des facteurs extérieurs et/ou intérieurs. Il n'est pas toujours possible de satisfaire ses désirs.

Le principe de réalité assure finalement la capacité à différer, à reporter, à abandonner, à changer ses « motivations » internes. Il est, de ce fait, en relation avec l'épreuve de réalité. Il s'oppose au principe de plaisir, en assurant une relation la plus étroite possible avec les notions de sauvegarde, survie, sociabilité, etc. En d'autres termes, il tient plus compte de la réalité que du plaisir, en évitant le passage à l'acte systématique, parfois dangereux ou périlleux pour l'équilibre psychologique de la personne, pour son corps ou pour son environnement.

L'étude de la deuxième topique et des relations conflictuelles entre les différentes instances (Ça - Moi - Surmoi) nous permettra de revenir plus en détail sur cette problématique. Ces principes vont, en effet, s'incarner dans les conflits entre ces systèmes psychiques, en intervenant comme des modalités de fonctionnement (primauté du plaisir ou de la réalité).

Le principe de constance

Au regard des deux premiers, le principe de constance a plutôt une valeur synthétique. Le principe de plaisir et le principe de réalité représentent les deux lois opposées, les deux fonctionnements qui régissent l'appareil psychique.

Le principe de constance, quant à lui, fait référence à l'organisation générale des pulsions. Il évoque la volonté de maintenir à un niveau aussi constant que possible l'énergie. Pour Freud, en effet, il ne fait aucun doute que la loi capitale est celle de la constance. Puisque tout désir ou besoin provoque une montée d'énergie et donc une tension, le but ultime ne peut être que de maintenir l'énergie à un niveau constant.

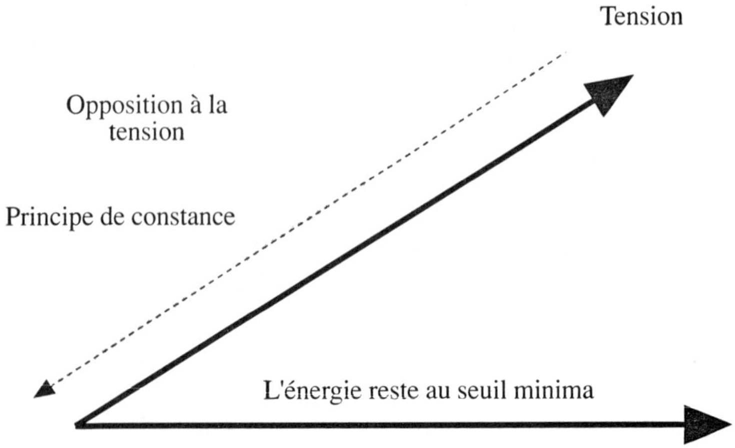

Principe de constance et principe de nirvana

Le principe de constance est aussi appelé principe de Nirvana (terme introduit par Freud lui-même). Cependant, ce dernier correspondrait plus exactement à la suppression totale de la tension (maintenir un seuil minima).

Ce qu'il faut retenir :

– Le principe de plaisir s'articule autour des notions de primat du plaisir, de satisfaction immédiate, de décharge.

– Le principe de réalité s'articule autour des notions de primat de la réalité, des considérations extérieures, des exigences vitales, de la protection du sujet et de l'environnement.

– Le principe de constance correspond au maintien linéaire de l'énergie (seuil constant) et le principe de nirvana correspond à la suppression totale de la tension (seuil minima).

Les trois formes pulsionnelles

Les excitations, auxquelles est soumis l'individu, sont de deux ordres :

- Premièrement des ***excitations extérieures,*** factorielles et circonstancielles.

- Deuxièmement des ***excitations intérieures,*** endogènes, appelées pulsions.

Les premières sont facilement évitables. L'homme peut aisément s'y soustraire. Il est donc possible, jusque dans une certaine mesure, de les maîtriser ou de les fuir. Elles viennent du ***dehors.***

Les deuxièmes viennent du ***dedans.*** Il est donc schématiquement impossible de s'y soustraire par la fuite. On ne peut pas les faire taire en s'en éloignant, puisqu'elles émanent de l'intérieur de notre être.

Exemple

Nous pouvons fuir ou répondre au froid (excitation exogène, c'est-à-dire extérieure) de plusieurs manières : en nous couvrant, en allumant le chauffage, en fermant une fenêtre, etc. Il est rare que nous n'ayons pas les moyens de lutter contre une excitation exogène. Ce ne sont donc généralement pas les stimuli extérieurs qui créent des désagréments insurmontables, des tensions insoutenables.

En revanche, un désir, un besoin ou une pulsion (excitation endogène, intérieure) ne peut pas toujours trouver une réponse aussi simple et rapide. Si le sujet désire être aimé par quelqu'un qui l'ignore et qui ne veut pas de son amour (excitation endogène), la réalisation de ce désir n'est pas aisée ; en tout cas, elle est bien plus difficile que de fermer une fenêtre ou de se vêtir plus chaudement pour lutter contre le froid (exemple précédent).

Le froid peut d'ailleurs constituer une excitation purement endogène (intérieure) et n'avoir aucune réalité physique. Par exemple, il est possible de se sentir frigorifié, gelé, de trembler, de claquer des dents, alors que la température est clémente. Il s'agit, à ce moment-là, d'une perception interne qui peut être liée à l'angoisse ou à la peur. Comme toute excitation intérieure, la fuite est alors exclue. Dans ce cas, fermer une fenêtre ou surchauffer la pièce ne suffira pas à apaiser cette sensation désagréable de froid.

La pulsion représente une « ***poussée*** ». Elle a donc un caractère envahissant et puissant. On peut difficilement la négliger, s'y soustraire ou lutter contre.

Dans le langage courant, on parle d'impulsivité pour décrire une action précipitée, une décision irréfléchie, une attitude déraisonnable. Il s'agit bien, en effet, de la nature de la pulsion (ou de l'impulsion) qui constitue une véritable force énergétique. L'individu dispose néanmoins de « moyens » pour composer avec l'énergie pulsionnelle. Il n'agit pas toujours de manière inconséquente, en satisfaisant coûte que coûte les désirs ou pulsions auxquels il est soumis. Le comportement humain est d'ailleurs variable : certains maîtrisent mieux que d'autres cette charge pulsionnelle.

La propriété particulière de la pulsion est qu'elle possède un pôle somatique et un pôle psychique.

Exemple

Quand une envie de nourriture se manifeste, il y a une sensation réelle, c'est-à-dire physique ou organique, de faim (avoir le ventre creux, saliver, être affaibli) mais aussi une excitation psychique (représentation du désir, envie sélective d'un aliment particulier, pensées obsédantes).

Le destin de la pulsion est de ***s'investir*** dans une représentation ou un objet spécifique. ***La notion d'investissement est corrélative à celle de pulsion.*** On ne peut concevoir cette dernière sans prendre en compte son fonctionnement ou son destin.

La pulsion n'est pas statique mais naturellement active. Elle se module, change, augmente, diminue. De la même manière, elle se livre à des investissements, à des désinvestissements et à des contre-investissements. Nous reviendrons plus tard sur ces termes.

Même si la qualité de la pulsion est toujours la même (une poussée envahissante), elle peut revêtir des caractères différents et traduire des motivations distinctes.

La forme de la pulsion demeure sensiblement la même, ce sont plutôt son fond et sa destination qui varient.

Ainsi, Freud opère trois distinctions majeures, en définissant :

- ***les pulsions du Moi ou pulsions de conservation,***
- ***les pulsions sexuelles ou libido,***
- ***les pulsions de mort.***

Les pulsions de conservation

Elles correspondent aux ***instincts.*** Elles poussent l'individu à satisfaire ses besoins vitaux (se nourrir, rechercher la chaleur, boire, protéger son territoire, se reproduire). Elles sont aussi appelées ***pulsions du Moi.*** Elles constituent un potentiel énergétique qui assure la survie de l'homme. Elles incarnent une dimension très primaire et archaïque, détachée des notions de désir ou de plaisir. Il s'agit d'exigences vitales. Freud insiste sur la nature animale et héréditaire de l'instinct. Il est ce qu'il y a de plus primitif chez l'humain.

Dans l'absolu, on peut considérer que nous avons tous les mêmes pulsions de conservation. Elles sont collectives et communes à tous les êtres vivants. Cependant, elles s'exercent avec plus ou moins d'acuité selon que les besoins vitaux sont satisfaits ou pas.

> *Exemple*
>
> *Un habitant du tiers monde souffre de la non-satisfaction de ses besoins vitaux. Les exigences de base ne sont pas remplies. Il a* réellement *faim. A l'inverse, un occidental, évoluant dans un environnement économique sain, perçoit également de l'insatisfaction, mais qui, selon toute vraisemblance, n'est pas relative aux besoins vitaux.*

L'exemple nous montre que les exigences pulsionnelles de l'être humain ne correspondent pas uniquement aux instincts de conservation. Il existe donc d'autres pulsions, différenciées des premières, et appelées pulsions sexuelles ou libido.

Les pulsions sexuelles

Elles correspondent aux ***désirs*** et à la recherche de plaisir. Elles ne visent plus la réalisation de besoins vitaux et naturels mais se rattachent aux notions de bien-être, de bonheur, de jouissance. Elles sont aussi appelées ***libido.***

Elles traduisent une « évolution » de l'énergie psychique, puisqu'il ne s'agit plus ici uniquement de vivre ou de survivre mais d'agrémenter (et proportionnellement de complexifier) son existence.

Dans cette mesure, on peut les considérer comme étant le propre de l'être humain, l'animal partageant avec ce dernier les seules pulsions de conservation (ou instincts). On peut néanmoins supposer que la domestication engendre chez l'animal des désirs différenciés des besoins vitaux, et donc de la libido.

A l'état sauvage, l'animal s'organise en fonction de ses instincts, pour veiller à la sauvegarde de son espèce : il chasse pour se nourrir, il délimite son territoire, il se reproduit, etc. En contact avec l'homme, il peut manifester des désirs moins « primaires » : rechercher les caresses, affectionner les sucreries, etc. En quelque sorte, il « s'humanise » et développe, à travers cette relation « contre-nature », une complexité de désirs et besoins nouveaux, sans rapport direct avec les notions de survie ou de sauvegarde.

Ordinairement, les pulsions sexuelles sont donc entendues comme ***la somme des désirs humains, visant la recherche de plaisir.***

La différenciation entre pulsions de conservation et pulsions sexuelles n'est pas toujours facile. ***La notion d'étayage*** explique cette difficulté, due à l'intrication initiale entre besoins vitaux et désirs. L'exemple originel est donné par le bébé et la pulsion orale. Au départ, le nouveau-né tète pour se nourrir et donc satisfaire un besoin vital et organique. Sur cette pulsion de conservation (la faim) va s'étayer une pulsion sexuelle (plaisir pris à téter). L'histoire montre comment les secondes naissent en partie des premières. En psychanalyse, on parle d'étayage pour décrire ce phénomène. L'étayage (étymologiquement : s'appuyer sur) des pulsions sexuelles sur les instincts révèle leur fréquente intrication. Il est donc souvent difficile de les dissocier.

Exemple

Une sensation de soif

Les questions qui se posent sont : s'agit-il d'un besoin vital, d'un besoin organique ? Ou s'agit-il d'un désir, sans exigence organique véritable ? Dans le ressenti, il est difficile de trancher. La manière de satisfaire cette pulsion peut, en revanche, être révélatrice de sa véritable nature.

La soif liée au besoin vital (pulsion de conservation) se satisferait de n'importe quel liquide. Quant à la soif liée à un désir (et donc à une pulsion sexuelle), elle s'épancherait d'une manière précise, par l'absorption d'une boisson spécifique. Fréquemment, les deux pulsions sont intriquées au point de ne pouvoir trancher aussi formellement.

Pourquoi appeler l'énergie du désir : « pulsions sexuelles » ou « libido » ?

Lors de l'étude de la psychologie infantile, nous étudierons longuement le choix des termes. Nous renvoyons donc le lecteur à ce chapitre. Il semble simplement utile de rappeler un point capital : l'aspect symbolique. Rattachées aux notions de désirs et de plaisir, les pulsions sont désignées comme sexuelles, symbolisant par là leur destination initiale.

Cependant, il convient de ne pas considérer les choses du point de vue de la réalité. Ce qui conduirait à affirmer que tous les désirs sont sexuels. Selon cette logique, la totalité de l'énergie pulsionnelle libidinale (ou libido) serait dirigée vers la recherche de satisfactions sexuelles ou plus précisément, vers le coït. Freud semblait le croire, ainsi que la plupart de ses successeurs orthodoxes. Beaucoup, en revanche, (Jung, Adler, Fromm) se sont opposés à cette définition unilatérale de la libido. Les pulsions sexuelles comprendraient en fait des pulsions non sexuelles, d'une autre nature et orientée vers une autre destination. Il existerait donc une libido non sexualisée, proposition plus concordante à la réalité.

Il convient ainsi de considérer l'expression « pulsion sexuelle » comme symbolique (représentative des désirs humains, y compris ceux n'ayant aucun trait à la sexualité), tout en gardant néanmoins présent à l'esprit la dimension originelle et puissante de la sexualité dans la formation des désirs.

Les pulsions sexuelles incarnent donc les désirs, les envies, les aspirations, qui ne sont pas vitaux en soi.

Exemple

Différentes expressions de la pulsion sexuelle :

Jean-Marc mange un gâteau.
Aline boit un jus d'oranges.
Marie écrit des poèmes.
Alain pratique le tennis.

Victor organise une réunion amicale.
Autant d'expressions de la libido.

Nous verrons néanmoins, dans l'étude de la sublimation et des satisfactions substitutives, le point de vue psychanalytique au sujet de ces activités ordinaires. Mais, dans une première approche, il est permis de les considérer comme autant de désirs et de plaisirs humains, rattachés dans la théorie au concept de libido.

Sur le plan terminologique, pulsions sexuelles, libido (ou énergie libidinale) et Eros (en relation avec le dieu grec de l'amour) se rattachent au même principe.

Les pulsions de mort

L'évocation des pulsions de mort est assez tardive dans la théorie. Si Freud avait sous-entendu auparavant leur existence, ce n'est qu'en 1920, dans ***Au-delà du principe de plaisir***, qu'il définit clairement l'existence d'une pulsion de mort.

D'où est née la théorie des pulsions de mort ?

C'est encore une fois l'observation qui est à l'origine de l'élaboration théorique. Notamment la compulsion de répétition, par son caractère pénible et négatif, se trouve éclairée par la définition d'une pulsion de mort. Ce phénomène compulsif s'observe dans la névrose de « destinée», la névrose traumatique, la reproduction de moments ou d'événements désagréables dans les jeux d'enfants et même d'adultes.

Tout dans l'être humain n'est pas orienté vers la vie, vers le développement, vers l'essor ou le progrès. Certaines forces, au contraire, semblent participer d'un destin inverse. Elles sont au service de la destruction, de l'anéantissement, de la souffrance, de la mort. Toujours fidèle aux références à la mythologie, Freud baptisera la pulsion de mort : ***Thanatos.***

La guerre est également à l'origine de la théorie des pulsions de mort. Son influence dans l'élaboration de Thanatos semble, en effet, indéniable. L'avancée théorique (entre 1910 et 1920) est contemporaine de la Première Guerre mondiale. Freud s'est, à ce moment-là, beaucoup interrogé sur la violence humaine et les tendances criminelles ou suicidaires.

Une vision philosophique de la pulsion de mort

D'un point de vue philosophique, Freud va même très loin puisqu'il en arrive à considérer que la mort est le but de toute existence et que le progrès, le développement, la création ne sont qu'un « accident », une compensation ou une illusion. La pensée freudienne exprime, à ce niveau, une ressemblance assez évidente avec les préceptes bouddhistes. Il faut naturellement faire une lecture symbolique de l'affirmation selon laquelle le but de la vie est la mort. Continuateur de la philosophie schopenhauerienne, Freud n'hésite effectivement pas à déclarer que la mort serait « *le résultat proprement dit et, pour autant, le but de la vie.* » En fait, c'est à la volonté de retour à un état antérieur que le père de la psychanalyse fait référence. Il y aurait, selon lui, une pulsion (la pulsion de mort justement) qui pousserait l'homme à retrouver un état primordial, en quelque sorte, à retourner d'où il vient. L'univers intra-utérin représenterait cette unité originelle.

D'une manière plus simple et plus réaliste, la pulsion de mort s'originerait dans la violence inhérente aux êtres humains.

Le sadisme et le masochisme

La pulsion de mort est, en effet, aisément repérable dans la violence, l'agressivité, la morbidité et bien évidemment dans les pierres de l'édifice : le sadisme et le masochisme.

C'est, en effet, à travers ces deux attitudes que Freud étaye surtout la théorie des pulsions de mort. Cette volonté plus ou moins apparente de détruire (sadisme) ou d'être détruit (masochisme) révèle clairement la propriété particulière de la pulsion de mort : il ne peut s'agir uniquement, à travers une activité sadique ou masochique, de trouver du plaisir ; un autre intérêt est escompté, en relation avec la mort.

En effet, si l'on reprend l'idée que le but de la pulsion est le plaisir, c'est-à-dire l'apaisement de la tension et l'évitement du déplaisir ou de la souffrance, les comportements agressifs, violents, morbides, dirigés contre le sujet lui-même (tendance masochique) ou contre un objet extérieur (tendance sadique) recèlent bien « un certain goût pour la mort ». Ces pulsions s'opposent à la vie.

Comment se manifeste la pulsion de mort ?

Comme nous l'avons vu, elle entre en ligne de compte dans toutes les attitudes agressives, violentes, mais aussi dangereuses ou morbides.

Les pulsions de conservation (ou pulsions du Moi) et les pulsions sexuelles (ou libido) sont appelées ***pulsions de vie,*** pour montrer leur opposition aux autres : les ***pulsions de mort.***

Mais là encore, impossible de schématiser car la complexité humaine est responsable de l'intrication des pulsions de vie et de mort. Elles sont, en effet, fréquemment liées, fusionnées, ce qui fait que l'activité propre à un individu participe souvent des deux composantes : Eros (libido) et Thanatos (mort).

Exemple

Le fait de fumer manifeste bien la fusion entre libido et pulsions de mort. Il s'agit d'un plaisir pour le fumeur, mais qui se construit sur une composante « masochiste » (atteinte à la santé, nocivité pour l'organisme, sans compter la relation aliénante instaurée).

Il s'agit là d'un exemple facile où la fusion des pulsions est clairement démontrée. On retrouve le même schéma dans l'alcoolisme, les sports à haut risque, les relations sexuelles sadomasochistes, etc. Mais, bien d'autres phénomènes recèlent l'intrication pulsions de vie/pulsions de mort de manière plus subtile ou en tout cas moins apparente.

Les trois formes pulsionnelles sont les suivantes :

– *Les pulsions de conservation ou pulsions du Moi* correspondent aux instincts et aux besoins vitaux. Elles garantissent la vie.

– *Les pulsions sexuelles ou libido ou Eros* constituent la somme des désirs humains concernant la recherche de plaisir, de mieux-être, de bonheur.

– *Les pulsions de mort ou Thanatos* se manifestent dans les attitudes agressives et morbides, dans les tendances sadiques et masochistes.

La structure de la pulsion

La pulsion comporte trois propriétés relatives à son fonctionnement :

- la source,
- le but,
- l'objet.

Cette structure tridimensionnelle est valable pour les trois formations pulsionnelles que nous avons étudiées précédemment : les pulsions de conservation, les pulsions sexuelles et les pulsions de mort.

La source

Comme son nom l'indique, la source recouvre l'origine de la pulsion : sur un plan topographique et sur un plan causal.

Sur le plan topographique, la source de la pulsion correspond à son lieu de naissance : où, dans quel endroit du corps, dans quelle région psychique prend-elle sa source ?

La pulsion est traditionnellement définie comme ayant un pôle organique et un pôle psychique. La source pulsionnelle s'origine donc en partie dans le corps et en partie dans le mental.

L'organisation de la libido infantile permet de bien repérer la source des pulsions prégénitales. Dans la pulsion orale, par exemple, la source correspond à la région buccale : bouche, lèvres, langue, etc.

Ainsi, la source pulsionnelle met en jeu le corps. Pourtant, certaines pulsions ne sont pas perceptibles physiquement. Elles revêtent un caractère essentiellement psychique.

Exemple

Le désir d'aller au cinéma, qui étant justement de l'ordre du désir est relatif à la pulsion, ne donne généralement lieu à aucune manifestation corporelle. C'est uniquement « dans la tête » que ce désir s'origine. La source, dans ce cas, est donc intellectuelle et/ou affective, mais pas organique à proprement parler.

C'est là qu'il convient d'élargir la notion de source à la notion de cause. La source ne recouvre plus seulement le lieu de naissance de la pulsion mais s'étend à ses causes.

Le point de vue causal prend en compte tous les facteurs déclenchants. Ainsi, la source peut être physique ou psychique ou les deux fusionnées, intérieure ou extérieure ou les deux fusionnées.

Où s'origine la pulsion ? Quelle en est sa cause ?

Les réponses sont multiples. La source se retrouve dans :

- des manifestations physiques : une perception organique (la faim, la soif, l'excitation d'une zone érogène, etc.),

- des facteurs déclenchants : des stimuli endogènes ou exogènes (une publicité peut donner envie de consommer un produit).

Exemples

1) Mon ventre gargouille, j'ai l'estomac creux, je n'ai pas mangé depuis plusieurs heures. La source de la pulsion de faim est organique et intérieure.

2) Je me promène dans la rue, après un bon repas. Soudain, l'odeur alléchante de viennoiseries vient exciter agréablement mes narines et provoque l'envie de manger une brioche. La source de la pulsion est, au départ, extérieure et devient intérieure sous l'effet du stimulus représenté par l'odeur appétissante (rattachée à une représentation psychique liée à des souvenirs).

Le but

Le but de la pulsion correspond tout simplement à la satisfaction du besoin ou du désir, c'est-à-dire à ***la disparition de la tension.***

Dans l'absolu, le but pulsionnel, au-delà de la recherche de réalisation ou au-delà du plaisir, est de retourner à l'état antérieur et de ramener l'énergie à un niveau stable (voir principe de constance).

Comme nous l'avons vu, la pulsion provoque une augmentation d'énergie ; son but est donc implicitement une diminution de l'énergie.

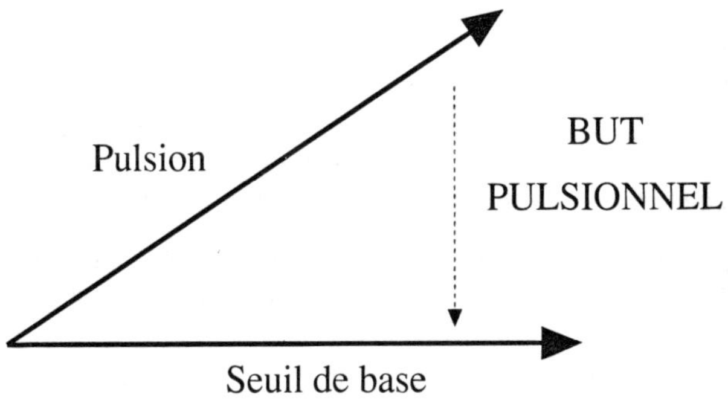

Le but de la pulsion est la décharge pour permettre une diminution de la tension

On peut donc considérer que le but de la pulsion est la « mort », la disparition de la pulsion elle-même. Cette perspective est très proche de la pensée bouddhiste pour qui la cause de la souffrance humaine est le désir ; alors que l'affranchissement et la libération de cette souffrance résident dans la « mort », dans la disparition du désir.

Si le but pulsionnel est l'accomplissement des besoins et désirs, il existe néanmoins, sur le plan pratique, ***différentes expressions de but.***

Exemple

Lorsque j'étudie, le but est de satisfaire une pulsion intellectuelle mais ce qui est effectivement recherché peut être variable d'un individu à l'autre.

Le but recherché peut être d'élargir ses connaissances (but intellectuel), d'être mieux formé et donc plus compétent (but professionnel), d'avoir plus de pouvoir (but social), d'accroître ses revenus (but matériel), de partager ses connaissances avec autrui (but affectif).

Pour une même pulsion, plusieurs buts peuvent être visés, mais le but primordial n'en demeure pas moins, dans tous les cas, la réalisation des désirs, projets ou motivations. Dans la théorie psychanalytique, on parle de ***décharge.***

L'objet

C'est le constituant le plus souple, le plus variable et le plus changeant de la pulsion. La source et le but peuvent être considérés comme fixes, même si, comme nous l'avons souligné, leur expression prend des formes multiples. La source n'en demeure pas moins, dans tous les cas, l'origine de la pulsion et le but sa finalité.

L'objet, lui, correspond ***au moyen par lequel la pulsion cherche à atteindre son but.*** Il est donc l'élément dans lequel la pulsion va ***s'investir*** pour arriver à ses fins.

L'objet peut être une personne, un élément extérieur et/ou intérieur, concret et/ou abstrait, le corps propre dans une pulsion autoérotique par exemple.

Il est donc important de considérer la relativité de l'objet qui ***sert*** la pulsion. L'objet est, en effet, bel et bien un serviteur. L'expression employée est d'ailleurs révélatrice : il n'est pas sujet mais objet.

Freud souligne la variabilité de l'objet en insistant sur le fait qu'il « *ne lui est pas originairement lié* ».

Si l'on prend une pulsion de conservation, avec son caractère archaïque et primitif d'instinct, on observe que :

- La source est organique (faim, soif, instinct de reproduction).

- Le but est la décharge, c'est-à-dire la satisfaction du besoin vital.

- L'objet, lui, est l'instrument, le moyen par lequel le besoin est satisfait. Dans le cadre de l'instinct (d'une pulsion de conservation), il est ***indifférent. Peu importe ce que l'on mange pourvu que la faim soit satisfaite.*** En revanche, pour des pulsions et donc des désirs plus complexes, l'objet devient par contrecoup plus important. Dès lors, une certaine confusion peut régner entre but et objet. ***Le sujet peut s'attacher à l'objet qu'il investit, pour atteindre un but déterminé, au point de le considérer comme une fin en soi.***

Exemple

La soif (dans une approche liée à l'objet de la pulsion)

1) La soif, en tant que besoin vital, me poussera à absorber n'importe quel liquide = seule compte la satisfaction du besoin (c'est-à-dire le but) et peu importe l'objet.

2) La soif ou sensation de soif, de l'ordre du désir, me fera opérer une sélection sur la boisson (objet) pour satisfaire mon désir (but). Je pourrais, par exemple, répugner à boire de l'eau.

On voit nettement, que dans ce deuxième cas, il ne s'agit plus seulement d'étancher la soif (besoin organique) mais de trouver du plaisir en s'attachant à un objet particulier (liaison opérée entre le but et l'objet).

Il est, dans le cadre des désirs, difficile de dissocier but et objet. En tout cas, la distinction est malaisée au niveau réel ou perceptuel, même si elle existe au niveau théorique.

Néanmoins, d'une manière générale, ***le but prime et l'objet n'est donc que secondaire.*** La pulsion renonce plus facilement à son objet qu'à son but. Ou encore, pour la pulsion, ***tous les moyens sont bons*** (les objets) ***pour obtenir sa fin*** (son but).

Il est évident, toutefois, que plus la pulsion est complexe et organisée, plus elle sélectionne les objets qu'elle investit.

Le caractère variable et interchangeable de l'objet est bien rendu dans la formation substitutive[6].

La représentation et l'affect

La théorie des pulsions fait également référence aux notions de représentation et d'affect. Il s'agit par ces termes de distinguer la charge émotionnelle liée à un désir (affect) de son enveloppe, sa forme ou sa manifestation (représentation). Ces deux notions permettent de mieux comprendre la substitution possible ou l'interchangeabilité des objets.

La pulsion peut se dédoubler, se scinder en deux, en séparant la charge affective (l'affect) de la représentation pulsionnelle.

Ainsi, l'objet et le but pulsionnel peuvent se dissocier, après avoir été liés. La pulsion change donc d'objet (ou de représentation) pour pouvoir atteindre son but. La charge affective (affect) demeure identique.

6. Voir chapitre correspondant sur les mécanismes de défense du Moi.

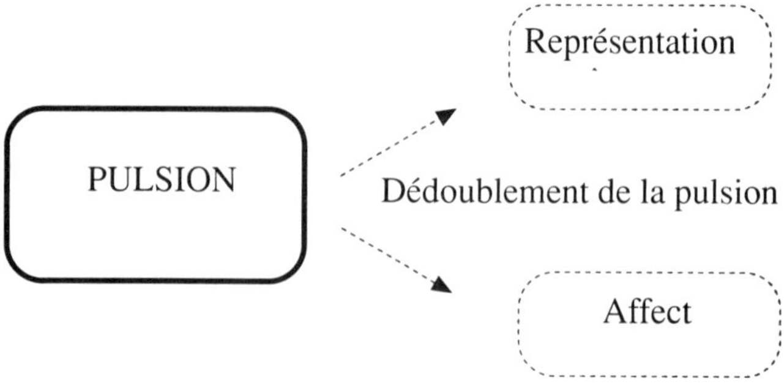

Représentation et affect : dédoublement possible de la pulsion

Les particularités de l'objet peuvent se résumer ainsi :

1) Il s'agit d'un moyen.

2) L'objet est investi par la pulsion.

3) Pour une pulsion primitive (un instinct), l'objet est peu important, voire indifférent.

4) Pour une pulsion plus construite et plus organisée (un désir), il s'opère un choix d'objet (d'où l'importance accordée à l'objet et la confusion possible entre objet et but).

5) Néanmoins, le but continue de primer et si l'objet investi est interdit ou ne permet pas d'atteindre le but, la pulsion renoncera plus facilement à ce dernier (l'objet) qu'au but (décharge).

6) Dans ce cas, la pulsion peut s'investir dans un nouvel objet plus conforme à la réalité ou aux exigences morales (formation substitutive, satisfaction compensatoire).

Mise en jeu de tous les constituants de la pulsion (source, objet et but)

Pour comprendre la mise en jeu de tous les constituants de la pulsion (source, but et objet), nous prendrons l'exemple du désir sexuel.

Exemples

A. Antoine regarde un film, qui comporte quelques scènes érotiques. Celles-ci éveillent son désir sexuel. Etant seul, il se livre alors à la masturbation et obtient un orgasme.

1) La source : scènes érotiques du film (stimuli extérieurs)

2) L'objet : le corps propre (la masturbation)

3) Le but : l'orgasme (la satisfaction du désir sexuel)

B. Chantal et Rémi s'embrassent longuement. Leurs baisers et caresses éveillent leur désir sexuel. Ils font l'amour.

1) La source : stimulation de zones érogènes

2) L'objet : l'autre (c'est-à-dire une personne physique)

3) le but : l'acte sexuel.

Dans cet exemple, on pourrait également dire que le but est l'amour et que l'acte sexuel est une expression de cet amour (un moyen de le manifester, de le prouver, et donc un objet).

Dans le premier cas, pour Antoine, les scènes érotiques constituaient la source de son désir sexuel. Au départ, il regardait le film pour une toute autre raison (comme un divertissement). Ici les images sont à l'origine du désir et en constituent donc la source. Mais, les mêmes images peuvent parfois être un objet, lorsqu'une personne visionne des films érotiques ou pornographiques pour se procurer du plaisir.

Dans les deux cas, elles constituent des stimuli (excitations extérieures) mais dans le premier cas, elles sont la cause de la pulsion (sa source) et dans l'autre, elles sont un moyen d'obtenir du plaisir (son objet).

Ceci rend bien la difficulté, au niveau de la réalité, de dissocier les éléments théoriques que sont la source, l'objet et le but de la pulsion.

On peut difficilement se placer dans l'absolu et il convient, surtout dans les situations complexes, de considérer chaque situation isolément. L'application systématique de la théorie ne peut se faire qu'au niveau des instincts, de l'expression primaire des besoins vitaux.

Exemple

La relation affective

1) Aline ne supporte pas de vivre seule. Gérard vient de la quitter et elle souffre horriblement de son célibat tout récent. Elle rencontre Sébastien. Ils s'installent très rapidement en ménage.

2) Jean-Paul aime Madeleine depuis sa plus tendre enfance. Il n'a qu'un désir : l'épouser. Seulement Madeleine se marie avec quelqu'un d'autre. Dix ans plus tard, elle divorce et Jean-Paul, toujours aussi amoureux, tente de nouveau sa chance avec succès.

Ces deux situations parlent d'amour, en tout cas de relation affective. Cependant, le premier scénario montre clairement que le but d'Aline est de ne pas rester seule. Sébastien, par l'opportunité qu'il lui offre de rompre sa solitude, lui permet de réaliser son désir. Il n'est donc qu'un moyen. Le but pulsionnel étant de vivre à deux pour ne plus être seule.

En revanche, pour Jean-Paul, Madeleine n'est pas un objet mais un but. Si Jean-Paul avait eu le même but qu'Aline (ne pas rester seul), il aurait pris n'importe quel objet pour le satisfaire. En d'autres termes, il aurait renoncé à Madeleine et lui aurait substitué une autre femme, atteignant ainsi rapidement son but. Or, pour Jean-Paul, le but n'est pas de rompre la solitude mais de pouvoir aimer Madeleine. Madeleine est, dans ce cas, à la fois l'objet et le but.

Ce qu'il faut retenir concernant les trois constituants de la pulsion :

1) La source correspond au lieu de naissance de la pulsion (où) et aux facteurs déclenchants (pourquoi)

2) L'objet correspond au moyen de satisfaire la pulsion (comment)

3) Le but correspond à la réalisation de la pulsion, c'est-à-dire et, dans tous les cas, à la décharge ou satisfaction du désir.

LE FONCTIONNEMENT PSYCHIQUE

ÉLABORATION DES DEUX TOPIQUES

Nous l'avons vu, le terme topique met en jeu l'élaboration géographique des constituants de l'appareil psychique. Il s'agit :

- de les représenter matériellement, concrètement,
- d'étudier leurs fonctions et leurs interactions.

Freud élabore sa première topique, en 1900, dans le chapitre VII de la *Science des rêves*. Plus tard, sans la renier, il la juge insuffisante à rendre toute la complexité du psychisme humain. Estimant que sa première topique est incomplète et ne donne qu'une vision partielle de l'organisation psychique, il lui adjoint une deuxième topique. Les deux se complètent, le Ça, le Moi et le Surmoi (deuxième topique) enrichissant et compensant les carences des systèmes Conscient - Préconscient - Inconscient (première topique).

PREMIERE TOPIQUE (1900)
LE CONSCIENT - LE PRECONSCIENT - L'INCONSCIENT

DEUXIEME TOPIQUE (1920)
LE ÇA - LE MOI - LE SURMOI

La première topique : Conscient - Préconscient - Inconscient

La volonté de Freud de donner une « carte » de l'esprit humain apparaît avec netteté dans le schéma qu'il propose pour illustrer sa première topique.

Son schéma est bien évidemment symbolique et, nous rappelons que l'on se place sur un plan abstrait, et que si l'on dissèque un cerveau humain, on ne va pas trouver d'un côté le conscient, et d'un autre l'inconscient. Il s'agit de localisations symboliques.

Cette première élaboration de l'appareil psychique présente donc trois zones mentales :

- le Conscient : CS
- le Préconscient : PCS
- l'Inconscient : ICS

Il existe également des séparations, des frontières entre les différents systèmes. Elles correspondent à des censures entre les instances elles-mêmes et entre le psychisme et la réalité (le pare-excitations).

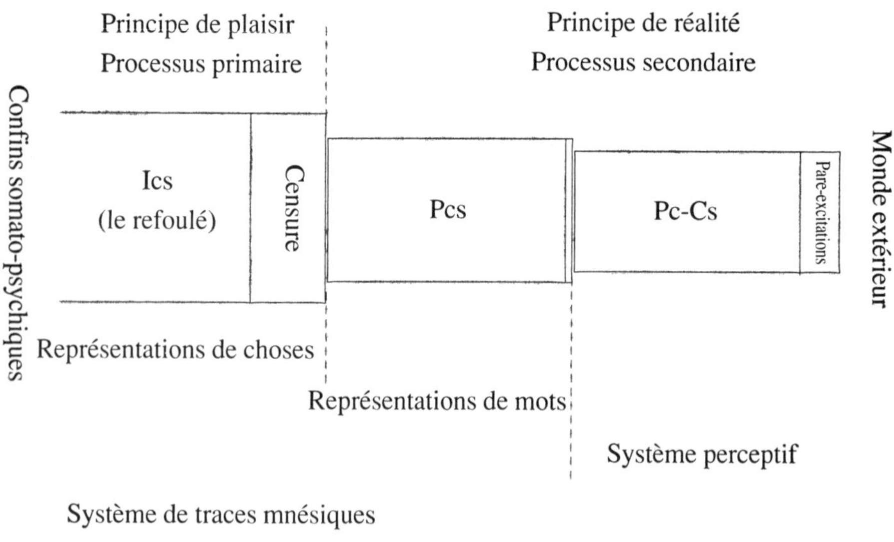

Schéma de l'appareil psychique selon la première topique, présenté dans Psychologie pathologique (J. Bergeret), p.48

La deuxième topique : Ça - Moi - Surmoi

En 1920, soit vingt ans après la première topique, Freud élabore une seconde topique qui met en jeu trois instances psychiques : le Ça, le Moi et le Surmoi.

Cette seconde élaboration ne supprime pas la première mais la complète. A travers cette nouvelle structuration de l'appareil psychique, Freud désire souligner l'aspect dynamique et conflictuel du mental.

Pour distinguer les deux topiques, le plus simple semble être de considérer :

- Les systèmes CS - PCS - ICS comme correspondant à des contenants.

- Les instances Ça - Moi - Surmoi comme correspondant à des contenus.

Ainsi, par exemple, le Ça est inconscient ; en d'autres termes, l'inconscient (envisagé sous la forme d'un contenant) contient le Ça.

La conformité d'une élaboration tripartite entre les deux topiques ne conduit pas à une juxtaposition réelle des instances et systèmes entre eux. L'articulation s'opère à un autre niveau. Par exemple, chaque instance est en partie ou en totalité inconsciente. Il y a donc bien correspondance entre les éléments psychiques des deux topiques, qui ne réside néanmoins nullement dans une adéquation parfaite. Ainsi, le psychisme comporte six systèmes ; certains partageant des propriétés, d'autres non.

Le conscient

Le conscient de la première topique freudienne correspond, en fait, à la conscience ou à l'esprit décrit précédemment. Il est aussi appelé Perception-Conscience (PC-CS) puisqu'il est tout d'abord ***ce qui perçoit dans le mental.*** Il a donc pour fonction principale de mettre le sujet en relation avec le monde extérieur, et inversement.

Cette double relation, sujet-monde / monde-sujet, est d'ailleurs fondamentale pour la compréhension globale des propriétés du conscient. Il reçoit les informations provenant de l'extérieur, les enregistre et les interprète.

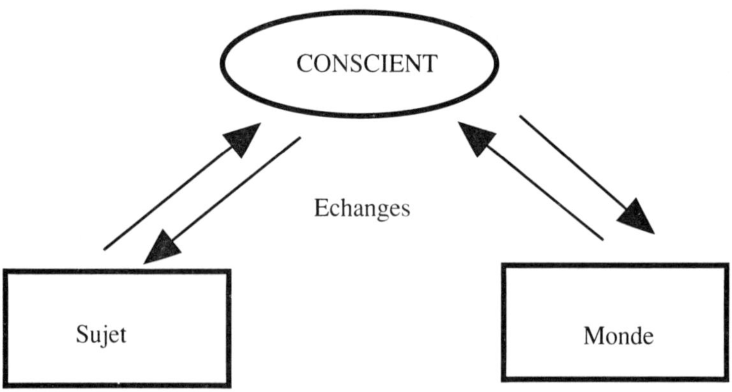

Relation sujet-monde (avec le conscient qui assure ce lien)

Le conscient fait le lien entre la réalité et l'individu :

« Je pense donc je suis » : l'homme est avant tout un être pensant.

Le conscient est également le siège des processus de pensée, de réflexion et de raisonnement. Il est ce qui réfléchit, raisonne, mentalise dans l'homme.

La situation spatiale qu'en propose Freud est représentative de sa qualité d'intermédiaire entre le sujet (sa globalité psychique) et le monde. Freud le place, en effet, à la périphérie de l'appareil psychique, entre les autres instances psychiques (préconscient et inconscient) et la réalité extérieure. Il est donc ***la couche la plus superficielle du psychisme humain et donc la plus accessible.***

Le pare-excitations

La situation périphérique du conscient entraîne l'existence d'une frontière entre lui-même et le monde extérieur. C'est cette zone-frontière que l'on appelle : pare-excitations.

Le pare-excitations contribue à défendre le conscient contre des réalités trop brutales et donc trop dangereuses pour l'équilibre psychique général. Comme son nom l'indique, ***il pare les excitations***. Il filtre en quelque sorte les éléments extérieurs qui parviennent au conscient et permet au sujet d'être partiellement protégé contre le monde extérieur, parfois menaçant pour sa quiétude mentale.

Il est fondamental de bien comprendre à ce sujet que la relation du sujet au monde n'est jamais directe. Elle est faite de perceptions. Or, par définition, la perception est subjective. En d'autres termes, l'individu n'a pas de contact direct avec la réalité, il la perçoit et l'interprète.

Les perceptions

En liaison avec le pare-excitations, la notion de perception indique que les informations ne parviennent jamais à l'état brut dans le mental mais sont préalablement traitées et interprétées. C'est l'une des fonctions du conscient.

Non seulement la relation de l'individu au monde est faite des perceptions mais également la relation qu'il a avec lui-même. La variabilité des impressions suffit à le traduire.

Exemple

Si l'on prend un groupe de dix personnes ayant vu le même film, les impressions seront différentes d'un individu à l'autre. Cette variabilité sera d'une part liée à la perception de l'objet lui-même (le film) et d'autre part sera associée à la structure psychologique, affective et intellectuelle de chaque membre du groupe.

Pour un même objet, il existe de multiples perceptions et interprétations. En présence d'une même réalité, les réactions, et donc le traitement psychique de cette réalité, seront différentes d'un sujet à l'autre.

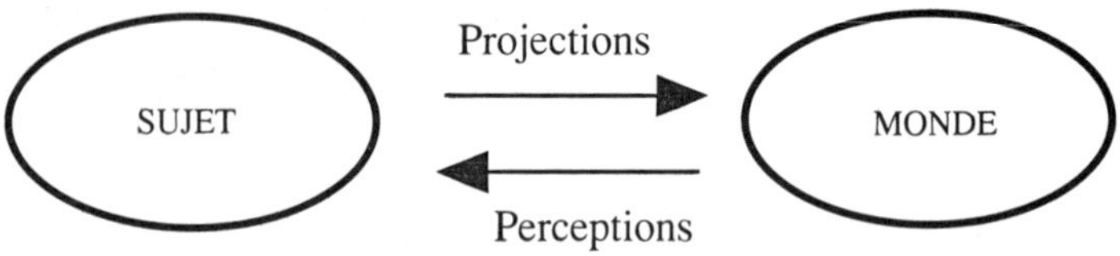

Introjection de la réalité en soi et projection de ce qui est perçu dans la réalité.

On prend le monde à l'intérieur de nous mais on communique aussi avec lui.

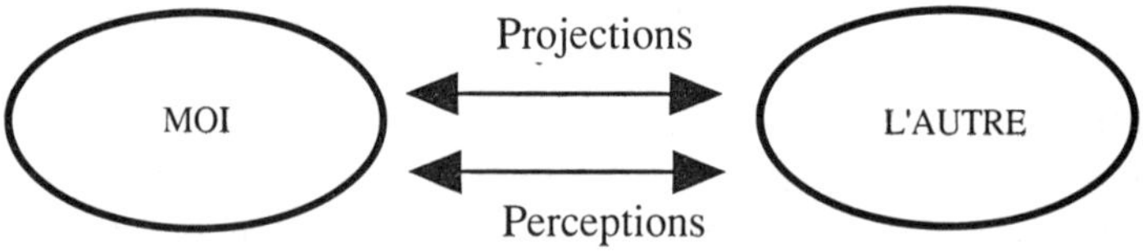

Le même principe s'applique pour les relations avec autrui.
Principe de base de toute relation humaine qui se fonde sur les perceptions et donc sur la subjectivité.

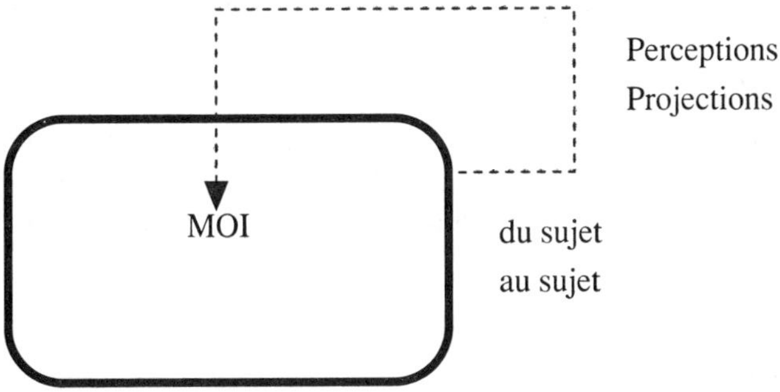

Les excitations du dedans constituent également des perceptions et le conscient régit aussi la relation du sujet à lui-même

Les contenus du conscient

On a défini précédemment la nature et la qualité du système conscient, notamment son rôle d'intermédiaire entre le sujet et l'extérieur, mais que contient-il au juste ?

En psychologie, on parle justement de contenus pour décrire les éléments psychiques inclus dans les différents systèmes.

Le terme contenu décrit toutes les formes psychiques : les pensées, les idées, les désirs, les peurs, les angoisses, etc. On emploie ce terme pour synthétiser ou résumer toutes ces formations.

Quels sont les contenus conscients ?

On a longtemps réduit l'esprit au conscient. Du point de vue de la psychanalyse, pourtant, l'être humain, être de désir et de raison, héberge en lui tout un monde ignoré, appelé inconscient. Ce qui permet d'éclairer le conscient en le différenciant de cet « espace » inaccessible à la connaissance directe, qu'est l'inconscient. On peut, comparativement à l'inconscient, dire que ***le conscient équivaut à tout ce que nous connaissons et reconnaissons en nous.*** Autrement dit, seul le conscient est connu, repérable et identifiable directement. ***Seul le conscient est conscient,*** la propriété fondamentale du préconscient et de l'inconscient étant justement de ne pas être conscients.

La somme des représentations mentales (pensées, idées, désirs, angoisses, etc.), accessibles au sujet lui-même, connues et reconnues par le sujet lui-même, sont définies comme conscientes, c'est-à-dire comme appartenant au système conscient.

Ce qui est conscient correspond à ce qui peut être ouvertement et clairement pensé, extériorisé et surtout dit. La capacité de dire (de verbaliser) est révélatrice de la qualité consciente des contenus mentaux.

La parole

La verbalisation, c'est-à-dire la capacité de dire, d'expliquer par des mots, de nommer, exprime la prise de conscience. Etre capable de parler d'une situation, d'une angoisse, d'un désir, c'est démontrer leur appartenance au système conscient. C'est pourquoi, dans cette première topique, on rattache le principe de représentation de mots au conscient.

La représentation de mots signifie textuellement que le conscient se représente avec des mots (ce qui est parlé mais également ce qui est pensé).

Exemple

Adrien redoute le noir. Il a des bouffées d'angoisse, des sueurs, des palpitations dès qu'il se retrouve dans l'obscurité complète. Il évite donc de se placer en situation anxiogène et laisse soigneusement une veilleuse allumée lorsqu'il se couche. Il ressent cette peur, il en a conscience bien qu'il en ignore l'origine. Il se souvient qu'enfant déjà, il avait peur du noir et sa crainte remonte tellement loin dans le temps qu'elle semble avoir toujours été là. Par pudeur, par honte, il ne parle à personne de sa peur. Seule sa femme partage son secret mais, même avec elle, il ne peut pas aborder le sujet, en parler ou en discuter. C'est un sujet « tabou ».

Dans cet exemple :

- La peur du noir est consciente. Elle se manifeste réellement, physiquement (tension nerveuse, palpitations, sueur) et psychiquement (angoisse, anxiété, phobie).

- La cause, en revanche, est inconsciente. Le pourquoi reste ignoré. Les raisons de cette peur ne pourront devenir conscientes que si Adrien se livre à un travail spécifique (thérapie, analyse, réactualisation) qui, d'une manière ou d'une autre, passera par la parole. Adrien devra trouver *les mots pour le dire*, les mots pour exprimer ses maux.

Le processus secondaire et l'énergie liée

Dans son schéma, Freud associe conscient et processus secondaire. Le processus secondaire correspond à l'état lié de l'énergie psychique. La pulsion est sous contrôle et soumise au principe de réalité. On dit alors que l'énergie est liée, c'est-à-dire qu'elle n'est pas libre de se décharger mais qu'elle compose avec les exigences intérieures et extérieures. ***Processus secondaire, principe de réalité et énergie liée caractérisent les processus de réflexion et de raisonnement, c'est-à-dire le conscient.***

Le préconscient

Il se situe entre le Conscient et l'Inconscient et, de cette manière, il partage des propriétés avec les deux.

Ses contenus sont inconscients mais accessibles à la connaissance consciente.

Le Préconscient correspond à une zone intermédiaire, permettant un passage en douceur et progressif des contenus inconscients vers le Conscient.

Les deux structures principales sont représentées par le Conscient et l'Inconscient, le Préconscient, quant à lui, n'est pas vraiment clairement défini et ne joue pas un rôle capital, si ce n'est dans la médiation qu'il assure entre les pensées conscientes et les pensées inconscientes.

Il partage avec le conscient sa structure : représentation de mots, processus secondaire, énergie liée. En cela, il est plus proche du Conscient que de l'Inconscient, même si ses contenus sont effectivement inconscients.

La meilleure définition le concernant est celle-ci : il contient *les représentations inconscientes sur le point de devenir conscientes.*

On pourrait dire qu'il est « la salle d'attente » des contenus mentaux.

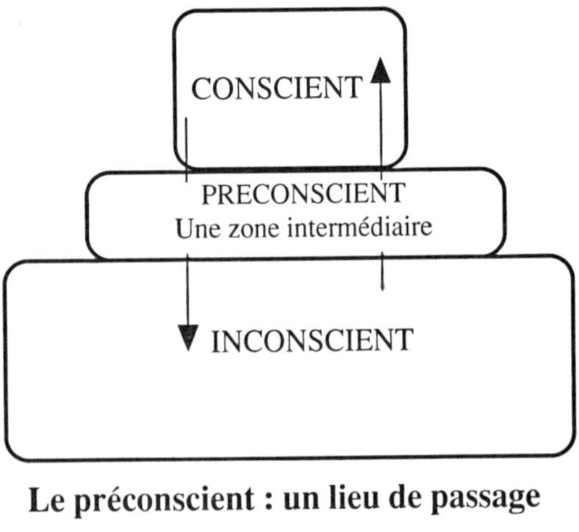

Le préconscient : un lieu de passage

L'INCONSCIENT

La formulation d'une structure inconsciente est capitale et influence tous les autres concepts psychanalytiques. C'est la base de l'édifice.

Freud, en affirmant l'existence de l'inconscient comme partie intégrante et majeure du psychisme humain, révolutionne considérablement la psychologie de l'époque.

Raison et inconscient

La raison, si chère au philosophe, est menacée par les phénomènes inconscients, parce qu'ils induisent une perte de maîtrise, de contrôle de soi et tendent à ramener l'individu à un niveau plus primaire, plus sauvage.

Avant Freud, les manifestations et éléments psychiques non conscients étaient, plus ou moins directement, reconnus. Cependant, au cours de l'histoire, les philosophes sont restés unis, en admettant la supériorité de la conscience et en négligeant ou niant, comme appartenant à l'esprit, les pensées, émotions ou actes d'une autre nature, n'appartenant justement pas à la conscience. Platon décrit l'homme comme « un animal raisonnable ». Selon la philosophie, ce qui ne procède pas de la raison n'appartient pas à la conscience.

La psychologie rejoint la philosophie dans la correspondance établie entre raison et système conscient. Il n'empêche que les pensées ou actions humaines sont parfois déraisonnables. Elles sont alors appelées inconscientes. A la différence des philosophes et des psychologues qui l'ont précédé, Freud reconnaît le caractère psychique de l'inconscient. ***Même s'il n'est pas conscience, l'inconscient appartient à l'esprit.***

La première formulation importante concerne donc la distinction entre raison et inconscient.

L'observation directe valide cette formulation. Dans le quotidien, il est aisé de repérer cette dimension inconsciente. Elle est, en fait, omniprésente. Dans le langage courant, on qualifie d'inconsciente, la décision ou l'attitude défiant le bon sens et la raison. Ne s'exclame-t-on pas : « tu es inconscient ! » pour reprocher à un ami le risque qu'il prend ou encore « quelle inconscience ! » pour signifier que son projet tient plus du rêve impossible que de la réalité.

L'emploi ordinaire du terme, même s'il est souvent impropre et réducteur, situe bien l'inconscient hors de la raison et de la réflexion. Ce qui est instinctif, primaire, non réfléchi, inconséquent, insensé, « fou », est ramené à l'inconscient. C'est en partie vrai, nous le verrons avec l'étude du Ça, l'inconscient contient bien cette part pulsionnelle et archaïque. Mais, son fonctionnement, ses contenus, ses causes et ses effets sont bien plus complexes et vont au-delà de ces seules manifestations.

Le choix du mot

En incluant l'inconscient au psychisme, Freud affirme la nature divisée de l'être humain. Cette dualité s'exprime à travers une dimension connue et consciente et une dimension inconnue et inconsciente. Freud choisit d'ailleurs le terme d'inconscient pour nommer cette province psychique, négligeant le subconscient des philosophes ou de Pierre Janet. La particule *in* d'inconscient souligne sa non-appartenance au conscient ***(in : qui n'est pas).*** Le mot exprime simplement cette opposition, sans préjuger de la qualité du système. ***L'inconscient n'est ni au-dessus, ni en dessous, il est simplement l'antipode du conscient.*** Freud jouera d'ailleurs beaucoup sur cette dichotomie en opposant systématiquement les deux systèmes : modes de fonctionnement contraires, contenus opposés, représentations différentes, etc.

L'étranger qui est en nous

On peut donc résumer schématiquement les deux systèmes :

Le conscient = le connu

L'inconscient = l'inconnu

Socrate en conseillant : « Connais-toi, toi-même » suppose implicitement l'étranger qui demeure en chaque homme. Par la nécessité de se connaître, l'axiome du célèbre philosophe induit bien l'idée que ***le sujet vit dans l'ignorance de lui-même.*** Il ne se connaît que partiellement et toute une partie de lui-même lui reste étrangère. ***Chaque individu abrite en lui cet étranger.***

Nos motivations réelles sont souvent ignorées, c'est-à-dire inconscientes. Nous agissons, choisissons, entreprenons, sans connaître véritablement les raisons qui nous poussent à le faire. Un peu comme si un autre pensait, décidait, désirait, agissait à notre place. Dans certaines circonstances, nous percevons cette dualité intérieure. Freud parle à ce sujet de ***sentiment d'étrangeté.***

L'un des objets de la psychanalyse est de favoriser ce passage à la conscience, de rendre les contenus inconscients accessibles à la connaissance directe.

Mais même, hors de toute entreprise thérapeutique, il apparaît nécessaire de favoriser cette prise de conscience. Il s'agit alors de se conformer à l'axiome de Socrate, en cherchant à se connaître, à sortir de l'ignorance, à comprendre l'étranger qui est en soi.

Les activités de l'inconscient

On ne peut néanmoins réduire l'inconscient qu'à la seule notion d'étranger, d'univers psychique inconnu. S'il ne s'agissait que de cela, il appartiendrait à chacun de se connaître ou de continuer à s'ignorer, mais la formation de l'inconscient ne porterait pas à conséquence. Ceci est loin d'être le cas.

Lorsqu'on compare l'inconscient à une dimension inconnue, il ne faut pas pour autant le considérer comme « mort », inactif et non manifesté. ***L'inconscient, au contraire, est une structure « vivante » et agissante.***

Nous avons précédemment comparé l'inconscient à un étranger que le sujet héberge en lui. Cette image doit à présent être précisée par l'activité de cet étranger. Il ne s'agit pas d'un élément figé et inoffensif. L'hôte intérieur peut même devenir dangereux, menaçant et l'étranger se transformer en ennemi.

- L'inconscient-étranger : ce que l'on ne connaît pas (territoire inconnu de notre esprit).
- L'inconscient-ennemi : ce qui va à l'encontre, ce qui s'oppose, ce qui nuit à nos activités, nos aspirations, nos désirs conscients (notion liée au caractère actif du système).

L'inconscient se construit

L'inconscient n'est pas inné ou héréditaire. Il se construit. Il se forme et se transforme au gré de l'évolution individuelle. L'édification historique de l'inconscient est capitale à trois points de vue :

1) Le rôle du temps et de l'expérience

Dire que l'inconscient se forme historiquement, c'est réaffirmer l'importance du vécu dans l'élaboration de la structure psychique. ***L'inconscient s'établit graduellement en fonction de l'histoire de chacun.*** C'est lors de l'enfance, et plus particulièrement de la petite enfance, que les bases sont posées. Ce qui souligne encore une fois l'importance de l'enfance dans la formation psychologique générale. L'adulte est une continuité de l'enfant. ***Tout ce qu'il vit, depuis la vie intra-utérine, se grave, s'inscrit en lui*** : dans son conscient (souvenirs, traces mnésiques conscientes) mais aussi, et surtout, dans son inconscient (tout ce qui se rapporte à des expériences réelles mais qui n'est pas représenté dans le conscient).

Si on prend l'enfance, avec sa fonction formatrice capitale, il y a des souvenirs que nous conservons et d'autres expériences, pourtant, fondamentales, que nous avons oubliées. C'est cette amnésie infantile qui a fortement intrigué Freud et l'a conduit sur la trace de l'inconscient.

Comment expliquer sinon l'oubli ? Et comment expliquer, surtout, la résurgence de souvenirs infantiles « oubliés » dans le cadre de l'analyse par exemple. C'est que tout est conservé, tout est inscrit, tout est enraciné dans les profondeurs du psychisme.

Le conscient est limité et ne peut contenir la quantité prodigieuse d'émotions, d'expériences, d'affects, perçus ou vécus durant l'histoire de l'individu. Ses éléments, ses souvenirs vont donc s'organiser de manière à éviter une surcharge, qui engendrerait chaos et obscurité psychiques. La mémoire est obligée d'opérer ces sélections. Il s'agit alors d'une organisation par couches : ce qui est nécessaire, utilisable reste à la surface, à la périphérie (dans le conscient), accessibles à la connaissance directe et ce qui ne présente pas d'intérêts immédiats va se ranger dans des couches psychiques plus profondes.

Mais, pour la psychanalyse, l'absence de traces mnésiques s'explique surtout par ***le refoulement***. C'est-à-dire en fonction de considérations plus affectives et psychologiques.

Le sujet va donc, tout au long de sa vie, « nourrir » et remplir son inconscient. C'est, à ce sujet, que l'on parle de construction historique, liée au vécu.

2) L'aspect dynamique, malléable et changeant de l'inconscient

Par formation historique, il convient également d'entendre structure dynamique. ***L'inconscient ne cesse jamais de se modifier.*** Il se remplit constamment par le processus de refoulement, mais il se « vide » également toujours en fonction de l'histoire du sujet. Il est donc constamment en mouvement avec un échange de contenus permanent. Ce point, concernant, la nature fluide de l'inconscient sera étudié plus longuement au sujet des voies d'allégement de l'inconscient.

3) L'aspect individuel

Dire que l'inconscient se forme, c'est implicitement admettre sa singularité. Il s'agit bien évidemment d'une structure collective puisque tout être possède un inconscient. Mais l'inconscient de A n'est pas le même que celui de B. Tout ce qui se rattache aux fonctions et processus est commun mais les contenus et le fond restent individuels.

C'est un point d'extrême importance car il met en lumière l'individu, avec son histoire, ses conflits, ses joies, ses peines, etc. Il est donc important de respecter l'individualité de l'inconscient, ***en intégrant la singularité de chaque histoire et de chaque expérience, de chaque désir et de chaque émotion, de chaque peur et de chaque angoisse.***

Inconscient et refoulement

La construction historique de l'inconscient se rapporte indéniablement au processus de refoulement. Pour Freud, d'ailleurs, l'inconscient est uniquement constitué de contenus refoulés : c'est-à-dire de pensées, d'émotions, de désirs, de situations, de souvenirs refoulés.

Le refoulement correspond à une opération psychique, inconsciente et automatique. Il ne s'agit pas d'une décision ou d'une action déterminée et consciente. Cela se passe à l'insu du sujet, sans qu'il s'en rende compte, ni s'en aperçoive.

Pourquoi refouler ? Pour protéger l'équilibre psychologique de l'individu. Le refoulement permet d'enfouir au plus profond de son être, dans son inconscient, tout ce qui constitue une menace à son bien-être intérieur. Il permet ainsi d'éviter les tensions trop fortes et donc trop dangereuses.

Exemple

Un événement traumatisant

Lydia assiste à une dispute d'une rare violence entre ses parents. Elle a huit ans et elle voit son père frapper sa mère. Cette scène ne manque pas de la terroriser. Elle est génératrice de haine, de tension, d'émotions fortes et pénibles. En un mot, elle menace l'équilibre psychologique de Lydia.

Le refoulement qui peut s'opérer permettra à Lydia « d'oublier » cet événement et donc de soulager sa conscience. Sur le plan du vécu, elle aura vraiment le sentiment d'être libérée, mais sur le plan psychique, elle sera toujours porteuse des affects négatifs rattachés à l'événement.

Car, ce n'est pas forcément au niveau de la situation réelle que va s'opérer le refoulement. Elle peut conserver un souvenir de la scène. Ce sont les émotions, les angoisses, les désirs réprouvés et menaçants qui seront refoulés. Le devenir psychique de cette situation s'articule donc de deux manières :

- conservation d'un souvenir conscient : Lydia se rappelle la scène mais elle ne provoque plus de peurs, craintes ou affects négatifs et fortement perturbants.

- refoulement de toutes les représentations gênantes et affects menaçants afin d'assurer un relatif bien-être psychologique.

L'oubli, qui porte soit sur toute la réalité (refoulement complet de la petite enfance), soit sur une partie de la réalité (refoulement des éléments négatifs rattachés à la situation anxiogène) n'est donc en fait qu'une illusion. Les affects négatifs ne peuvent pas disparaître magiquement ; ils sont simplement mis à l'écart.

Le refoulement ne porte pas seulement sur les affects pénibles et désagréables ; il porte aussi sur les pensées, les désirs ou les actes non réalisables ou interdits. L'étude de la deuxième topique nous permettra d'analyser en détail ce phénomène, mais nous pouvons déjà aborder le refoulement dans cette perspective.

Nous avons vu, lors de l'étude des pulsions, que tout désir se traduisait par une augmentation d'énergie psychique et donc par une tension. Pour éviter, en cas de frustration, que l'énergie se maintienne à un seuil élevé et pour permettre la diminution de la tension, le refoulement va opérer en draînant cette énergie vers l'inconscient. De ce fait, la tension sera apaisée d'une manière illusoire, puisque la quantité d'énergie ne se sera pas épuisée au-dehors, par un passage à l'acte, mais restera en dedans. Seulement, sur le plan de la conscience, il y aura bel et bien disparition de la tension. ***Le désir non réalisé sera ainsi devenu inconscient.***

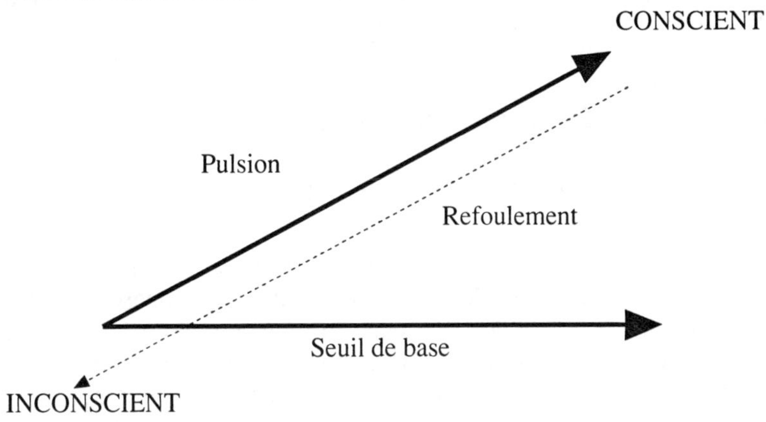

Le refoulement enfouit les représentations et les affects désagréables dans les profondeurs du psychisme (l'inconscient)

Représentations d'images

A propos du système conscient, nous avons parlé de représentations de mots, en insistant sur l'importance de la parole. Tout ce qui peut être dit, verbalisé, nommé est conscient. Par opposition, ***ce qui ne peut pas être dit est inconscient.*** Les contenus inconscients se manifestent sous la forme d'images. Le rêve, rattaché à une activité inconsciente, en est le meilleur exemple.

Le langage fait référence à la raison. Sur le plan psychique, on perçoit d'ailleurs ces deux formes de pensée : la pensée organisée, réfléchie et représentée en mots ; la pensée chaotique, irraisonnée et représentée en images.

Par images, on entend, pas seulement les représentations visuelles, mais les perceptions, les émotions, les idées non soumises à une organisation verbale.

A travers l'association libre, Freud a mis en évidence l'activité inconsciente mais également démontré la nature des représentations. Les contenus inconscients sont véhiculés à travers des images, des idées, des perceptions, mais seule la verbalisation, la rationalisation et le raisonnement sont des activités conscientes. Les lapsus sont, par exemple, des mots de l'inconscient (mais ils sont des mots non raisonnés et non réfléchis). Il convient donc d'entendre représentations d'images dans son sens le plus large.

Processus primaire et énergie libre

La théorie associe à l'inconscient le processus primaire et l'énergie libre.

Dans le conscient l'énergie est dite liée, pour exprimer le fait qu'elle est régulée, drainée et canalisée. Dans l'inconscient, à l'opposé, l'énergie est dite libre, c'est-à-dire *dé-liée*, idée qui exprime bien la force et la virulence des contenus refoulés. S'agissant de pulsions, qui n'ont pas pu s'exprimer au-dehors, dans un passage à l'acte notamment, toute cette charge énergétique est conservée au-dedans, dans l'inconscient justement.

De même, associer conscient et raison, c'est bien signifier que l'énergie est liée, contrôlée, soumise au ***processus secondaire de réflexion.*** En revanche, l'inconscient se couple avec la déraison ; ***l'énergie (pulsionnelle) libre est soumise au processus primaire.*** Les contenus refoulés sont donc actifs, « poussifs » et cherchent ***de manière primaire, sans organisation, sans mentalisation, à s'exprimer au-dehors, à sortir de l'étau que constitue l'inconscient.***

Les actes réflexes et l'inconscient

Le psychologue Janet, contemporain de Freud, s'est particulièrement intéressé à cette dimension inconsciente. Il emprunte aux philosophes le terme « subconscient » pour décrire cet espace psychique non conscient. Il met en évidence l'activité subconsciente à travers diverses expériences, notamment l'écriture automatique et l'hypnose.

Ses expériences d'écriture automatique sont réalisées avec des hystériques. Tout en conversant, elles se révèlent capables de prendre des notes sous la dictée d'un tiers, extérieur à la conversation. Elles remplissent ainsi deux activités : la conversation avec une personne et le travail de dictée avec une autre personne. Et elles parviennent à mener ces deux activités de front. Cependant, lorsque Janet leur demande au terme de l'expérience, d'exposer ce qu'elles ont noté, elles sont incapables de le faire. Ce qui traduit que la qualité de leur conscience est différente d'une activité à l'autre :

- La conversation est consciente : elles s'aperçoivent qu'elles discutent, raisonnent, réfléchissent, retiennent les propos échangés, etc.

- L'écriture sous dictée est inconsciente : elles accomplissent cette activité automatiquement, sans s'en rendre compte, sans avoir même conscience de ce qu'elles écrivent. L'écriture, bien que réelle, est inconsciente. Les notes sont évidemment concordantes avec ce qui leur a été dicté.

Ce premier cas illustre bien un des aspects de cette dimension inconsciente. Il met en évidence la dichotomie qui peut s'opérer entre conscient et inconscient.

Dans la vie quotidienne et beaucoup plus banalement, il nous arrive à tous de faire des choses sans nous en rendre compte, sans en avoir conscience. Nous agissons inconsciemment.

Exemple

Lorsque l'étudiant prend ses notes, il se place souvent dans la même situation que les « hystériques de Janet ». Il peut se révéler incapable de rapporter ce qu'il a noté. Sa prise de notes a été inconsciente.

Deux exemples dans la vie quotidienne

1) Lors d'une conversation longue et ennuyeuse, il est possible de continuer à répondre à un interlocuteur intarissable et épuisant d'une manière automatique. Nous n'avons même plus conscience de ce qui est échangé et dit. Nous sommes partiellement inconscients.

2) Lorsque nous effectuons un trajet familier, il peut nous arriver de ne même plus nous rappeler ensuite tous les détails de ce trajet, un peu comme si la voiture s'était dirigée et déplacée seule. Nous avons là encore accompli cet acte « inconsciemment ».

Ces premières constatations mettent en lumière une des propriétés de l'inconscient qui se rattache aux actes réflexes, automatiques, non raisonnés.

La puissance de l'inconscient

Les autres expériences de Janet, se rapportant à l'hypnose, éclairent un autre aspect de l'inconscient : ***sa puissance.*** En plaçant un individu sous hypnose, il est possible de lui donner des ordres qu'il effectuera sans en avoir conscience. Dans la continuité, l'hypnotiseur peut le conditionner à percevoir certains types d'émotions, à adopter des comportements spécifiques, émotions qu'il ressentira, comportement qu'il adoptera de manière « automatique », sans s'en apercevoir. Une fois réveillé, il ne conservera aucun souvenir conscient de ce qu'il a pu faire ou dire sous hypnose.

Encore plus significatives sont les manifestations à l'état de veille. Sous hypnose, le sujet est conditionné à accomplir un certain nombre d'actes une fois réveillé. Sorti de l'état hypnotique, il accomplira, jusque dans une certaine mesure, ce qui lui a été ordonné. ***Il le fera alors même qu'il est conscient.***

Les expériences se rapportant à l'hypnose révèlent deux choses :

1) La capacité même de placer un sujet sous hypnose est significative des deux dimensions psychiques. Dans un langage courant, on peut d'ailleurs parler d'état second. Une partie du sujet est absente, comme endormie : le conscient ; l'autre est active et éveillée : l'Inconscient. L'une des propriétés fondamentales de l'hypnose est d'avoir un accès direct à l'inconscient.

Nous reviendrons sur ce sujet lors de l'étude des thérapies*. Freud fut lui-même, au départ, un adepte de l'hypnose. La possibilité, par l'hypnose, de « guérir » des troubles l'avait fortement séduit et intrigué. De même que Janet, c'est en partie grâce à l'hypnose que Freud commença à penser et à théoriser l'inconscient.

Ce premier point met donc l'accent sur la double nature du mental. Car cette dissociation psychique, être à la fois endormi et éveillé, rend incontournable l'existence de plusieurs systèmes. Si l'esprit était Un et indivis, il ne pourrait donner lieu à ce genre de manifestations. On

* Dans un prochain ouvrage consacré aux thérapies.

retrouve le même phénomène dans le somnambulisme où le sujet parvient à accomplir certains actes sans en avoir conscience, sans même être éveillé.

2) La survivance à l'état de veille des conditionnements appliqués sous hypnose indique une deuxième chose : la puissance de l'inconscient. Même si, pour le sujet, les actes induits et ordonnés sous hypnose n'ont aucun sens, ne répondent à aucun besoin, il les accomplira quand même, malgré lui. C'est là démontrer ***la force, la puissance, la « supériorité » de l'inconscient sur le conscient.***

Exemple

Sous hypnose, on demande à Victor, une fois réveillé, de percevoir la sensation de froid et de se couvrir le plus possible, manteau, écharpe, gants, etc. A son réveil, Victor exécutera les consignes qui lui ont été données sans en comprendre la raison. Par une chaude journée, il se couvrira, parce qu'il aura réellement froid. Sa raison, par l'analyse de la situation, pourrait faire obstacle aux inductions de l'hypnotiseur. Victor pourrait consciemment considérer que le soleil brille et qu'il fait chaud. Pourtant, il agira autrement. Son inconscient le poussera à se couvrir même si raisonnablement, c'est-à-dire consciemment, il ne peut expliquer son attitude.

Relation entre conscient et inconscient

Néanmoins, il peut arriver que les inductions faites sous hypnose ne soient pas suivies par le sujet. Les comportements induits par l'hypnotiseur ne peuvent être adoptés que dans la mesure où ils ne menacent pas, ne perturbent pas l'équilibre du sujet. Sinon, le sujet sera en mesure de s'y opposer. Si, par exemple, on lui demande, sous hypnose, de prendre une arme et d'assassiner quelqu'un. L'induction ne sera d'aucun effet, qu'il soit sous hypnose ou éveillé. Il ne le fera pas car une partie de lui-même s'y opposera fermement. Sa faculté de raisonnement, son discernement, ses valeurs culturelles l'empêcheront de passer à l'acte. ***Son activité consciente fera obstacle à son activité inconsciente.***

C'est dire la complexité des relations entre conscient et inconscient. Nous avons précédemment souligné la force de l'inconscient qui se manifeste alors même que la personne est consciente. Mais, le conscient possède également un grand pouvoir. Aidé par la censure, il parvient généralement à contenir les représentations inconscientes dans l'inconscient. A l'état de veille, c'est le conscient qui est en activité et c'est lui qui règne en maître sur le sujet.

L'état de veille et le sommeil

Ces deux niveaux de conscience correspondent aux deux systèmes principaux de l'appareil psychique de la première topique freudienne.

A l'état de veille, c'est le conscient qui domine. Notre raisonnement et notre discernement peuvent s'exercer et nous possédons en général un bon contrôle sur nous-mêmes. Nous parvenons à contenir ou à maîtriser des émotions ou des attitudes non désirables ou peu sociables.

Dans le sommeil, il en va différemment. Nous étudierons le rêve beaucoup plus longuement dans la partie consacrée aux voies d'allègement, mais il convient de souligner, dans le cadre de la présente étude, l'importance du sommeil et des activités psychiques nocturnes dans la théorie de l'inconscient. Le sommeil à lui seul est révélateur de cette dimension inconsciente. Il se traduit par l'arrêt de toutes activités physiques et intellectuelles. Le corps est au repos, les yeux sont fermés. Pourtant, une activité continue de se produire : celle du rêve. Freud, à l'époque, ne possédait pas les moyens de vérifier ses hypothèses, si ce n'est à travers l'expérience clinique, mais aujourd'hui, il apparaît que toutes ses conjectures sont validées par l'électro-encéphalogramme. En effet, cet appareil de mesure permet de constater la réalité de l'activité psychique. Ce qui signifie que tout en l'homme ne dort pas. Qu'est-ce qui est éveillé alors ? L'inconscient, naturellement.

L'inconscient selon Jung

Pour Jung, l'inconscient n'est pas uniquement constitué de contenus refoulés. ***Il est également un puits de connaissance, dans lequel notamment se situent les symboles et les archétypes.*** Ce fait expliquerait, selon Jung, l'existence d'une connaissance universelle, de représentations collectives. En d'autres termes, pour Freud, l'inconscient contient l'histoire personnelle du sujet : toute la somme des désirs, peurs, traumatismes, etc., refoulés. Pour Jung, l'inconscient possède une dimension individuelle et une dimension collective. Ainsi, en perçant les arcanes de son inconscient, le sujet découvre sa propre histoire (Freud) mais aussi l'histoire de l'humanité (Jung).

Cette conceptualisation divergente de l'inconscient est l'une des origines de la rupture opérée entre les deux hommes. L'autre concerne l'existence d'une libido non sexualisée pour Jung. Là où Freud parle de sublimation, le désir sexuel insatisfait s'investissant dans une réalisation supérieure (intellectuelle ou artistique), Jung parle de libido non sexualisée ; le désir originel n'est pas sexuel. La création artistique ou intellectuelle ne correspond donc pas à une sublimation, mais résulte d'une pulsion autonome, ni sexuelle, ni vitale.

Néanmoins, lors de l'étude du rêve, nous verrons que l'opposition entre les deux conceptualisations n'est sans doute pas aussi évidente qu'il n'y paraît ; puisque Freud, en se référant à une connaissance symbolique inconsciente, rejoint implicitement l'existence du savoir inconscient commun postulé par Jung.[1]

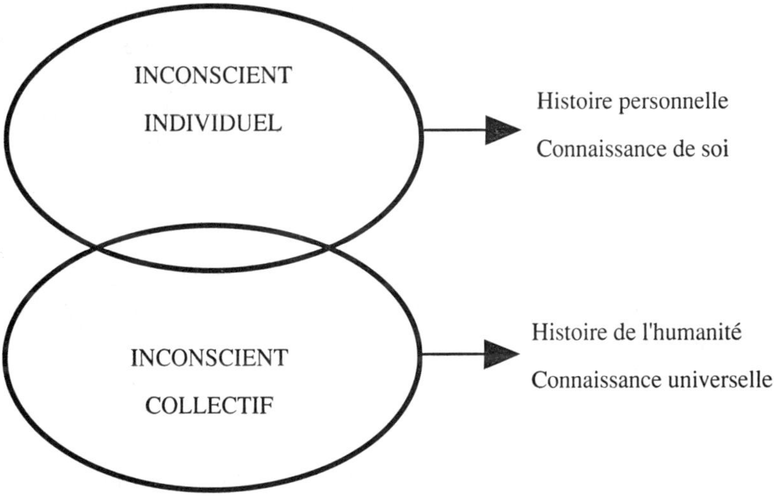

L'inconscient selon Jung

1. Voir le chapitre concernant le rêve.

LE ÇA

Le Ça correspond au réservoir pulsionnel. En lui sont contenus les instincts, les besoins vitaux, les désirs, les tendances agressives sadiques ou masochistes. Le Ça contient donc l'ensemble des pulsions de vie et de mort.

Au commencement, il y a le Ça

L'ordre chronologique des instances correspond à leur ordre de constitution. ***Au commencement de la vie, il n'y a qu'un « Ça »,*** nous dit Freud. Puis très rapidement, à la première frustration, le Moi se constitue. La mise en place du Surmoi se fait plus tardivement (selon la psychologie vers 3/5 ans), au moment de la résolution du complexe d'Œdipe.

Pour Freud, le Ça est donc là dès l'origine, au commencement de la vie. Sur le plan historique, il s'agit donc de l'instance la plus archaïque, primitive et originelle. La réalité illustre cette première affirmation : le nourrisson manifeste des besoins (à travers ses cris, ses pleurs) immédiatement. Il n'est pas nécessaire de le forcer ou de le contraindre à s'alimenter. La pulsion émane de lui ; elle ne lui vient pas du dehors. L'expression des besoins vitaux, chez le nouveau-né, prouve l'existence du Ça.

On peut d'ailleurs, schématiquement, considérer qu'au départ, il n'existe que des besoins vitaux, les désirs liés à la recherche de plaisir s'associant par la suite. Nous avons déjà évoqué cette notion d'étayage lors de l'étude des pulsions.

Prenons, pour bien comprendre, les choses au commencement. Lorsque l'enfant naît, il exprime des exigences nécessaires à sa survie. C'est ce que l'on définit par instincts de conservation ou besoins vitaux. Il exprime sa faim, sa douleur, sa soif, etc. Si on l'abandonnait à lui-même, il formulerait, à travers des cris, des pleurs, ses besoins. Cela s'explique par l'existence de la première instance : le Ça.

Assez vite, cela n'étant pas mesurable ou quantifiable, ***à la satisfaction des besoins vitaux va s'associer du plaisir.*** C'est-à-dire que dans le même temps où le nourrisson satisfait sa faim, besoin purement organique, il va prendre du plaisir à la tétée, aux caresses qui lui sont dispensées, aux marques de tendresse et d'affection accompagnant l'allaitement. Dès lors, le fait de se nourrir va répondre autant à l'exigence organique (nécessité de manger pour vivre), qu'au désir d'être cajolé, aimé, dorloté.

Aussi, le nouveau-né ne va plus seulement pleurer, ou envoyer tout autre signal, pour manger, c'est-à-dire pour satisfaire un besoin vital, mais aussi pour que l'on s'occupe de lui. C'est en quelque sorte ***la naissance des désirs.*** La demande devient en partie affective. Il semblerait même que l'association du plaisir (ou si l'on préfère de l'amour ou de l'affection) à la dispensation des soins (nourrir, changer, habiller, coucher, etc.) soit une nécessité. Le nouveau-né, qui voit tous ses besoins organiques remplis, sans attention ou tendresse, manifeste une souffrance, qui peut aller jusqu'à un affaiblissement, voire une disparition, des pulsions de conservation (perte d'appétit, par exemple). Inversement, le nourrisson, bénéficiant d'attentions affectives suffisantes et gratifiantes (caresses, paroles, baisers), va émettre des appels ou des demandes fondées uniquement sur le désir, comme, par exemple, d'être dans les bras de sa mère. Il demandera le sein ou le biberon plus pour que l'on s'occupe de lui que par faim.

Groddeck et le Ça

Dans *Le livre du Ça*, Groddeck se penche longuement sur cette instance psychique. Freud le félicitera pour sa recherche et lui empruntera le terme et le concept de Ça, tout en ayant néanmoins une approche très différente. Pour Groddeck, tout s'explique par le Ça. Il est la somme des pulsions humaines, donc il est la vie, au sens le plus large du terme. Il assimile et confond d'ailleurs souvent inconscient et Ça. Selon l'auteur, en fait, les deux systèmes n'en font qu'un. Il évoque l'amnésie relative à la petite enfance comme preuve de l'existence d'une instance psychique inconsciente, qu'il appelle « Ça ». Or le Ça est profondément actif et agissant. Partant de là, les progrès comme les désordres seraient dûs à son activité. Groddeck ne dit-il pas :

> *« Je pense que l'homme est vécu par quelque chose d'inconnu. Il existe en lui un « Ça, une sorte de phénomène qui préside à tout ce qu'il fait et à tout ce qui lui arrive. La phrase « Je vis... » n'est vraie que conditionnellement ; elle n'exprime qu'une petite partie de cette vérité fondamentale : l'être humain est vécu par le Ça. »*[2]

2. G. GRODDECK, *Le livre du Ça*, p. 20.

Groddeck considère donc le Ça comme étant l'élément majeur de l'activité psychique. Il lui reconnaît une toute-puissance. Dans la continuité, il va jusqu'à affirmer que la maladie est une production du Ça, si elle dessert le corps, elle sert en revanche les intérêts du Ça.

> *« Cela, c'est uniquement l'affaire du Ça. Car c'est le Ça qui crée les maladies. Elles ne viennent pas du dehors, comme des ennemies, ce sont des créations opportunes de notre microcosme, de notre Ça... »*[3]

La croyance de Groddeck dans la toute-puissance du Ça l'incline à penser que l'analyse (entendu le travail thérapeutique et non la réflexion) peut guérir toutes les maladies. Réjouissante perspective qui n'a convaincu que l'auteur lui-même !

Toujours à ses yeux, même les événements extérieurs, les incidents et accidents divers, considérés généralement comme imprévisibles et non intentionnels, sont une conséquence du Ça. A ce sujet, il cite l'exemple d'une de ses amies qui s'était cassé le bras. Elle profita de l'événement, et de son caractère involontaire, pour ironiser sur les affirmations de Groddeck, en lui signifiant qu'un tel événement ne pouvait être imputable à l'action du Ça. Le médecin ne se laissa nullement affecter et lui démontra que son accident répondait bien à une exigence intérieure. Cette dame était en train d'effectuer des achats dans un commerce. La vue d'une botte d'asperges lui remit en mémoire une discussion légère avec des amis, dans laquelle elle avait comparé ce légume au pénis. Avec du recul, elle était manifestement choquée par son audace et troublée par cette réminiscence, elle trébucha en sortant du magasin. Elle se cassa ainsi le bras. Pour Groddeck, l'histoire suffit à démontrer la validité de sa théorie. Dans son livre, il conclut cet exemple en déclarant que « *la fracture du bras était une tentative réussie pour venir au secours d'une moralité chancelante.* »

On retrouve, en partie, cette définition dans l'étude des actes manqués. Mais la psychanalyse se garde de systématiser, contrairement à Groddeck qui finit par tout expliquer par le Ça.

Freud et le Ça

Si Freud doit à Groddeck le terme « Ça », il s'éloigne par la suite considérablement des propositions de son confrère. La nature humai-

2. G. GRODDECK, *Le livre du Ça*, p. 20.

ne est beaucoup plus complexe et ne peut s'expliquer qu'à travers l'action du Ça.

Dans sa définition de cette première instance, Freud insiste sur trois points fondamentaux :

- Le Ça est le réservoir pulsionnel.
- Il existe dès les origines de la vie.
- Il est inconscient.

Nous avons déjà développé les aspects concernant la nature pulsionnelle et l'historicité du Ça, c'est surtout sa condition inconsciente qui va ici nous intéresser.

Si le Ça est inconscient, il n'est pas l'inconscient. Ce qui signifie qu'on ne peut réduire l'inconscient au Ça et confondre ainsi, comme le faisait Groddeck, ces deux systèmes. L'inconscient contient également une partie du Moi et la quasi-totalité du Surmoi.

Cependant, sur le plan qualitatif, le Ça reste le plus proche de l'inconscient. Il partage nombre de ses fonctions et principes : processus primaire, énergie libre, principe de plaisir.

Le Ça et le plaisir, le Ça nécessaire à la vie

Le Ça se fonde sur le principe de plaisir. Puisque ses contenus sont pulsionnels, ils vont respecter la loi qui régit la pulsion et qui la pousse à se décharger. Ce point est d'une extrême importance car il révèle l'activité et la force du Ça. Le sujet ressent d'ailleurs cette pression en lui, qui le motive et qui l'exhale à agir, à se développer, à acquérir, à réaliser. Il convient de considérer ce versant du ça, qui est indispensable à la vie.

Il est donc important de ne pas le réduire uniquement à la cause des maux humains. Certes, c'est souvent le Ça qui est à l'origine de nos conflits, de notre inconfort psychique, de notre difficulté d'adaptation à la réalité. Mais, ***c'est aussi lui qui nous donne l'énergie nécessaire pour agir, entreprendre, s'investir.*** Sans lui, nous serions des « morts-vivants », êtres inanimés sans désir, ni passion.

La psychanalyse n'a pas une conception manichéenne des choses. Elle ne clive pas l'appareil psychique en instances bonnes et en instances mauvaises. Toute la problématique humaine va résider dans la recherche d'harmonie, dans la résolution des conflits, dans la mise en adéquation sujet-monde.

« Ça » : le choix du mot

Le mot Ça est en parfaite conformité avec la nature et la qualité de cette première instance. On l'a vu, Freud emprunte le terme à Groddeck, qui lui-même le tenait de Nietzsche.

Le mot induit excellemment les notions « d'objet », de dépersonnalisation, de pulsion. Le démonstratif « ça » permet de nommer de manière générale et grossière, sans finesse, ni appropriation. Il est également impersonnel (ce n'est ni moi, ni toi). L'utilisation du terme a même un caractère péjoratif, lorsqu'on s'exclame dubitativement « Alors, c'est ça, ta nouvelle voiture ! ». Le terme est souvent utilisé lorsque l'on ne parvient pas à nommer, à identifier, à reconnaître le sujet ou l'objet dont on parle.

Exemple

Lorsque deux jeunes gens chahutent et que le jeu dégénère venant à blesser l'un d'eux. Celui-ci peut crier :

1) « Aïe ! **tu** *m'as fait mal ! »*

Mais, il peut aussi s'exclamer :

2) « Aïe ! **ça** *m'a fait mal ! »*

Dans les deux cas, il a mal, il perçoit effectivement une douleur. Cependant, dans le premier cas, il désigne nommément l'autre (tu) comme cause de sa souffrance. Le terme désigne et traduit l'intention de l'autre : « c'est toi qui es la cause de ma douleur ». Dans le deuxième cas, en revanche, la formule n'est pas nominative. La douleur est toujours réelle mais la cause n'est pas clairement établie.

La relation du terme avec l'inconnu, sa négation implicite de la personne (le Ça, c'est ce qui n'est pas moi), est tout à fait conforme avec les propriétés de l'instance.

L'utilisation du mot « ça » est fréquente, lorsque, justement, on ne parvient pas à situer la raison, la cause, la nature d'une perception ou encore lorsque la « chose » nous dépasse, qu'elle est plus forte que nous.

« Ça m'énerve », « Ça me gratte », « Ça m'amuse », « Ça me fait peur », autant d'expressions qui traduisent ces deux aspects de l'instance :

- la difficulté à identifier ce qui agit,
- la nature pulsionnelle, poussive.

Dire « **ça** », c'est implicitement dire « ***c'***est plus fort que ***moi*** ».

Cette deuxième formulation est intéressante, du point de vue topique, puiqu'elle met en évidence les relations Ça-Moi, la source de leurs conflits, la présence de deux forces antagonistes et la supériorité énergétique du Ça. Le Ça est formé de pulsions, et la pulsion est une poussée, un accroissement, une augmentation d'énergie.

Dire « ça », c'est aussi révéler ***la qualité confuse de l'objet, qui semble être ni dedans, ni dehors ou plutôt qui semble être les deux à la fois.*** L'expression témoigne d'une difficulté à identifier, à repérer. L'exclamation : « ça m'énerve », peut entraîner la question : « Qu'est-ce qui m'énerve ? » c'est-à-dire « Quel est ce « **ça** »qui m'énerve ? ». La difficulté d'apporter une réponse tranchée met bien l'accent sur le caractère impalpable, indéfinissable de la cause de l'énervement, de l'excitation, du Ça.

Le sentiment d'étrangeté est commun à l'inconscient et au Ça, simplement parce que le Ça est inconscient et, qu'à ce titre, on ne le reconnaît pas comme une partie de nous-mêmes.

LE MOI

A la première frustration s'ébauche le Moi. L'état paradisiaque, c'est-à-dire la satisfaction systématique des besoins et des désirs, ne peut être réalisé. Même celle, qui est définie par la psychanalyse comme étant la « bonne mère », se voit obligée, à un moment donné ou à un autre, de refuser de satisfaire une des demandes, organiques ou affectives, de son bébé. Cela fait en quelque sorte partie de l'ordre des choses. A moins de se soumettre à la tyrannie du nouveau-né, devenant de plus en plus exigeant au fur et à mesure que ses désirs sont satisfaits, il est nécessaire de ne pas répondre, voire il est impossible de répondre systématiquement à toutes les demandes du nourrisson.

Celui-ci expérimente donc la frustration, étayée sur la souffrance, lorsque sa mère ou toute autre personne qui s'occupe de lui, le laisse pleurer ou ne répond pas de manière explicite à la demande exprimée. Il ne cessera, dès lors, de faire l'épreuve de la frustration, émettant des désirs non satisfaits. ***Le Moi se construit sur la frustration, c'est-à-dire sur l'épreuve de réalité.***

Le Moi et la réalité

La construction et l'édification du Moi, entendu son existence et sa solidité, sont indispensables à l'équilibre psychique. ***La prise de conscience des réalités est garante de la solidité psychique.*** L'individu n'est pas tout-puissant, aussi tous ses désirs ne peuvent pas être satisfaits. Cependant, il s'agit, pour lui, d'une cruelle désillusion.

En effet, le Ça précède le Moi dans la formation de l'appareil psychique. Comme nous l'avons précédemment souligné, le Ça est présent dès l'origine. Le Moi, quant à lui, naît consécutivement à l'épreuve de réalité. Nous avons symbolisé cette prise de conscience de la réalité sous sa forme la plus générale : la frustration. Si l'on suit cette chronologie, il existe un court laps de temps, infinitésimal de ce point de vue, pendant lequel, le Ça est tout-puissant. Le besoin est automatiquement satisfait. Plus réelle est la prise en compte de l'existence intra-utérine. Lors de l'organisation libidinale, nous reviendrons longuement sur ce point. Mais il est intéressant, afin de démontrer que le sens des réalités n'est pas inné ou héréditaire, d'insister sur ce stade originel de la vie, durant lequel la réalité, le monde extérieur n'« existent » pas. Le fœtus, protégé du monde, fait certainement l'expérience de la toute-puissance, d'un univers où tous ses besoins sont remplis.

Le sens des réalités n'est pas inné donc le Moi est acquis

Bien souvent, le bébé n'a pas formulé ses besoins ou ses désirs pour qu'ils soient satisfaits. Il n'a, de toute façon, pas à agir, à lutter ou à se battre pour que ses demandes (organiques ou affectives) soient remplies. Il expérimente, à travers cette facilité d'obtention, ce don gratuit (la mère n'exige rien en retour) et, ainsi, une certaine toute-puissance. Dans son univers de bébé, c'est un peu comme si le monde était à son service. Bien évidemment, ce n'est pas ainsi conceptualisé, mais c'est vraisemblablement ainsi ressenti. Le nouveau-né ne mentalise pas cela, mais il est déjà porteur de désirs. Il est capable de ressentir du plaisir, lié à la satisfaction de ses besoins et désirs, mais aussi de la souffrance liée à l'insatisfaction. D'autres sources de douleurs peuvent également s'observer : la dentition, les problèmes intestinaux fréquents à cette période de la vie, des angoisses (voir Mélanie Klein), etc. C'est, au départ, dans cette souffrance que se fait la prise de conscience de la réalité.

Exemple

L'un des exemples, les plus éclairants, réside dans l'absence de la mère. Winnicott a souligné à quel point cette confrontation, cette attente était nécessaire dans la formation du Moi. Selon lui, la première tâche de la mère consiste à remplir, de la manière la plus parfaite possible, la plus adaptée possible, les besoins et désirs du nourrisson. En répondant rapidement et de façon adéquate à la demande de son bébé, la « bonne » mère participe à cette tâche. C'est un passage indispensable, justement parce que le Moi du nouveau-né est encore très faible et qu'il n'est alors pas capable psychiquement d'éprouver de trop fortes frustrations. Néanmoins, il est également, une fois une relation de confiance suffisamment instaurée, nécessaire de désillusionner le bébé. L'absence de la mère est, à ce titre, fondamentale.

La mère ne peut bien évidemment être constamment présente. Même si elle peut assurer cette présence physique permanente, elle ne peut être tout le temps présente psychiquement et disponible. Elle a d'autres occupations, d'autres activités. Le bébé va donc faire l'expérience de l'absence, qui consiste à ne pas répondre de manière immédiate à ses signaux. Il va donc éprouver l'attente et, à travers elle, la réalité. Il est naturellement indispensable que cette attente ne se prolonge pas trop car, toujours du fait de la faiblesse de son Moi, le bébé ne peut pas supporter une tension trop maintenue. Cependant, ces expériences répétées d'attente ou de frustration permettent au Moi de s'élaborer.

Le Moi en perpétuelle évolution

Dès lors, le Moi s'ébauche et il ne cessera plus de se construire. Ce point est capital car il convient de ne pas considérer que le Moi se forme une fois pour toutes. ***Il se forme progressivement.*** La relation à la réalité ne peut pas s'établir de manière définitive, parce que le sujet et le monde sont en perpétuelle mouvance. Il y a donc un travail constant d'adaptation de l'un à l'autre.

Toutefois, c'est bien évidemment durant l'enfance, et plus particulièrement la petite enfance, que les bases du Moi s'établissent. Ceci plus ou moins solidement, en fonction surtout de l'environnement et des relations instaurées avec l'environnement.

A l'observation superficielle, il est facile de s'apercevoir que le Moi de l'enfant n'est généralement pas le même que celui de l'adulte. Il est plus faible, encore au stade embryonnaire, inachevé. D'un autre côté, chez l'adulte, l'adéquation à la réalité n'est jamais parfaite ; ce qui prouve que le Moi est sans cesse en évolution.

Moi et raison

Le Moi, à travers l'épreuve et la prise en compte de la réalité, fait référence à la raison.

Les enfants ne sont généralement pas raisonnables (au sens où le définit l'adulte), leur Moi est encore fragile.

Exemple

Benjamin, quatre ans, désire manger un gâteau. Sa maman lui explique qu'il n'y a plus de gâteaux à la maison et qu'ils iront en acheter dès qu'elle aura fini son repassage. Benjamin se met à hurler, à trépigner et à pleurer. Il fait un caprice.

Essayons d'expliquer cette situation par la théorie des topiques. Le désir de manger un gâteau provient du Ça. Benjamin perçoit ce désir et cherche à le satisfaire (principe de plaisir). Or, il n'y a pas de gâteaux (réalité objective). Sa maman lui fait part de cette réalité et lui demande d'attendre. Benjamin éprouve donc la réalité dans son opposition à son désir. Il y a conflit entre le désir de manger un gâteau (exigences du Ça) et l'impossibilité de le satisfaire (réalité extérieure). ***La prise en compte de cette réalité se fait au travers du Moi.***

Benjamin pleure parce qu'il ne tolère pas que la réalité soit hostile à son désir. C'est-à-dire que son Moi, encore fragile, ne parvient pas à assumer cette acceptation de la réalité.

Cet exemple explique les fréquents caprices des enfants, qui sont en partie liés à l'immaturité de leur structure psychique. La mère de Benjamin peut, face à sa réaction, lui dire : « Tu n'es pas raisonnable ! » ; ce qui nous ramène à l'incomplétude du Moi de l'enfant.

Dans le langage populaire, il est d'ailleurs admis que l'enfant n'est pas raisonnable et que cette aptitude est le fait de l'adulte. Un proverbe dit : « *Sept ans, l'âge de raison* ». On verra que, comme souvent dans les expressions courantes, la théorie rejoint la sagesse populaire. A sept ans, l'enfant est effectivement plus structuré psychologiquement et plus à même de prendre en compte et d'accepter les exigences de la réalité et de la morale (avec l'instauration du Surmoi).

Quoi qu'il en soit, il est ici important de retenir que le Moi se forme. Ce qui revient à dire que l'adaptation et l'acceptation de la réalité s'apprennent, s'acquièrent à travers les diverses situations de la vie.

L'immaturité du nourrisson induit une autonomie inexistante au départ. Elle est bien rendue sur le plan moteur : le bébé n'est pas capable de s'alimenter seul, de se déplacer, de se mouvoir, etc. Il va apprendre, acquérir, se développer sur le plan physique et ainsi accéder à une indépendance de plus en plus importante. Ceci est un fait reconnu de tous car visible. On ne va pas reprocher à un bébé de sept mois de ne pas savoir marcher. On sait qu'il n'est pas capable, physiquement, de le faire.

Il en va de même sur un plan psychique. La chose est moins aisément admise, surtout à cause d'un manque de connaissances. Lorsque la mère de Benjamin lui reproche à juste titre de n'être pas raisonnable. Elle voit son enfant avec ses yeux d'adulte. En tant qu'adulte, elle est plus capable psychiquement d'appréhender et d'assimiler la réalité extérieure. Seulement, Benjamin n'a que quatre ans et son Moi est encore en pleine formation. Cet exemple n'a pas pour destination de reprocher aux parents leur attitude vis-à-vis des caprices de leurs enfants. Il est au contraire nécessaire que les parents assurent, à travers leurs refus et leurs « sermons », cette perception de la réalité chez l'enfant. Puisque c'est principalement à travers le manque, la frustration, l'opposition, que le Moi, dans sa reconnaissance de la réalité, s'édifie et se renforce.

Vers un Moi fort

La faiblesse du Moi est naturelle chez l'enfant. Dans la logique de la vie, ***plus le sujet grandit et plus son Moi se renforce.*** A la différence de l'enfant, l'adulte ne se met pas à hurler, à trépigner et à pleurer, bref à faire un caprice, dès qu'il est frustré, empêché dans sa réalisation. Néanmoins, il arrive fréquemment que la réalité le fasse souffrir. ***Plus son Moi est fort, plus il est capable de tolérer, d'accepter, c'est-à-dire de bien vivre les oppositions ou difficultés.*** L'équilibre psychologique et la socialisation de l'individu dépendent de la solidité de son Moi. Mais, il serait illusoire de croire que parce qu'on est grand, il n'y a plus de souffrance. La vie se charge de nous prouver le contraire.

Exemple

Christine désire acheter une maison. Elle n'en a pas les moyens financiers mais son rêve est de posséder une grande et belle maison. Elle décide donc d'emprunter de l'argent. Son banquier, conscient des réalités et de l'impossibilité pour Christine d'assurer les mensualités que son achat entraînerait, lui refuse son prêt. Christine est très malheureuse.

La souffrance de Christine est due à l'insatisfaction de son désir.

La souffrance est fonction de la force et de la solidité de notre Moi, c'est-à-dire qu'elle dépend étroitement de l'aptitude ou de l'inaptitude individuelle de composer avec la réalité.

Autrement dit, ***de la force et de la solidité du Moi dépend la capacité à tolérer la réalité et à ne pas être systématiquement l'objet de***

nos désirs ou de nos émotions. Le Ça, en tant que réservoir pulsionnel, est tyrannique. Ce phénomène trouve son explication dans la nature même de la pulsion qui réside dans une poussée violente et puissante. Pour s'en rendre compte, il suffit d'observer la force des besoins. Seulement, la réalité ne permet pas toujours de satisfaire les désirs. Comme Christine, l'individu est perpétuellement confronté à des obstacles, à des impossibilités ou à des difficultés qui s'opposent à la réalisation de ses souhaits. La réalité se charge de lui démontrer qu'il n'est pas tout-puissant.

Si son Moi est faible, le sujet prendra ses désirs pour des réalités. Il n'acceptera pas les forces extérieures antagonistes et cherchera à obtenir coûte que coûte, par la contrainte, ce qu'il souhaite. Il vivra dans l'illusion précaire de la toute-puissance.

En revanche, un Moi fort et solide garantit une adaptation positive à la vie et donc aux autres également. De la fiabilité du Moi dépend également la capacité à vivre en société, à tolérer les différences, à accepter les divergences.

Le Moi et l'identité

Le nouveau-né ne fait pas nettement la distinction entre lui-même et le monde extérieur. Il considère sa mère comme une partie de lui-même, le sein comme une continuité de son propre corps. On dit qu'il ne dissocie pas le Moi du non-Moi. Cela nous éclaire sur une autre dimension de l'instance psychique, le Moi, qui est en relation avec la constitution de l'identité.

Le terme d'ailleurs rend bien cette idée. Le mot « moi » définit la personne, en la différenciant des autres (de « toi »).

Le Moi médiateur, le Moi et ses défenses

La principale tâche du Moi consiste à gérer les échanges entre les instances psychiques et la réalité extérieure. L'étude de la nature et des conséquences de ces échanges sera développée plus loin. Ce qu'il faut surtout comprendre ici, c'est la position difficile qu'occupe le Moi, entre Ça et Surmoi et entre monde intérieur (l'esprit) et monde extérieur. Il s'agit, à l'évidence, d'une place inconfortable et d'un rôle délicat. Pour se protéger contre les pressions constantes qui s'exercent sur lui, le Moi dispose de défenses.

Cette activité défensive est, en fait, inconsciente. Ce n'est pas le sujet qui, consciemment et raisonnablement, choisit de trouver des exutoires ou d'aménager des compromis. Ce que révèle, dès lors, l'existence de mécanismes défensifs plus ou moins élaborés, c'est la dimension inconsciente du Moi : **le Moi est conscient mais les défenses du Moi sont inconscientes.**[10]

10. Les mécanismes de défense sont étudiés en détail de la p.111. à la p.126.

Le surmoi

En dernier lieu, se fonde le Surmoi. Non seulement, la réalité peut s'opposer à la satisfaction d'un désir, mais en plus, certains principes moraux ou culturels peuvent participer à cette opposition. Le système éducatif, l'environnement socio-culturel, la pensée religieuse définissent des modèles, en balisant et en codifiant l'ensemble des désirs, des besoins, des pensées, des comportements de l'individu. Il s'agit, en somme, de la définition de ce qui est permis et de ce qui est interdit.

D'une manière plus concrète, cela signifie que si l'enfant est frustré, certaines de ses demandes n'étant pas remplies, c'est en partie à cause de la réalité (la mère ne peut pas toujours être présente ou disponible), et en partie du fait des références morales et éducatives (certains comportements ne sont pas autorisés).

Formation du Surmoi

L'étude de la deuxième topique démontre la formation chronologique de chaque instance. La dimension primaire (le Ça) est présente dès l'origine ; la capacité d'appréhender la réalité (le Moi) vient en second lieu ; la conscience morale (le Surmoi) s'établit plus tardivement.

La fameuse déclaration de Freud « *Le Surmoi est l'héritier du complexe d'Œdipe* » est significative de l'instauration de l'instance :

- de manière temporelle : elle est contemporaine de la résolution du conflit œdipien,

- de manière causale : elle intervient comme conséquence du vécu de ce complexe.

Nous n'allons pas dans le cadre de l'étude du Surmoi nous étendre sur le complexe d'Œdipe, celui-ci faisant l'objet d'un autre chapitre. Toutefois, il est nécessaire de préciser certains points importants dans la compréhension de la constitution du Surmoi.

Le complexe d'Œdipe correspond schématiquement au désir éprouvé pour un des parents et à l'opposition qui en résulte pour l'autre, qui est alors considéré comme un rival.

Les parents vont naturellement s'opposer aux sentiments de l'enfant (amour et haine), en lui expliquant, de manière explicite ou implicite, qu'il ne peut se substituer à l'un des parents et donc l'éliminer, pour mieux pouvoir aimer l'autre.

Pour Freud, cela constitue l'interdit fondamental qui s'articule à la fois autour du tabou de la relation incestueuse et autour de l'interdit du parricide ou du matricide (« tuer » l'un des parents). Bien évidemment, il convient de considérer ce scénario triangulaire sous une forme symbolique : il ne saurait réellement s'agir pour l'enfant, comme pour Œdipe, d'épouser sa mère (ou son père si c'est une fille) et de tuer son père (ou sa mère si c'est une fille).

Néanmoins la force de l'interdit, son importance capitale, entraîne la formation chez l'enfant de la Conscience morale. En intégrant, en assimilant l'Interdit, en le faisant sien, l'enfant franchit une étape de son évolution.

Surmoi et conscience morale

L'interdit de l'inceste est symbolique de tous les autres interdits. Il est surtout significatif de l'intégration de la morale : ce qui est permis et ce qui est interdit.

Jusque là (environ trois-quatre ans), l'enfant observe certaines lois. L'autorité parentale s'articule autour d'un pôle permissif et d'un pôle interdicteur. Lorsque la mère défend à son enfant de toucher une substance sale, l'enfant obéit à l'ordre. ***Cependant, cet ordre lui vient de l'extérieur. Il s'y conforme par obéissance, mais il ne le porte pas en lui.*** En d'autres termes, la défense de toucher la substance sale n'est pas innée mais induite par l'attitude maternelle. Il pourra, par exemple, toucher la substance interdite dès que la mère aura tourné le dos. Ou encore, elle sera obligée de réitérer à chaque fois sa recommandation, comme si l'enfant l'avait oubliée.

En fait, ce n'est pas qu'il l'a oubliée, c'est plutôt qu'il ne l'a jamais retenue. En d'autres termes, il n'a pas encore de Surmoi ou de conscience morale. Cette conscience morale est extérieure, lui vient du dehors. ***L'élaboration du Surmoi caractérise justement le passage du dehors vers le dedans, de l'extérieur vers l'intérieur.*** Plus tard, l'enfant sera capable de lui-même de ne pas commettre l'acte réprouvé (comme manger de la boue). Il n'aura plus besoin qu'on le lui répète, ***il le saura.***

Le postulat du Surmoi repose sur le fait que ***la conscience morale n'est pas innée mais acquise.*** Le sujet ne naît pas en sachant ce qui est autorisé ou non. La morale est conventionnelle, principalement dans la distinction du bien et du mal, du permis et du défendu. L'observation superficielle permet de rendre compte de la non-intégration d'une conscience morale.

Exemple

Martine, deux ans et demi, s'amuse avec d'autres enfants. Un de ses compagnons de jeu lui prend sa poupée. Elle se jette sur lui et le mord. Son père la gronde : « Il ne faut pas mordre les autres enfants ! »

L'exemple démontre que l'enfant, de lui-même, n'établit pas clairement de limites à ses attitudes. C'est l'environnement qui se charge de les établir pour lui. Les interdits de l'enfant seront donc attachés à la nature et à la qualité de cet environnement.

Surmoi collectif et Surmoi individuel

Partant de cette constatation, on peut estimer qu'une partie du Surmoi est universelle ou collective et que l'autre est individuelle et personnelle.

- ***La partie universelle du Surmoi est liée aux interdits universels*** : comme celui de l'inceste par exemple. Parmi ces interdits universels, on peut également citer le vol et le meurtre. D'autres interdits sont collectifs et dépendent étroitement de la société dans laquelle le sujet évolue. La nudité, par exemple, constitue un interdit collectif. Il convient de se vêtir en société et il est tabou (c'est-à-dire interdit) de se promener nu. Dans d'autres formes sociétales, la nudité ne représente pas, en revanche, un interdit. Elle est autorisée par la collectivité. Ou encore, les adeptes du naturisme trouveront un compromis entre les exigences de la société moderne et leur envie de communier avec la nature à travers leur nudité. L'interdit sera donc partiel et sous conditions. Les interdits religieux sont l'exemple type des interdits collectifs. Dans la tradition islamique, l'ingestion de la viande porcine est prohibée. Le musulman pratiquant se conforme à cet interdit alimentaire, alors que pour les autres formes religieuses (christianisme, protestantisme, judaïsme, etc.), la consommation de porc est autorisée. Une société se reconnaît à travers l'observation de certaines lois et règles qui lui sont propres. ***Le Surmoi a donc, de ce fait, une dimension collective, gage de la socialisation de l'individu.***

- ***Les interdits individuels sont eux principalement rattachés à l'autorité parentale.*** Il peut y avoir des tabous personnels non partagés par la collectivité.

Acquisition d'une conscience morale

L'instauration historique du Surmoi est essentielle car elle permet de rendre compte de l'importance et de l'impact de l'éducation dans la formation psychologique de l'enfant et donc du futur adulte.

Certaines personnes considèrent qu'il faut laisser les enfants se débrouiller entre eux. Lorsque les enfants se disputent, se bagarrent, ces adultes préconiseront de ne pas intervenir. C'est là méconnaître la psychologie générale. ***L'enfant de lui-même ne peut établir les limites, distinguer le bien et le mal, savoir jusqu'où il peut aller : c'est-à-dire ce qui est autorisé et ce qui ne l'est pas.*** C'est à l'adulte d'établir les repères, d'expliquer à l'enfant la légitimité ou l'illégitimité d'une de ses réactions. Dans le cas de Martine, si le père n'intervient pas et la laisse livrée à elle-même, Martine continuera de mordre, non pas parce qu'elle est méchante, ni même nécessairement avec l'intention de faire mal. La morsure correspondra pour elle à un moyen de défense, à un instinct de conservation en quelque sorte. Ce ne seront que l'intervention et l'explication d'un adulte qui lui feront cesser cette attitude.

L'interdit pourra être simple ou accompagné d'une explication. Naturellement, il est préférable de discuter, de parler et donc d'expliquer à l'enfant les raisons de l'interdiction ou de la recommandation. Il en tirera un bien meilleur profit s'il comprend pourquoi telle ou telle chose est permise et pourquoi telle ou telle chose est prohibée.

Surmoi et identification

Le Surmoi se nourrit d'identifications. Il intègre les modèles environnants. Les parents constituent les personnalités les plus représentatives pour l'enfant (par la proximité et l'attachement). Mais d'autres repères lui sont donnés à travers les relations familiales, sociales, amicales. Toutes les personnes, que l'enfant côtoie, participent à un degré plus ou moins important, à l'élaboration de son Surmoi : les grands-parents, oncles, tantes, frères, sœurs, instituteurs ou institutrices, éducateurs, etc.

Toutefois, ***ce processus d'identification peut être conscient ou inconscient.*** Pour Freud, le Surmoi de l'enfant se calque sur le Surmoi des parents. Il en donne l'exemple en citant le père laxiste doté d'un Surmoi sévère. Le Surmoi de l'enfant, dit-il, sera sévère, bien qu'il ait bénéficié d'une éducation souple et tolérante. L'exemple met en évidence cette double construction du Surmoi :

- sur des identifications conscientes,
- sur des identifications inconscientes.

Les premières concernent les lois, recommandations, permissions ou interdictions explicitement exprimées. En clair, elles s'établissent à travers les formules classiques : « Ne parle pas la bouche pleine ! », « Tiens-toi droit ! », « Ne réponds pas sur ce ton, je te prie ! », etc.

Les secondes s'opèrent d'une manière beaucoup plus souterraine, à l'insu du sujet. Dans l'exemple de Freud, le père laxiste dans l'éducation de ses enfants, mais pourvu d'un Surmoi sévère, n'aura vraisemblablement pas pour lui-même cette même tolérance. La sévérité de son Surmoi se manifestera nécessairement, même si ce n'est pas au niveau des relations instaurées avec ses enfants. Il sera, par exemple, exigeant et dur avec lui-même, s'interdisant beaucoup de choses. L'enfant le percevra et assimilera les interdits paternels, non ouvertement exprimés mais néanmoins suivis. Ceci démontre une autre fonction du Surmoi : l'auto-observation.

La fonction d'auto-observation

En effet, le Surmoi ne joue pas que dans l'intégration sociale et dans les relations avec les autres (respect des droits d'autrui, observation de règlements) mais intervient ***dans la relation du sujet à lui-même.*** La conscience morale induit les notions de remise en question, d'introspection, de jugement, etc. Ce travail d'auto-observation est donc le fruit du Surmoi. C'est comme si un œil (le Surmoi) nous surveillait et jugeait nos actes. Là encore deux niveaux d'expression s'offrent :

- ***Le Surmoi intervient comme juge et censeur et le principal sentiment qu'il provoque alors est celui de culpabilité.*** Le sujet peut, par exemple, transgresser ses propres interdits, d'une manière consciente ou inconsciente. Dans tous les cas, il en ressentira après-coup une culpabilité plus ou moins grande selon la « faute » commise. En revanche, s'il transgresse un interdit qui n'est pas le sien, qu'il ne porte pas en lui (et donc qui ne fait pas partie de son Surmoi), il n'en ressentira aucune culpabilité.

Une fois encore est réaffirmée la notion d'intériorisation : le Surmoi est une instance psychique, il est à l'intérieur de notre être, même s'il nous vient à l'origine du dehors. Ce qui permet de distinguer la moralité (extérieure) de la conscience morale (intérieure).

- ***Le Surmoi permet également le nécessaire travail d'introspection ou de remise en cause.*** Il conduit le sujet à s'interroger sur ses actes et il exige une conformation à des exigences qui s'articulent autour des notions de perfection, d'amélioration et d'élévation. Il a donc une fonction d'idéal.

Le Surmoi et les instances idéales

On rattache au Surmoi les instances idéales que sont l'Idéal du Moi et le Moi Idéal. Nous avons jusque-là principalement insisté sur le caractère interdicteur du Surmoi. Mais l'instance psychique est également à l'origine ***du système de valeurs***. Dans une terminologie religieuse, on pourrait considérer ces valeurs comme des vertus. L'observation des interdits conduit au respect. Dans le cas de Martine, l'intervention du père s'étaye sur l'interdiction de mordre un compagnon de jeux. Mais cette interdiction elle-même met en évidence un système de valeurs : mordre, c'est mal parce que c'est un acte agressif et violent. Il ne faut pas contraindre par la force une autre personne. Implicitement se développe donc autour des limites établies toute une échelle de valeurs. Les interdits, les règles, les lois s'articulent nécessairement autour des notions de respect, de dignité, de courage, de volonté, d'amour, etc.

Ce qui est sous-entendu ou explicitement dit par rapport à l'interdit joue donc un rôle considérable dans la nature du Surmoi. Classiquement, on parle alors d'instances idéales (Moi Idéal et Idéal du Moi) que l'on dissocie en partie du Surmoi. Le Surmoi devient donc essentiellement le censeur, le représentant de la loi, l'interdicteur ; alors que les instances idéales se développent autour des valeurs morales. Comme le Surmoi, dont elles sont des articulations, elles se construisent suite à des identifications. Elles revêtent deux formes :

Le Moi Idéal

Si beaucoup de psychologues l'ignorent ou l'assimilent à l'Idéal du Moi, d'autres, en revanche, le distinguent et le décrivent comme ***une identification inconsciente à une figure toute-puissante.***

Beaucoup d'auteurs (dont Freud lui-même) le définissent comme une structure archaïque, en relation avec le narcissisme infantile : l'identification à la mère omnisciente, omnipotente et omniprésente. Dès lors, le Moi Idéal interviendrait comme la survivance inconsciente d'un sentiment de toute-puissance. A cause de son Moi Idéal, ***le sujet chercherait à retrouver l'état paradisiaque originel,*** c'est-à-dire l'univers intra-utérin et les premiers mois de la vie, où toutes les demandes sont satisfaites, où la plus grande protection est acquise, où l'être éprouve donc un sentiment de toute-puissance.

L'Idéal du Moi

L'Idéal du Moi correspond aux modèles auxquels le sujet cherche à se conformer. Construit sur les figures idéales, parentales, mais aussi sur les héros des contes de fée, les idoles, les maîtres, l'Idéal du Moi incite le sujet à se parfaire, à ressembler à..., à se comporter comme..., etc. Il est, dans la personne, ce qui motive son comportement ou son attitude, visant à changer, se transformer, s'améliorer, s'identifier, selon des critères, références et modèles individuels et sélectifs.

Comme le Surmoi, auquel il appartient, ***l'Idéal du Moi est en grande partie inconscient.*** Il s'élabore selon les idéaux du sujet lui-même, choisis et définis consciemment, mais surtout, il met en jeu les modèles et références, injectés de manière plus inconsciente, par les parents, l'environnement, la société.

Exemple

La comparaison fréquente, que les parents établissent entre leurs enfants, peut fournir une illustration éclairante.

Lorsqu'ils disent, par exemple, à leur fils : « A ton âge, ta sœur savait nager ! » Ils lui posent sa sœur comme modèle, c'est-à-dire comme figure idéale, qui peut alors être intégrée par l'enfant inconsciemment. Il n'a peut-être nulle envie de ressembler à sa sœur, voire même il peut violemment s'y opposer, il n'en demeure pas moins, qu'inconsciemment, sa sœur devient une référence, parce qu'elle en est une pour ses parents. Pour lui, ressembler à sa sœur, c'est faire plaisir à ses parents, s'assurer leur amour. D'une manière plus ou moins inconsciente, plus ou moins admise par le petit garçon, sa sœur va donc constituer une figure idéale.

Résumé des trois instances psychiques de la deuxième topique définie par Freud :

ÇA	MOI	SURMOI
Réservoir pulsionnel	Reconnaissance et adaptation à la réalité objective	Conscience morale intériorisée
Besoins et désirs	Raison	Interdits et instances idéales
Principe de plaisir	Principe de réalité	Autorité intériorisée

NATURE ET RESOLUTION DES CONFLITS

ECHANGES ET CONFLITS ENTRE LES INSTANCES PSYCHIQUES

Les trois instances psychiques, Ça-Moi-Surmoi, qui président à des fonctions différentes, sont désunies et entrent en opposition. N'ayant pas les mêmes objectifs et buts, elles donnent lieu à des conflits, entraînant tension et déséquilibre, douleur et mal-être. Pour illustrer ce principe, disons que l'individu souhaiterait faire quelque chose (expression du Ça), cependant la réalité ne permet pas la réalisation de ses désirs (Moi) ou ses principes moraux lui interdisent de nourrir un tel projet (Surmoi).

Répartition des pulsions selon les instances

Au départ, toutes les pulsions émanent du Ça, mais elles sont ensuite en partie intégrées par le Moi ou par le Surmoi. Le Moi, dans son aspect protecteur et défensif de la personne, assimile les pulsions vitales. C'est la raison pour laquelle on appelle indifféremment les besoins vitaux : « pulsions de conservation » ou « pulsions du Moi ». A l'origine, elles émanent du Ça (comme pour le nourrisson qui manifeste sa faim, par exemple). Mais le Ça, étant progressivement producteur d'autres pulsions (les pulsions sexuelles ou libido) peut mettre en péril la survie du sujet, en faisant passer la satisfaction du désir avant celle du besoin. ***C'est pourquoi, le Moi prend à sa charge une partie de cette énergie pulsionnelle, les pulsions de conservation, pour assurer la survie du sujet.***

Exemple

Un désir (Ça) peut devenir tellement important que le sujet en vient à négliger la satisfaction des besoins vitaux. Par exemple, tellement soucieuse de retrouver l'être aimé, la personne en perd l'appétit et refuse de s'alimenter, ce qui met en péril sa santé et sa vie. Le Moi se pose en défenseur de la survie (pulsions de conservation) et entre donc, dans ce cas précis, en conflit avec le Ça.

Egalement le Surmoi reprend à son compte une partie de l'énergie pulsionnelle. La culpabilité, par exemple, est produite par le Surmoi. Le sujet, en proie aux regrets ou aux remords, se fait du mal, de manière latente ou manifeste, consciente ou inconsciente. Dans ce cadre, le masochisme, lié à la culpabilité, trouve un nouvel éclairage. Il s'agit d'expier dans la douleur, car, par définition, l'expiation ne peut être que douloureuse. Or, le masochisme est une expression de Thanatos, la pulsion de mort.

Si la majorité des pulsions émanent du Ça, certaines d'entre elles sont récupérées par les autres instances et c'est ce processus qui est à l'origine des conflits.

Les conflits intérieurs

Le Ça émet des besoins, des demandes ou des désirs (faim, désir affectif ou sexuel, aspiration au repos). Cette exigence se traduit par une production d'énergie psychique (pulsions de conservation, s'il s'agit d'un besoin, ou pulsions sexuelles, s'il s'agit d'un désir). Or, l'énergie psychique produite crée une tension, tant qu'elle n'est pas utilisée ou apaisée. La détente, le fait de se sentir bien, l'état d'équilibre, correspondent à un niveau d'énergie stable. Dès qu'il y a excès, il y a tension.

Le niveau linéaire d'énergie induit un état de satisfaction et de bien-être : aucune exigence, non réalisable, ne se fait sentir. C'est, en quelque sorte, le moment où l'individu est heureux parce que, temporairement, toutes ses demandes se trouvent remplies.

Cependant, l'homme est ainsi fait que sans cesse de nouvelles exigences se font sentir. Au fur à mesure qu'un besoin ou un désir est satisfait, un autre besoin ou un autre désir se manifeste. Il y a donc production et montée d'énergie, c'est-à-dire tension et recherche d'apaisement, généralement dans la réalisation de la demande. Mais, il n'est pas toujours possible de satisfaire ses désirs ou ses besoins, tant pour des raisons pratiques et réelles (Moi) que pour des raisons morales ou culturelles (Surmoi).

Ainsi, le Ça, le Moi et le Surmoi sont perpétuellement en conflit et c'est ce combat entre les instances psychiques qui est responsable de la souffrance intérieure.

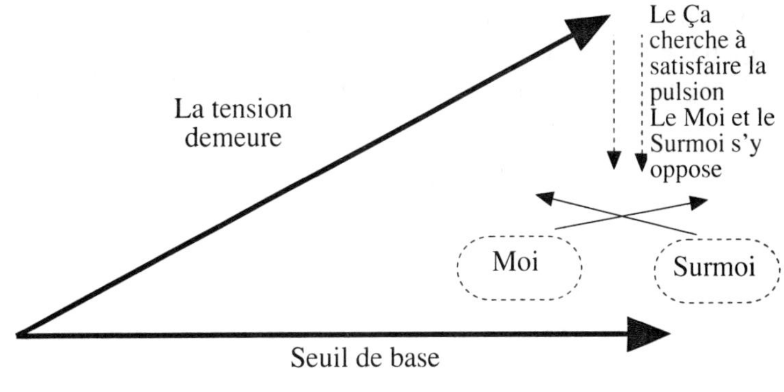

L'homme et ses conflits

Dans cette bataille intérieure, le Moi assume le rôle difficile de médiateur. Il cherche donc à unifier la personne et lutte, plus ou moins efficacement, contre les déchirements et conflits intérieurs. Il doit défendre les intérêts, souvent antagonistes, du Ça, de la réalité et du Surmoi.

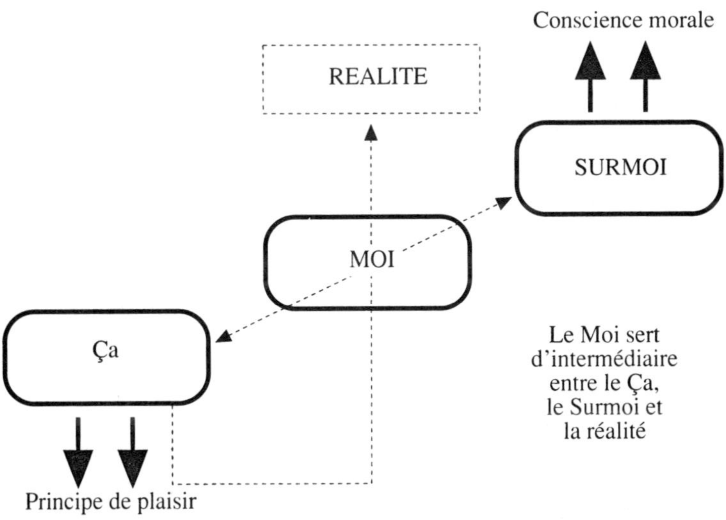

La position difficile du Moi, au cœur des conflits

Pour assurer cette médiation et résister aux pressions combinées du Ça, de la réalité et du Surmoi, le Moi dispose de certaines ruses, qui lui permettent de régler, partiellement ou totalement, les conflits intérieurs. Il s'agit des mécanismes de défense, activité inconsciente du Moi.

Les mécanismes de défense

Pour éviter que les conflits psychiques altèrent trop fortement l'individu, il existe un certain nombre de mécanismes visant à protéger le Moi, c'est-à-dire la personnalité : les défenses du Moi.

Comme leur nom l'indique, les défenses assurent la sécurité du Moi, en le protégeant particulièrement contre une trop grande exigence pulsionnelle.

Les défenses sont-elles naturelles ou pathologiques ?

Par sa position, le Moi sert d'intermédiaire, de médiateur entre le Ça, la réalité et le Surmoi. Or, les oppositions entre ces trois éléments sont fréquentes. Pour leur éviter de se manifester avec trop d'acuité, de devenir menaçantes et perturbantes pour l'équilibre général de la personne, le Moi met en œuvre un certain nombre de stratagèmes. Ces diverses stratégies servent le même but : apaiser, tempérer les conflits internes.

Les défenses permettent une satisfaction relative et surtout une quiétude mentale manifeste. Elles ont donc à la base un caractère positif et nécessaire. En revanche, si elles viennent à être trop rigides, elles deviennent elles-mêmes menaçantes pour la personne.

Jean Bergeret insiste sur l'aspect positif des défenses, avant d'expliquer en quoi elles peuvent se révéler négatives en cas de dysfonctionnement :

> *« Un sujet n'est jamais malade « parce qu'il a des défenses » mais parce que les défenses qu'il utilise habituellement s'avèrent soit inefficaces, soit trop rigides, soit mal adaptées aux réalités internes et externes, soit trop exclusivement d'un même type et que le fonctionnement mental se voit ainsi entravé dans sa souplesse, son harmonie, son adaptation. »* [1]

1. J. BERGERET, *Psychologie pathologique*, p. 84.

Les défenses sont également plus ou moins adaptées à la réalité environnante. Ce qui signifie que certains mécanismes s'intègrent parfaitement à la vie en collectivité, voire sont façonnés par les us et coutumes de la société ; d'autres, au contraire, sont d'emblée inadaptés et asociaux (dédoublement du Moi, déni).

Une personnalité saine et harmonieuse possède des défenses adaptées, souples et cohérentes. En revanche, l'inadaptation ou la lourdeur des défenses entre en jeu dans les diverses affections psychiques. A ce titre, chaque pathologie a ses défenses de prédilection.

Les défenses caractérisent la dimension inconsciente du Moi

Lors de l'étude du Moi, nous avons évoqué son appartenance au système conscient et au système inconscient. Ce sont justement les défenses qui sont inconscientes et qui expliquent cette bi-partition du Moi. Ce fait est d'importance car il exprime deux notions fondamentales :

1) La défense est autonome. Ce n'est pas le sujet qui la choisit mais, selon sa structure psychique, il adopte inconsciemment un mode défensif spécifique.

2) Le sujet n'est pas conscient de la manière dont son Moi se défend. Il ignore, en fait, qu'un comportement qui lui est propre intervient en tant que mécanisme défensif. Ce qui explique la complexité et la subtilité des phénomènes, attitudes et comportements humains.

La première défense : le refoulement

Nous avons déjà eu l'occasion de l'évoquer longuement et nous en parlerons ici uniquement pour rappeler que le refoulement constitue un mécanisme de défense, et même le mécanisme de défense le plus important.

A ce sujet, d'ailleurs, les autres défenses sont toujours relatives :

- soit à l'échec du refoulement,

- soit au retour du refoulé.

Ce fait tend à prouver que le refoulement est la première défense, étant donné l'importance de son application. Les autres lui sont consécutives ou pallient son insuffisance.

Le refoulement sert à éviter que des désirs, des sentiments, des idées, soient, deviennent ou restent conscients. Il est donc étroitement lié à la notion d'inconscient. D'ailleurs, pour Freud, tous les contenus inconscients ont été refoulés, c'est-à-dire soumis à l'action de cette défense.

Ce qu'il convient ici de souligner, c'est que le refoulement s'opère à deux niveaux :

- à des représentations conscientes gênantes ou répréhensibles qui sont refoulées et qui du coup sortent du champ de conscience,

- à des représentations d'emblée inconscientes, c'est-à-dire qui n'ont même jamais accédé à la conscience.

Le contre-investissement

Les pulsions, comme nous l'avons vu, correspondent à une poussée d'énergie, rattachée aux notions de besoin ou de désir. Cette énergie pulsionnelle, pour atteindre son but, s'investit dans un choix spécifique.

Lorsque le but pulsionnel ne peut être atteint, parce que la pulsion est interdite, inacceptable ou inaccessible, l'énergie psychique peut opérer un contre-investissement. Dans un premier temps, il y a désinvestissement de l'objet inaccessible ou interdit. La quantité d'énergie rendue ainsi disponible, peut alors, dans un second temps, s'investir dans une autre représentation, elle, permise et autorisée.

Le contre-investissement s'opère de la manière suivante :

Premièrement : désinvestissement d'une représentation interdite ou inaccessible,

Deuxièmement : réinvestissement de l'énergie rendue libre dans une représentation autre, qui peut être associée à la première ou pas.

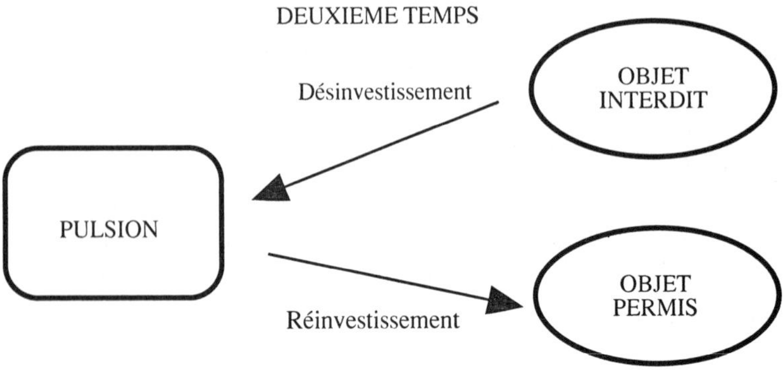

CONTRE-INVESTISSEMENT
L'objet interdit est remplacé par un objet autorisé

La formation réactionnelle

Ce mécanisme défensif est une adaptation du contre-investissement. Là encore, il y a, à la base, désinvestissement des représentations inacceptables mais au lieu de s'investir dans des représentations associées et similaires, l'énergie pulsionnelle rendue disponible s'investit dans des représentations contraires.

Les exemples les plus classiques sont donnés dans la névrose obsessionnelle où les pulsions anales sont, sous le coup de la formation réactionnelle, investies dans des comportements moralement autorisés. On peut citer la propreté, l'ordre, la maniaquerie, attitudes caractéristiques de l'obsessionnel, en réaction contre un désir de souiller, de salir, de détériorer. Ou encore, dans un autre registre, le puritanisme, constituant une formation réactionnelle, contre la perversion sexuelle.

La formation réactionnelle s'établit comme le contre-investissement :

1°) désinvestissement de la représentation interdite,

2°) réinvestissement de l'énergie rendue libre dans des représentations contraires.

La différence entre ces deux mécanismes de défense s'opère donc dans le choix de l'objet réinvesti.

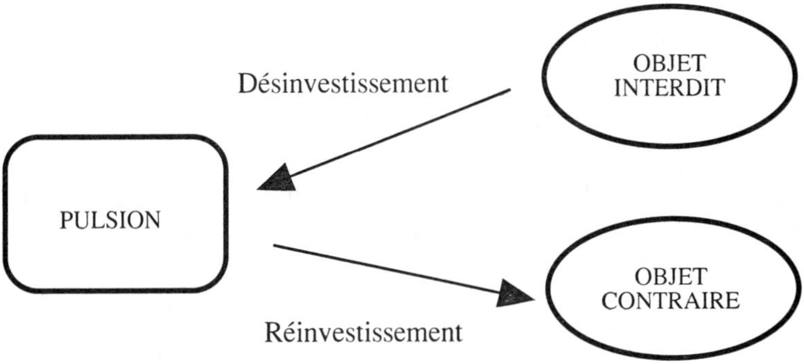

FORMATION REACTIONNELLE

L'objet interdit est remplacé par un objet qui lui est opposé

La formation réactionnelle constitue un mécanisme précoce, particulièrement à l'œuvre pendant la période de latence. Dans une certaine mesure, il favorise la socialisation. Les valeurs prônées par la morale et par le contexte socioculturel peuvent se développer au détriment de besoins pulsionnels plus primaires, sexuels ou agressifs : comme la pudeur ou le dégoût (inspiré par les matières sales, fécales ou les comportements vils).

La formation réactionnelle intervient principalement dans l'organisation des pulsions anales, qui sont en dehors de la période correspondant au stade (1 à 2 ans), socialement et moralement interdites. Néanmoins, son application reste individuelle et se développe en fonction de l'histoire et de la structure psychique du sujet. Ainsi, ce mécanisme de défense contribue à la formation des traits de caractère, à la définition des comportements individuels.

La formation réactionnelle a donc un caractère fonctionnel et adaptatif indéniable. Néanmoins, si elle s'applique de manière trop systématique ou trop rigide, elle confine à la pathologie.

Si la formation réactionnelle s'exerce principalement pendant l'enfance et l'adolescence (en réaction aux pulsions anales et aux pulsions de mort), elle demeure une défense largement utilisée par l'adulte.

En psychopathologie : la formation réactionnelle est la défense caractéristique de la névrose obsessionnelle.

La formation substitutive

La formation substitutive respecte les modalités du contre-investissement avec :

- dans un premier temps, le désinvestissement de la représentation non autorisée,

- dans un second temps, le réinvestissement de l'énergie rendue disponible dans une représentation psychiquement associée.

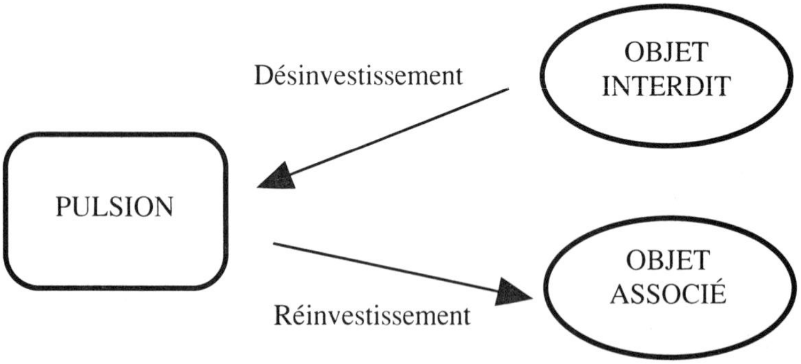

FORMATION SUBSTITUTIVE
L'objet interdit est remplacé par un objet qui lui est réellement ou symboliquement associé

La caractéristique de ce mécanisme défensif réside dans la proximité des représentations échangées. Il s'agit pour l'énergie pulsionnelle de trouver un objet ou une représentation présentant des similitudes avec l'objet ou la représentation interdite ou non accessible.

Exemple

Christine aimerait avoir une relation sentimentale avec Jean-Pierre. Seulement, Jean-Pierre est le fiancé de sa meilleure amie. Christine, respectueuse des conventions morales, qui désapprouvent ce genre de sentiments, renonce à Jean-Pierre et tombe amoureuse de Pascal, qui présente beaucoup de points communs avec Jean-Pierre. Ils se ressemblent physiquement, ils ont le même caractère et ils exercent la même profession.

Naturellement, il s'agit d'un choix inconscient, puisque la formation substitutive, comme toutes les défenses, est un mécanisme inconscient.

L'exemple montre qu'il s'agit bien d'une formation de compromis puisque, dans une certaine mesure, Christine ne renonce inconsciemment que partiellement à son objet d'amour. L'objet change mais le but pulsionnel demeure.

Le compromis s'établit entre les exigences pulsionnelles du Ça (pôle du désir) et les exigences morales du Surmoi (respect de l'interdit).

La sublimation

La sublimation est, dans la psychologie freudienne considérée comme une défense. Elle s'apparente de près aux mécanismes précédents (contre-investissement, formation réactionnelle et surtout formation substitutive). Cependant, la pulsion va, dans la sublimation s'investir dans un objet considéré comme noble, supérieur ou élevé. Les exemples, les plus fréquemment cités, sont la création artistique et la spiritualité. Le sujet recherche alors inconsciemment une satisfaction compensatoire mais également une étroite adéquation avec ses valeurs morales (Surmoi). Par exemple, un vide affectif peut conduire à la spiritualité.

Néanmoins, il faut aussi admettre, comme Jung le fait, que le dépassement de soi, à travers la création ou la spiritualité, constitue parfois une démarche authentique. Il ne s'agit plus alors d'une activité défensive.

Toute la question est finalement de comprendre les causes, conscientes et inconscientes, des choix et des investissements.

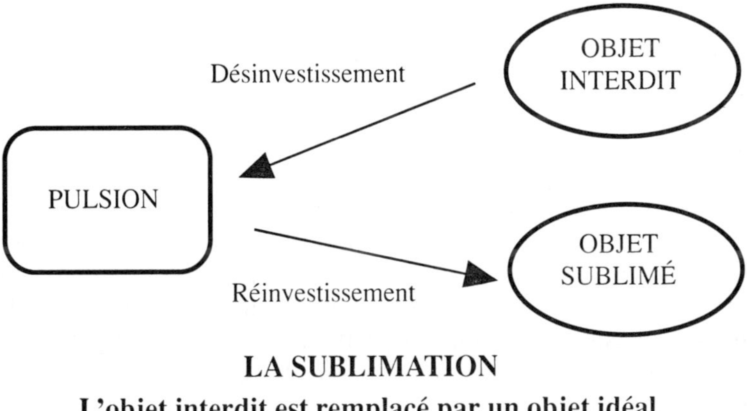

LA SUBLIMATION
L'objet interdit est remplacé par un objet idéal, considéré moralement élevé et noble.

L'identification et l'identification à l'agresseur

Il ne s'agit pas à proprement parler d'un mécanisme de défense. Seulement, cette activité du Moi peut être utilisée dans un but défensif.

L'identification peut être partielle ou totale. Le sujet désire inconsciemment ressembler, et même se confondre avec partie ou totalité de l'objet d'élection. L'identification peut servir à protéger le Moi, si elle s'organise dans le but de le blinder, de le masquer ou de l'affirmer.

Le meilleur exemple qui en est donné est l'identification à l'agresseur. Il s'agit, dans ce cas, véritablement d'une activité défensive. Le sujet s'identifie à ce qui l'effraie ou le terrorise. Cette opération psychique lui permet de neutraliser la crainte et la peur inspirées par l'objet dangereux et menaçant.

Exemples

1. Les jeux des enfants en sont un vivant témoignage, lorsqu'ils se déguisent en fantômes, imitent les sorcières ou autres loups-garous, ou plus simplement jouent au docteur. Ce que l'enfant ne contrôle pas, ce qu'il redoute, perd à travers cette reproduction ludique son caractère terrifiant. Grâce à l'identification, le sujet change de rôle, il n'est plus victime mais instigateur ; il n'est plus spectateur soumis et impuissant mais acteur volontaire et agissant.

2. L'identification associée à un mouvement de masse répond aussi aux exigences défensives. Elle participe à l'illusion d'être tous pareils et de se grouper ainsi contre les autres, les agresseurs, ou encore d'avoir raison par le poids du nombre. Les sujets se sentent mieux armés, leur identité commune les protège et les sécurise. Pour eux, l'union fait la force !

L'introjection

L'introjection consiste à faire entrer en soi, à s'approprier, à intérioriser un objet extérieur et indépendant. L'illustration la plus expressive réside dans le deuil, lorsque le sujet refuse la mort d'une personne chère. En ce sens, l'introjection permet de lutter, de se défendre, d'une manière fantasmatique, contre la perte de l'objet et de réparer le préjudice subi. Ainsi, le sujet nourrit l'illusion que l'autre est en lui, est une partie de lui.

Ce mécanisme est en fait très proche de l'identification avec laquelle on peut le confondre. La différence réside dans l'assimilation de l'autre :

- dans l'identification, il s'agit plutôt de ressembler à..., de faire comme..., d'être à l'image de...,

- dans l'introjection, il s'agit de faire entrer l'autre en soi. Elle correspond au mécanisme infantile décrit dans le stade oral : l'incorporation.

La projection

La projection constitue un mécanisme précoce. Mélanie Klein décrit une phase schizo-paranoïde qui met à l'œuvre projection et clivage de l'objet. Ce mécanisme intervient donc dès le plus jeune âge dans les attitudes défensives employées.

La projection constitue un mécanisme archaïque. Son application est à la fois économique (en énergie) et grossière (sur un plan qualitatif).

La projection constitue un mécanisme courant. Nous recourons tous, à un degré variable, à la projection dans la vie quotidienne. Lorsque nous prêtons des intentions aux gens, nous sommes dans la projection ; lorsque nous voyons en l'autre ce que nous refusons de voir en nous-mêmes, nous sommes dans la projection, etc.

Elle s'exprime à travers des phrases du genre : « Tu dois croire que... », « Tu penses sûrement que... », « Tu vas me rétorquer que... », « A ta place, je... », etc.

On la retrouve aussi dans les phénomènes courants comme la superstition, la xénophobie, l'idéologie religieuse ou politique, etc.

Exemple

L'élection d'un « bouc émissaire »

A l'intérieur d'un groupe, des tensions surgissent dues aux rivalités, aux différences, aux incompatibilités. L'identification peut aider à les drainer et les neutraliser, en cherchant à créer une relation fusionnelle. Mais, malgré ces tentatives, la symbiose échoue. Le groupe, toujours pour se défendre et assurer sa cohésion, va chercher un responsable.

La projection est liée à l'échec du refoulement. Le sujet, pour se défendre contre des menaces extérieures, les projette à l'extérieur, pour mieux pouvoir les anéantir. Ces dangers intérieurs sont des désirs répréhensibles, des idées, peurs ou sentiments interdits ou désapprouvés par le sujet lui-même (son Surmoi) ou par l'environnement.

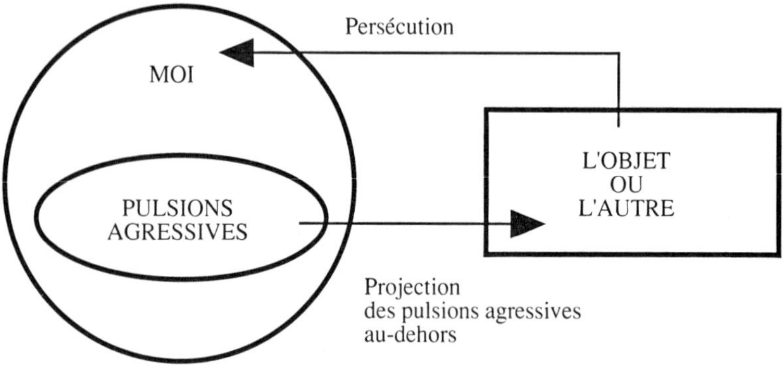

LA PROJECTION

Un mécanisme archaïque : « ce n'est pas moi, c'est l'autre ! »

Une autre caractéristique de la projection réside dans le fait de prêter des intentions aux autres ; pour être plus exact de prêter ses propres intentions à autrui. Mais, justement, le sujet ne les reconnaît pas comme telles, c'est pourquoi il les projette à l'extérieur de lui, c'est-à-dire sur les autres.

Exemples

1. La jalousie délirante illustre un manque de confiance en soi et en l'autre.

2. La suspicion procède du même principe (« Il a dû me mentir lorsqu'il a prétendu qu'il gagnait tant par mois. *»).*

3. La formulation de jugements ou d'avis personnels sans tenir compte de la subjectivité et de la partialité de son opinion rejoint souvent la projection (Dire au sujet d'une personne enveloppée : « Elle doit souffrir d'être si grosse ! *»). Cette remarque indique que chaque fois que nous prêtons à l'autre nos intentions, nos idées,* *nos sentiments, nous sommes dans la projection. C'est dire si nous y sommes souvent !*

Psychopathologie : la projection est la défense caractéristique de la paranoïa.

L'annulation

Cette défense consiste, selon Freud, à défaire ce qui a été fait. Les paroles déplaisantes, les pensées répréhensibles, les actions condamnables sont considérées comme étant annulées, c'est-à-dire comme n'ayant jamais existé.

Le sujet va donc s'appliquer à effacer toute trace. On retrouve l'annulation dans les actes expiatoires, où la force et la sévérité du châtiment servent à effacer, à supprimer l'attitude jugée répréhensible.

L'annulation est en relation étroite avec la toute-puissance des idées et la toute-puissance de l'action. Il s'agit, en fait souvent, de supprimer magiquement les pulsions ou les actions tendancieuses, comme si elles n'avaient réellement jamais eu lieu. Il convient d'insister sur le caractère inconscient des opérations défensives. Dans l'annulation, par exemple, le sujet ne simule pas, ne feint pas, il croit dans la réalité et dans la toute-puissance de ses pensées et de ses actes. L'expiation prend alors son sens comme un acte magique qui anéantit l'objet ou la représentation litigieuse.

La dénégation

La représentation gênante demeure dans le conscient mais le sujet ne la reconnaît pas comme étant sienne. Il peut donc la supporter parce qu'il la nie, ou plus exactement parce qu'il n'en assume pas la paternité.

Ce mécanisme permet ainsi au sujet de tolérer les représentations interdites, les idées répréhensibles, les sentiments non autorisés car il les vit, les sent et les pense comme s'il s'agissait d'éléments extérieurs à lui-même. On n'est en fait pas très loin de la projection, à la différence qu'ici les représentations gênantes ne sont pas prêtées aux autres mais simplement considérées comme étrangères au sujet.

Exemple

Gérard discute avec des amis. La conversation porte sur les modèles idéaux des uns et des autres. Gérard fait le portrait de l'homme qu'il voudrait être et qui ressemble étrangement à son père. Lorsqu'un de ses amis lui en fait la remarque Gérard proteste : « Cet homme ne ressemble en rien à mon père ; je ne veux surtout pas être comme lui. »

Le déni

Le déni s'apparente beaucoup à l'annulation, mais il s'agit ici de nier non seulement la représentation gênante mais plus encore la réalité elle-même. Le déni réside en fait principalement dans le refus, la négation des réalités objectives. C'est donc un mécanisme lourd et grossier, qui est particulièrement à l'œuvre dans les psychoses. Il comporte un aspect pathologique, dans la mesure oó il touche des réalités objectives et communes.

Freud y fait référence lorsqu'il parle de la différence des sexes : le petit garçon, lorsqu'il y est confronté, fait comme s'il n'avait rien vu. Il nie la différence des sexes. Si, dans la dénégation, c'est la perception qui est effacée, dans le déni, c'est la réalité qui est refusée et niée.

Le déplacement

Le déplacement, de même que la condensation, est largement rattaché à l'activité onirique. La charge affective, rattachée à une pulsion inacceptable, est détachée de sa représentation (ou de son objet) d'origine et rattachée à une nouvelle représentation (ou à un nouvel objet).

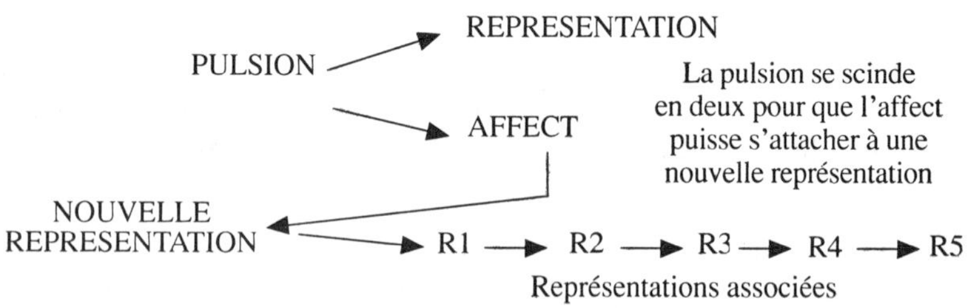

LE DEPLACEMENT

La pulsion se déplace sur une chaîne associative.

La phobie illustre à merveille ce mécanisme défensif. Il s'agit d'une peur irrationnelle, déclenchée par un objet précis. Or, cet objet terrifiant n'est en fait que l'un des maillons (souvent le dernier) d'une chaîne associative, fruit d'un déplacement de la pulsion.

La condensation

La condensation est particulièrement à l'œuvre dans le rêve. Elle constitue en fait le regroupement de plusieurs représentations en une seule dite : représentation « condensée ».

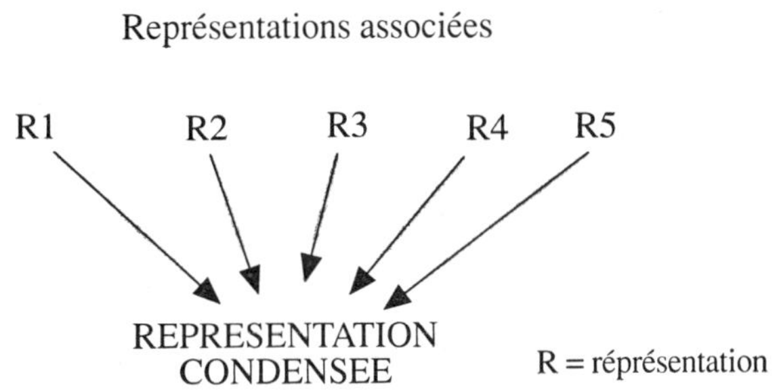

LA CONDENSATION

Plusieurs représentations se réunissent en une seule.

La condensation est également à l'œuvre dans les actes manqués, les traits d'esprit, les lapsus, etc. Elle fonctionne de pair avec le déplacement.

Sa caractéristique principale réside dans la synthèse qu'elle opère. Dans le rêve, par exemple, Freud explique que la condensation est responsable de la brièveté du rêve : le contenu latent étant en fait beaucoup plus dense et plus long que le contenu manifeste. ***La condensation rend compacts des éléments a priori séparés mais psychiquement associés.***

Annulation, dénégation et déni

Ces trois mécanismes sont proches dans leur fonctionnement, même s'ils se différencient dans la forme. Ils opèrent une scission au niveau de la pulsion, en séparant l'affect de la représentation.

La pulsion, nous l'avons vu, comporte une source, un objet et un but. En théorie, on lui rattache également les notions de représentation et d'affect.

La représentation correspond à l'idée, à l'image, à l'objet qui est lié à la pulsion.

L'affect correspond à l'émotion, au sentiment qui lui est rattaché ; en d'autres termes, il se rapporte à la charge affective et énergétique de la pulsion.

L'isolation

Dans la même lignée de mécanismes, comme l'annulation ou la dénégation, se trouve l'isolation. Il s'agit là encore de scinder la pulsion en séparant la représentation de l'affect. La représentation peut ainsi demeurer dans le conscient car elle est désamorcée de sa charge affective. Elle n'est donc plus menaçante.

L'isolation s'exprime également sur le plan moteur, en mettant une distance entre soi et l'objet. C'est donc ne pas entrer en contact corporel (le tabou du toucher).

On peut retrouver l'isolation dans la narration d'une scène traumatisante faite sans émotions, comme si la personne dissociait la situation dramatique des émotions douloureuses et pénibles suscitées. Il arrive fréquemment que des rescapés de drames soient capables d'en parler a priori sans émotions. C'est l'isolation qui leur permet de conserver ce souvenir dans le conscient car il est privé de toute sa charge affective.

Le clivage

Selon M. Klein, il s'agit d'un mécanisme précoce, puisqu'elle le fait intervenir dès les premiers mois de vie. Le nourrisson n'ayant pas encore accès à l'ambivalence ne peut imaginer sa mère comme étant à la fois bonne et mauvaise. C'est pourquoi il clive sa mère, c'est-à-dire qu'il la dédouble. Il a donc l'illusion qu'il a deux mères : une bonne mère (celle qui le gratifie, le câline, l'embrasse, le nourrit) et une mauvaise mère (celle qui le frustre, le gronde, le prive).

Dans l'imaginaire des enfants, ce clivage de la réalité continue de s'opérer. Les contes, les histoires enfantines, les dessins animés en sont une fidèle illustration. Le héros est toujours tout bon, il possède toutes les qualités, il est beau, gentil, courageux, intelligent, généreux, etc. A l'inverse, le « méchant » est tout mauvais, il possède tous les défauts, il est laid, lâche, bête, etc.

L'évolution doit permettre d'accéder à l'ambivalence et de ne plus cliver les objets, les êtres ou les réalités. C'est accepter qu'une chose soit subtile et complexe, qu'elle possède des qualités *et* des faiblesses, des avantages *et* des inconvénients.

L'adulte peut néanmoins recourir inconsciemment au clivage sur un mode défensif. C'est alors surtout, chez lui, le désir de mieux repérer l'ennemi, le danger, pour mieux le contrôler ou pour mieux s'y soustraire.

Clivage et projection fonctionnent d'ailleurs souvent de pair. Mélanie Klein le montre dans sa description du stade schizo-paranoïde.

1) Dans un premier temps, l'objet est clivé en deux pour isoler l'aspect négatif.

2) Dans un second temps, il devient l'objet persécuteur. Puisqu'il est *le Mal,* tous les problèmes viennent de lui.

On retrouve ce double mécanisme (clivage et projection/persécution) dans les phénomènes d'exclusion, de racisme racial, sexuel ou social, etc.

Le dédoublement du Moi

Plus communément appelé dédoublement de la personnalité, le dédoublement du Moi constitue une défense massive et ultime, quand les autres défenses se révèlent insuffisantes ou inadaptées. Si ce mécanisme a alimenté de célèbres romans et scénarios *(Psychose* d'Hitchcock, *Pulsion* de Brian de Palma, *Dr Jekyl et Mister Hyde,* etc.), il se rencontre en fait rarement, si ce n'est dans certains délires psychotiques. Le sujet se crée une autre réalité, une néo-réalité (et donc une autre personnalité). Bien évidemment, et les exemples cinématographiques ou littéraires le montrent bien, le dédoublement est inconscient. Les fictions évoquent également l'amnésie consécutive au dédoublement. Ce qui s'illustre dans la théorie à travers le mécanisme du déni. Dédoublement du Moi et déni sont en effet étroitement associés.

Par rapport au clivage, le dédoublement du Moi touche la personnalité elle-même. C'est la personne, ou plus exactement le Moi, qui se clive en deux. Ce point explique l'opposition manifeste entre les deux personnalités résultantes, la différence extrême entre un docteur Jekyl et un mister Hyde, les deux expressions d'une même personne.

L'INCONSCIENT ET SES LIMITES

Les conflits psychiques peuvent être réduits par les mécanismes de défense qui permettent, de manière générale, de donner l'illusion de satisfaction.

Dans cette optique, la principale activité psychique demeure le refoulement, ce qui nous amène à considérer le destin des pulsions refoulées.

Spécificité du refoulement

Dans un premier temps, si l'énergie psychique, produite par un besoin ou un désir, n'est pas utilisée, elle demeure dans la psyché et va se loger dans l'inconscient. On parle alors de refoulement.

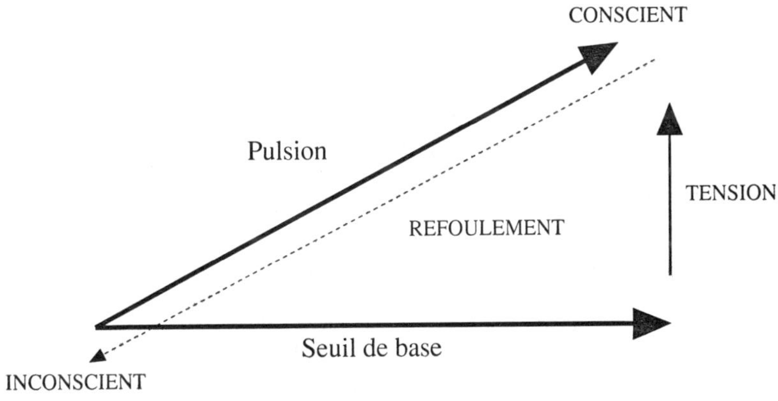

L'énergie ne se perd jamais.
Seul l'oubli est possible, par la mise à l'écart des pulsions gênantes qui sont refoulées dans l'inconscient.

L'inconscient devient ainsi le siège des contenus refoulés (pensées, idées, désirs, envies, traumatismes). En fait, le refoulement est un mécanisme essentiel, en ce qu'il assure un équilibre psychologique relatif. C'est grâce au refoulement, que l'individu ne vit pas en permanence sous tension. Il l'aide à supporter les frustrations, il le protège de souvenirs trop douloureux, d'affects négatifs et angoissants.

Toutefois, il ne faut pas croire que le refoulement est une opération magique qui dispense définitivement de la souffrance. Il permet, en fait, seulement d'écarter temporairement les pulsions gênantes et les désirs non satisfaits et d'éviter ainsi la frustration. Deux problèmes se posent :

1) La pulsion refoulée reste une pulsion, c'est-à-dire une quantité d'énergie qui cherche à s'épuiser. ***Elle ne meurt pas, le refoulement ne la tue pas.***

2) L'inconscient, siège des contenus refoulés, ***ne peut pas s'alourdir ou se remplir de manière illimitée.***

Spécificité de l'inconscient

Pour saisir clairement cette deuxième notion, il convient de comparer l'inconscient à une amphore. Les contenus refoulés, eux, constituent l'eau qui vient remplir l'inconscient.

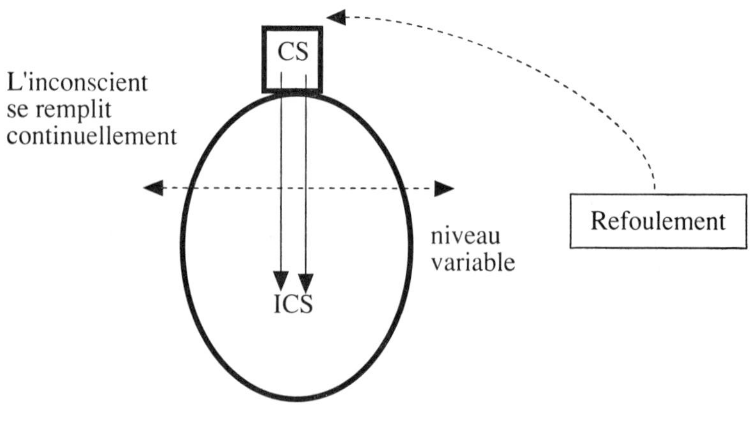

L'inconscient vu sous la forme d'un contenant limité

L'amphore-inconscient passe son temps à se remplir : il y a sans arrêt un apport d'eau, puisque, en permanence, des désirs ou des pensées sont insatisfaits et refoulés. L'amphore menace donc de déborder, ce qui peut correspondre, sur un plan réel, à l'apparition de troubles psychologiques, de comportements dépressifs, d'actes violents et destructeurs, etc.

Heureusement, afin d'éviter les débordements, l'amphore est pourvue d'un « robinet » permettant, lorsqu'il est ouvert, de laisser se vider en partie la jarre de son contenu. En d'autres termes, si l'inconscient est sans cesse alimenté ; en contre-partie certains mécanismes, passifs ou actifs, participent à son allègement.

Nous nommerons donc ces mécanismes qui aident l'inconscient à se vider : « les voies d'allègement de l'inconscient ».

Quelles sont donc les voies d'allègement ou de libération de l'inconscient ?

Elles se répartissent en trois axes :

1) Les voies naturelles

- Le rêve et le cauchemar
- Les lapsus
- Les actes manqués
- Le fantasme
- La satisfaction substitutive et la sublimation

Les voies naturelles correspondent à des procédés psychiques automatiques et inconscients. Cela signifie que le sujet ne les maîtrise pas et ne les décide pas. L'allègement de l'inconscient se fait à son insu. Il n'en demeure pas moins que ces procédures psychiques sont nécessaires et utiles. De même que le corps pourvoit à maintenir son équilibre, de manière automatique et naturelle, l'esprit humain a à sa disposition des procédures qui lui permettent de maintenir son équilibre. Le processus de cicatrisation, sur le plan corporel, en constitue une bonne illustration. Un ensemble de mécanismes se met en œuvre, de manière naturelle et automatique, pour refermer la plaie. Il est certain, néanmoins, que la cicatrisation peut être aidée par l'application de pommades, l'absorption de médicaments, etc. Voire même, la cicatrisation ne peut parfois se faire qu'au prix de cette aide.

Sur le plan psychique, il en va de même. Les voies naturelles d'allègement de l'inconscient peuvent se révéler insuffisantes. Elles demeurent néanmoins à l'œuvre, même s'il est nécessaire de leur adjoindre une aide plus active (voies positives).

Les voies naturelles d'allègement de l'inconscient correspondent généralement à un retour des contenus refoulés. Le retour du refoulé est d'ailleurs étroitement associé au refoulement. Il en constitue en quelque sorte le second temps. D'autres fois, par les voies naturelles, il s'agit au contraire d'éviter de refouler, c'est-à-dire non plus de vider l'inconscient, mais plus simplement de ne pas le remplir.

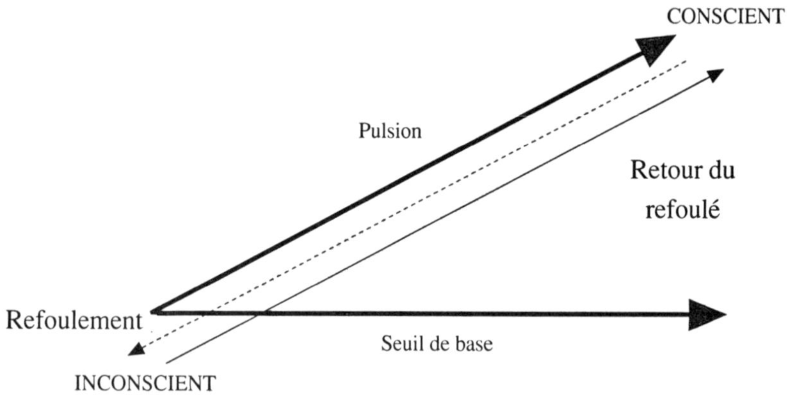

Le retour du refoulé

Après que le refoulement se soit opéré, les contenus refoulés ressurgissent.

2) Les voies négatives

– La somatisation
– Les troubles du comportement
– La pathologie mentale

Si les voies naturelles ne suffisent pas, l'inconscient va "déborder" et provoquer des désordres et des dysfonctionnements. C'est ce que nous définissons comme les voies négatives. Elles correspondent à la résurgence de contenus refoulés. Il s'agit donc bien là encore d'alléger l'inconscient ; cependant, cela se fait au préjudice de la personne. La pulsion refoulée contient une charge négative, parce qu'elle est interdite ou irréalisable, et donc source de conflits. Dès lors qu'elle réapparaît, sous une forme dissimulée, sa charge négative réapparaît avec elle. La maladie en donne l'illustration la plus claire.

3) Les voies positives

– La psychanalyse
– Les psychothérapies
– Les voies de transformation
– La connaissance de soi

Les voies positives peuvent être employées à titre préventif ou curatif. Elles sont plus fréquemment utilisées dans le deuxième cas : c'est parce qu'il y a un déséquilibre, psychique ou organique, vivement ressenti, que le patient entreprend ce type de démarche. Mais il peut, tout aussi bien, agir préventivement, avant que des déséquilibres se manifestent, justement pour les éviter. Ce qui signifie que la réticence, voire la honte à consulter un psychologue, pour aussi répandue qu'elle soit, n'en demeure pas moins illégitime. Tout comme s'occuper de son corps (entretien physique, gymnastique, diététique, etc.) s'avère hautement bénéfique à un bon équilibre physique, « s'occuper » de son mental (en cherchant à se connaître, à apaiser les conflits intérieurs) se révèle tout aussi sain et positif.

Il s'agit alors d'aider l'inconscient à s'alléger, de dénouer les tensions internes et plus essentiellement encore de se connaître.

Selon Freud, la voie royale est naturellement la psychanalyse. Mais, depuis lors, bon nombre de psychothérapies, fiables et éprouvées, se sont développées qui offrent d'autres possibilités thérapeutiques. Enfin, en dehors de toute entreprise psychothérapique, certaines activités relatives au travail intérieur (yoga, sophrologie, méthodes de connaissance de soi, etc.) permettent également de dénouer les conflits, ***en devenant plus conscient.***

Les voies positives, c'est-à-dire les différentes thérapies, ne seront pas, contrairement aux voies naturelles et aux voies négatives, abordées en détail dans le cadre de cet ouvrage, un prochain livre leur sera entièrement consacré.[2]

2. *L'ABC des psychothérapies*, du même auteur, aux éditions Jacques Grancher.

LES VOIES D'ALLÈGEMENT DE L'INCONSCIENT

LE RÊVE

L'analyse des rêves constitue une pièce maîtresse dans l'histoire de la psychanalyse. Tout le monde, aujourd'hui, s'accorde à considérer le rêve comme un fait psychique universel mais beaucoup ignorent que l'on doit à Freud l'intérêt porté au rêve.

L'interprétation des rêves intervient donc comme une des bases de la psychologie des profondeurs et ceci pour plusieurs raisons :

1) Lorsque Freud choisit de prendre le rêve comme objet d'étude et de le reconnaître comme un fait psychique porteur d'un message, il s'oppose à la philosophie, à la science et à la psychologie de l'époque.

2) *L'interprétation des rêves*, publié en 1900, constitue l'œuvre maîtresse de la littérature psychanalytique.

3) Le rêve révèle l'inconscient et donc permet de valider la présence d'une instance psychique autre que le conscient.

De plus, l'étude du rêve apporte une contribution considérable à l'analyse des lois et processus psychiques. Elle permet d'éclairer et d'illustrer plusieurs énoncés comme le refoulement, l'inconscient, la censure, les conflits intérieurs, etc.

Le rêve : objet d'étude légitime ou illégitime ?

Les propriétés du rêve l'ont beaucoup desservi et expliquent en grande partie qu'il ait été négligé jusqu'à Freud.

1) Les particularités liées au réveil.

Parmi elles, on pouvait repérer :

- L'absence de souvenirs (et donc le sentiment de ne pas avoir rêvé) qui incitait, par exemple, à croire que seules certaines personnes rêvaient. Le rêve n'était pas le fait de tous et donc ne pouvait sérieusement être envisagé comme un objet d'analyse.

- Les souvenirs imprécis ou confus au réveil qui participaient également à déconsidérer le rêve puisqu'il échappait au sujet. La narration que le sujet en faisait ne pouvait donc qu'être subjective, et donc sujette à doute, puisque le rêveur lui-même peinait à raconter son rêve, à le décrire.

*2) **L'aspect énigmatique, confus, absurde, invraisemblable du rêve*** allait également dans le sens d'un discrédit. Comment pouvait-on prendre au sérieux, étudier et analyser quelque chose d'insensé, de fou ?

C'est principalement à cause de ces deux points que les philosophes, scientifiques et psychologues avaient jusqu'à Freud considéré avec dédain le rêve.

Lorsque Freud décide de s'y intéresser sérieusement et qu'il va jusqu'à construire tout un système théorique à partir de l'analyse des rêves, il apparaît une fois encore en marge. Son attitude est, en fait, révolutionnaire. Mais Freud n'en est pas à une révolution près ! Il ose là où personne ne s'est encore aventuré à le faire.

Comme pour le reste, Freud ne découvre rien à proprement parler. Ce n'est pas lui qui invente le rêve, ni même lui qui en parle le premier, mais c'est lui, en revanche, qui décide de lui accorder une importance considérable dans la vie psychique de l'individu et qui s'attaque à son analyse. Plus encore, Freud en vient rapidement à considérer que l'analyse du rêve ouvre l'étude sur la compréhension globale de l'être humain. Il ne s'agit alors plus seulement d'étudier les rêves, mais à travers eux de comprendre bon nombre de principes psychiques.

Le contexte historique et scientifique

Freud est donc profondément novateur lorsqu'il choisit de s'intéresser au rêve et de consacrer un volumineux ouvrage à son étude. Freud insiste beaucoup alors sur la sagesse des peuples qui de tout temps ont reconnu une valeur au rêve. Même s'il conteste l'interprétation que les occultistes, les croyances populaires ou les Anciens faisaient des rêves, il leur reconnaît le mérite de s'y être intéressés et intuitivement d'en avoir saisi l'essence.

En effet, dans les traditions populaires, le rêve avait toujours été considéré comme délivrant un message. Dans l'Antiquité, par exemple, l'interprétation des songes constituait un art majeur. Avant chaque grand événement, le roi ou l'empereur faisait interpréter ses rêves. Freud ne reconnaît nullement la valeur divinatoire du rêve ; du moins, comme nous l'étudierons plus loin, dans la mesure où il la prend en compte, l'explique-t-il rationnellement ; mais la sagesse populaire rejoint la pensée de Freud dans la signification qu'elle prête au rêve. Même si ce n'est pas la même signification, le rêve, pour les premiers comme pour le théoricien, ***possède un sens***. Et c'est ce sens qui intéresse tout spécialement Freud. Il manifeste néanmoins dès le départ sa volonté de se démarquer de l'oniromancie, basée sur la superstition et l'ignorance.

Tout le problème pour Freud est donc de ne pouvoir se raccrocher à aucun mouvement. Car comme nous l'avons dit, en choisissant le rêve comme objet d'étude, il s'oppose aux philosophes et aux psychologues qui l'ont précédé et qui lui sont contemporains.

> *« Mais se livrer à des recherches sur les rêves était considéré comme une occupation non seulement sans valeur pratique et superflue, mais encore comme un passe-temps honteux : on y voyait une occupation antiscientifique et dénotant chez celui qui s'y livre un penchant pour le mysticisme. »*

Freud explique alors qu'il paraît beaucoup plus légitime, selon l'élite scientifique ou intellectuelle, de s'occuper de tumeurs, d'hémorragies, considérées comme les vrais problèmes. Dans cette perspective, s'intéresser au rêve, c'est faire preuve de charlatanisme.

Une autre remarque de Freud permet de situer l'inconfort de sa position de chercheur.

> *« La psychologie expérimentale ne nous apporte que quelques rares données, précieuses il est vrai, sur le rôle des excitations dans le déclenchement des rêves. De la part de la philosophie, nous pouvons seulement nous attendre à ce qu'elle nous oppose dédaigneusement l'insignifiance intellectuelle de notre objet. Enfin, nous ne voulons rien emprunter aux sciences occultes.»*[2]

Le sommeil

On ne peut étudier le rêve sans évoquer auparavant le sommeil. Il importe en effet de bien distinguer ces deux niveaux de conscience

2. S. FREUD, *Introduction à la psychanalyse*, p. 69.

que sont la veille et le sommeil. Lorsque nous dormons, nous observons aisément que tout ne dort pas en nous. Nous pouvons d'une part percevoir des excitations intérieures ou extérieures. Un bruit violent ou une sensation tenace de soif peut par exemple nous réveiller, ce qui montre que nous ne sommes pas totalement coupés de la réalité ; ou, en d'autres termes, que lorsque nous dormons, tout n'est pas endormi en nous. Néanmoins, il y a une réduction quasi totale des perceptions. Dormir, c'est se couper du monde extérieur. Nous ne pouvons en même temps dormir et lire un livre. Le seuil de conscience a donc des particularités.

Lorsque nous dormons, une activité psychique intense continue de se produire de manière cyclique et répétitive : le rêve justement. Pourtant, quand nous rêvons, nous dormons bien. Alors finalement la question que l'on peut se poser est la suivante : qu'est-ce qui dort en nous ?

C'est le système perception-conscience (le conscient) qui dort ; par contre, l'inconscient, lui, est pleinement éveillé et agissant. Les rêves sont des productions inconscientes.

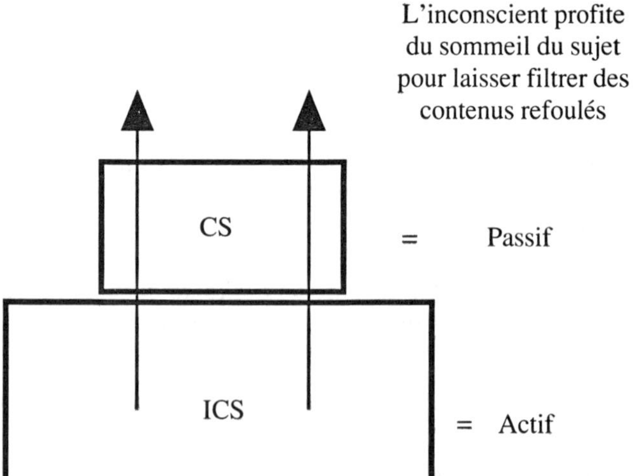

Conscient endormi / Inconscient réveillé

Le sommeil s'articule donc sur trois axes :

1) ***Il permet au corps et au système conscient de se reposer.*** Le relâchement du corps est induit par la position horizontale et par l'immobilité du corps. Le repos du système conscient est lié à l'arrêt des processus de réflexion, du raisonnement.

2) ***La diminution quasi totale des perceptions.*** Le sommeil exige cette déconnexion par rapport au monde extérieur. Ainsi, lorsque nous dormons, nous ne sommes généralement pas importunés, et donc réveillés, par des stimuli extérieurs ou des sensations intérieures. Nous verrons que le rêve participe activement à cette protection. Néanmoins, un stimulus trop violent ou une excitation endogène trop forte peut parvenir à nous réveiller ; fait qui prouve que le système conscient n'est pas totalement absent ou endormi.

3) ***Il est intimement attaché au rêve.*** Les découvertes scientifiques post-freudiennes ont permis d'accréditer et l'universalité du rêve (tout le monde rêve) et son lien indissociable d'avec le sommeil (nous rêvons toutes les nuits).

Sommeil et vie intra-utérine

Freud insiste particulièrement sur la concordance entre le dormeur et le fœtus. L'un et l'autre sont dans une « bulle », coupés du monde extérieur. Le dormeur recrée, en fait, les mêmes conditions que lors de son existence prénatale. Premièrement, au niveau de l'environnement avec les conditions relatives au sommeil : obscurité, chaleur, calme. Deuxièmement, au niveau de l'attitude corporelle à travers les postures prises : le dormeur se rassemble souvent sur lui-même, jambes repliées, en chien de fusil, en boule, etc. Il se met fréquemment en position fœtale. Ainsi, pour Freud, le sommeil est comme un retour régulier au stade embryonnaire.

> *« On dirait que même à l'état adulte nous n'appartenons au monde que pour les deux tiers de notre individualité et que pour un tiers nous ne sommes pas encore nés. Chaque éveil matinal est pour nous, dans ces conditions, une nouvelle naissance. »*[3]

3. S. FREUD, *Introduction à la psychanalyse*, p. 95.

L'effet réparateur du sommeil est d'ailleurs en grande partie lié à ce retour à « un état paradisiaque », loin de l'agitation de la vie, loin des inquiétudes et des soucis quotidiens. Il est d'ailleurs remarquable de constater combien le dormeur a l'air heureux, détendu. Tout semble relâché : son corps manifestement, mais aussi son esprit. Ce phénomène se repère encore plus aisément chez l'enfant. Ne dit-on pas à son sujet : « il dort comme un ange ».

Pourtant, malgré les propriétés réparatrices du sommeil, certaines personnes ne parviennent pas à dormir ; d'autres, au contraire, dorment trop. Le sommeil fuit les premières, alors que les deuxièmes fuient dans le sommeil.

Troubles du sommeil

Nous n'allons pas nous étendre sur le sujet et ne faire qu'évoquer les troubles du sommeil. Une étude beaucoup plus approfondie mériterait d'être faite, même si elle n'entre pas dans le cadre de cet ouvrage. Cependant, il peut être intéressant d'envisager ces dérèglements à la lumière du rêve justement. Car, l'insomnie est souvent plus provoquée par des résistances psychiques liées à la peur de rêver ou de cauchemarder, qu'à des lésions organiques.

Nous allons considérer deux types de dysfonctionnement :

1) L'insomnie ou quand le sommeil fuit

La plupart des insomnies sont ponctuelles et liées à une actualité difficile ou stressante. La personne ne parvient pas à s'endormir alors qu'elle le désire ardemment. Souvent, la tension générée par l'insomnie contribue à empêcher l'endormissement et s'inaugure dans cet enchaînement le terrible cercle vicieux familier aux insomniaques.

S'endormir requiert, en effet, une attitude d'abandon, un relâchement du corps mais aussi un apaisement de l'agitation mentale. L'impossibilité de s'endormir est principalement due à une contraction du corps mais plus encore à un mental agité et tourmenté. La personne n'arrive pas à calmer le flot des pensées. Parfois même, tout son être aspire au repos. Elle perçoit une intense fatigue physique, ses paupières sont lourdes et elle ne parvient plus à garder les yeux ouverts pour lire, par exemple. Pourtant, dès qu'elle ferme les yeux, le sommeil la fuit C'est l'explication psychique qui nous intéresse ici et nous laissons volontairement de côté d'autres raisons liées à des problèmes organiques (douleur, affections diverses), au surmenage intellectuel, etc.

La majorité des insomnies trouvent une explication psychologique. Le sommeil nécessite de s'abandonner physiquement et psychiquement. Quand nous dormons, nous perdons tout contrôle sur le monde extérieur, mais aussi sur notre propre monde intérieur. Nous ne contrôlons pas nos rêves ou nos cauchemars. Ils se créent et se développent à notre insu. Aussi, l'insomnie est-elle souvent liée au refus inconscient de s'abandonner : soit parce que la personne se sent menacée par le monde extérieur, soit, plus fréquemment, parce que c'est de son propre univers intérieur qu'elle a peur. Ainsi, une partie d'elle-même, le système conscient, lutte contre ce lâcher-prise, cet abandon, indispensables à l'endormissement. La personne peut également s'endormir facilement mais se réveiller en sursaut et ne plus parvenir à trouver le sommeil ensuite. Dans tous les cas, c'est que les productions psychiques, rêves ou cauchemars, sont redoutées. Nous reviendrons sur cette question plus tard dans l'étude des rêves.

2) L'hypersomnie ou quand le sujet fuit dans le sommeil

D'autres fois, en revanche, le sommeil constitue un refuge. Le sujet se perd, se noie, se réfugie dans le sommeil. Il a besoin d'échapper à une réalité trop déplaisante ou douloureuse et le sommeil lui offre cette issue.

Comment cela se passe-t-il sur le plan psychique ?

Il importe d'abord de comprendre comment cela se passe sur le plan psychique. Nous avons précédemment expliqué que lorsque nous dormons, tout ne dort pas en nous. La preuve en est justement apportée par l'activité onirique qui est bien une activité psychique. Ce qui démontre donc qu'une partie de notre esprit demeure éveillée et continue d'agir. Pour résumer, nous pouvons dire :

1°) que le système conscient dort, c'est-à-dire qu'il n'est plus en activité,

2°) que l'inconscient, en revanche, demeure éveillé et produit l'activité onirique.

Lors de l'étude de la première topique, nous avons parlé de la censure entre les systèmes conscient-préconscient et l'inconscient. Cette censure empêche les contenus inconscients d'accéder au conscient. En cela, la censure permet un relatif « confort » psychologique à l'individu, qui est à l'abri des pensées déplaisantes, des désirs non satisfaits, des représentations interdites. La censure fait donc en sorte que les contenus refoulés demeurent refoulés, c'est-à-dire inconscients.

La censure continue de veiller même lorsque nous dormons. Elle s'oppose toujours à l'accès à la conscience des contenus refoulés.

Les contenus inconscients ne peuvent accéder au conscient à cause de la censure. Tel Cerbère, elle garde la porte des enfers de notre être. Car ce qui est contenu dans notre inconscient est souvent infernal pour nous. Pourquoi ? Parce que l'inconscient est constitué de désirs non satisfaits ou interdits, de pensées réprimées, de souhaits non autorisés, etc. Ils ont donc nécessairement un caractère menaçant, dérangeant et douloureux. Ce sont des contenus « infernaux », soit parce qu'ils nous terrifient : nous ne reconnaissons pas cette haine, cette perversion, ces désirs interdits comme nous appartenant ; soit parce que les désirs non satisfaits sont autant de désillusions dont l'oubli nous délivre et donc la réactualisation nous blesse, nous fait mal, nous meurtrit.

Toutefois, la censure peut être dupée. Les pensées, désirs et représentations inconscients peuvent passer la censure s'ils sont suffisamment déguisés. A ce moment-là, la censure ne les reconnaît pas comme étant menaçants ou dangereux et elle les laisse passer.

Le rêve va donc utiliser plusieurs stratégies ; attitude que Freud décrit sous le nom de « travail du rêve » ou « travail d'élaboration ».

La condensation, le déplacement, la symbolisation seront autant de ruses pour duper la censure et pour laisser ces contenus s'échapper de la manière la plus inoffensive possible.

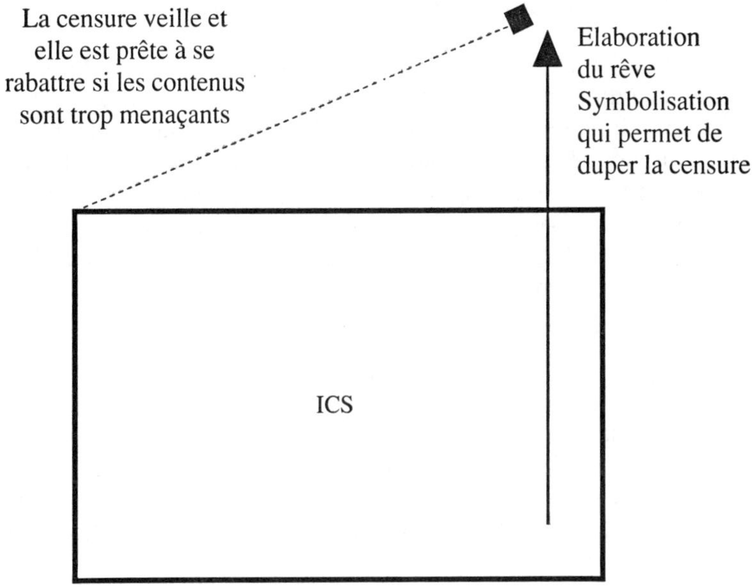

L'élaboration du rêve cherche à duper la censure

Pourquoi oublions-nous nos rêves ?

De plus, lorsque nous nous réveillons, la censure reprend toute sa rigueur et le système conscient sa prédominance, ce qui explique l'amnésie relative à l'activité onirique. La plupart du temps, lorsque nous nous réveillons le matin, nous croyons ne pas avoir rêvé ; ou encore, le souvenir du rêve est si imprécis, si confus, que nous n'y prêtons guère attention.

Les récentes études sur le sommeil et le rêve ont accrédité les recherches de Freud. Toutes les nuits, nous rêvons et nous faisons même plusieurs rêves par nuit. Comment expliquer alors que, le plus fréquemment, nous ne conservions aucun souvenir ou une maigre réminiscence de cette activité onirique importante au réveil ? D'une part, parce que nos facultés mentales telles que la réflexion, la mémoire consciente, le raisonnement, etc. dorment et donc que nous rêvons, malgré nous, à notre insu, sans en être conscients justement. D'autre part, parce que le conscient reprenant sa place au réveil s'emploie à effacer tous les souvenirs dérangeants ou compromettants.

Pourquoi nous souvenons-nous de certains rêves ?

D'autres fois, en revanche, nous nous réveillons tout empreints de l'ambiance du rêve. Son souvenir est tout frais, les images prégnantes et les émotions engendrées encore très vives. Cela se passe, lorsque nous sommes réveillés en plein rêve, soit parce que c'est le moment de se lever (c'est alors un élément extérieur qui brise notre sommeil et notre rêve à ce moment précis), soit parce que c'est le rêve lui-même qui est responsable de notre réveil. Ce deuxième cas est très fréquent et nous en comprendrons bientôt les raisons.

Le rêve est le gardien du sommeil

La formulation de Freud : *Le rêve est le gardien du sommeil* est aussi célèbre qu'éclairante. On peut considérer que la fonction principale du rêve est effectivement de protéger le dormeur. C'était d'ailleurs là le seul point sur lequel se retrouvaient les psychologues et les philosophes.

Pourtant, à première vue, un tel postulat peut sembler absurde. Nous serions plutôt enclins à croire que le rêve gêne et dérange le sommeil. D'ailleurs, il est souvent responsable de nos réveils en pleine nuit, d'émotions fortes, du sentiment d'avoir passé une nuit peu reposante. Lorsque nous nous réveillons, sous le coup d'un ou de plusieurs rêves que nous venons de faire, nous avons souvent l'impression d'avoir passé une mauvaise nuit, comme si ce sommeil-là n'avait pas été réparateur, comme si l'activité onirique nous avait épuisés.

Nous disons d'ailleurs lorsque nous avons dormi d'un sommeil de plomb : « J'ai passé une nuit sans rêve ! » C'est donc bien supposer que le rêve gêne le sommeil et nuit à sa qualité. Et pourtant, il en va tout autrement et, comme le souligne la célèbre maxime freudienne, le rêve protège bel et bien le dormeur.

> *« ... loin d'être, ainsi qu'on le lui reproche, un trouble-sommeil, le rêve est un gardien du sommeil qu'il défend contre ce qui est susceptible de le troubler. Lorsque nous croyons que sans le rêve nous aurions mieux dormi, nous sommes dans l'erreur ; en réalité, sans l'aide du rêve, nous n'aurions pas dormi du tout. »* [4]

---

4. S. FREUD, *Introduction à la psychanalyse*, p. 114.

Question : En quoi le rêve protège-t-il notre sommeil ?

Réponse : En répondant aux excitations intérieures et extérieures.

Exemples

1) Excitation endogène

Si nous avons mangé très épicé le soir, nous pouvons rêver que nous nous désaltérons à une source d'eau fraîche. Nous percevons, en fait, la sensation de soif. Cette excitation, cette tension menace notre sommeil. Le rêve prend alors en charge ce besoin et l'apaise de manière hallucinatoire. Ainsi, nous pouvons continuer de dormir. Le rêve a donc permis au sommeil de se poursuivre sans interruption. Voilà en quoi il l'a protégé, il en a été le gardien.

En revanche, si la sensation de soif est trop importante ou trop tenace, le rêve sera impuissant, l'illusion ou la réalisation fictive, symbolique du désir ne suffira pas. Nous nous réveillerons alors et nous lèverons pour boire.

2) Excitation exogène

Un bruit extérieur (tel qu'une sonnerie) menace de troubler notre sommeil et donc de nous réveiller. Là encore, par sa propriété d'intégration et de transformation, le rêve peut récupérer cet élément extérieur et l'assimiler à un scénario onirique. Dans cette mesure, la sonnerie ne nous réveillera pas et deviendra un des constituants de notre rêve, perdant du même coup son caractère dérangeant puisqu'elle prendra un sens dans le rêve. Elle ne sera donc plus traitée comme un élément de la réalité auquel il faut réagir, mais comme un élément du rêve autorisant la continuité du sommeil.

En revanche, s'il s'agit de la sonnerie du réveil ou d'un appel qu'on attend, nous nous réveillerons même si le rêve reprend à son compte le bruit. Car, aussi abandonnés que nous soyons dans le sommeil, nous gardons un contrôle perpétuel sur nous-mêmes et un lien avec la réalité extérieure.

Les deux exemples précédents illustrent bien en quoi et comment le rêve protège notre sommeil. Nous sommes en effet sans arrêt soumis à des stimuli endogènes ou exogènes, l'activité onirique leur apporte une réponse plus ou moins adéquate et suffisante. En général, elle suffit à protéger le sommeil mais un sujet sur le qui-vive (inquiet, tendu) ou souffrant de problèmes organiques (douleur, démangeaison) aura un sommeil fragile et troublé. Dans la majorité des cas, toutefois, le rêve joue son rôle en garantissant un sommeil profond et non perturbé.

Le rêve est la réalisation d'un désir

Il s'agit là d'un autre postulat célèbre. Freud explique, par cette formulation, la fonction principale du rêve. Naturellement, nous verrons que les choses sont plus complexes, mais, dans l'absolu, il est vrai que le rêve intervient comme la réalisation d'un désir.

En étudiant le processus du refoulement, nous avons vu que les désirs non satisfaits, les souhaits interdits allaient se loger dans cette province psychique qu'est l'inconscient. Cependant, ces contenus ne meurent pas, ils restent actifs. Ils sont simplement relégués dans les entrailles de notre psychisme. Ainsi, les pulsions refoulées cherchent à s'épuiser au-dehors, et donc à accéder à la conscience. Les différents procédés psychiques (refoulement, censure) veillent à les maintenir dans leur logis psychique. Profitant alors du sommeil et de l'endormissement du système conscient, ces contenus refoulés s'expriment à travers le rêve. Ainsi, l'activité onirique correspond fréquemment à des réalisations symboliques de désirs non satisfaits dans la réalité. L'exemple le plus limpide en est constitué par le rêve enfantin.

L'enfant et le rêve

Tout le monde rêve toutes les nuits. Les enfants n'échappent pas à cette règle. Cependant, les rêves des enfants ne sont pas tout à fait les mêmes que ceux de l'adulte. Ils sont généralement intelligibles et compréhensibles. Cette particularité est liée à la simplicité de l'enfant et de ses désirs. ***Pour Freud, chez l'enfant, le rêve est la réponse apportée à un événement de la journée.*** Pour le comprendre, il suffit donc de mettre en adéquation le rêve et la réalité.

Exemple

Charlotte veut manger une glace. Comme elle n'a pas fait ses devoirs, ses parents lui refusent cette sucrerie, en guise de punition. La nuit, elle rêve qu'elle mange une gigantesque glace à la fraise et à la vanille.

Le rêve de Charlotte démontre bien la valeur compensatoire de l'activité onirique. Le préjudice subi dans la réalité est artificiellement réparé dans le rêve.

Selon Freud, les rêves des enfants se distinguent de ceux de l'adulte sur plusieurs points.

1) Pour comprendre les rêves enfantins, nul n'est besoin d'analyse. Il est possible de les prendre au premier degré.

2) Ils ne sont cependant pas dépourvus de sens. « *Ce sont des actes psychiques intelligibles, complets* » nous dit Freud.

3) Il n'est pas nécessaire de les interpréter car il y a concordance entre le contenu manifeste du rêve et le contenu latent.

4) Le rêve de l'enfant est « *une réaction à un événement de la journée qui laisse après lui un regret, une tristesse, un désir insatisfait. Le rêve apporte la réalisation directe, non voilée, de ce désir.* »

Le rêve de l'adulte

Chez l'adulte, le rêve intervient aussi comme la réalisation d'un désir. Cependant, du fait de la complexité psychique de l'adulte (notamment d'un Surmoi affirmé), la réalisation de ce désir ne peut pas être franche. La différence principale se situe là : ***réalisation directe du désir dans le rêve enfantin et réalisation voilée d'un désir refoulé dans le rêve de l'adulte.***

Freud, pour confirmer la relation rêve-réalisation de désir ou encore rêve et idéal, se réfère aux expressions courantes. A travers elles, on constate effectivement que le rêve a une tonalité très positive et qu'il correspond bel et bien à l'accomplissement des désirs les plus fous ou audacieux. Ne s'exclame-t-on pas : « Ce n'est pas possible, je dois rêver ! » quand notre joie est tellement intense qu'on a du mal à la croire réelle. Ou encore ne dit-on pas « un séjour de rêve» pour qualifier des vacances enchanteresses et merveilleuses. Dans le langage, le rêve s'articule sur deux constantes :

- ***l'aspect merveilleux, l'idéal,***
- ***l'aspect déréel : il transcende la réalité.***

C'est donc bien accorder une fonction de compensation, d'accomplissement, au rêve. Ce qui concorde avec l'interprétation psychologique des rêves.

Toutefois, il ne s'agit pas de réaliser purement et simplement un désir et donc d'envisager le rêve au premier degré.

Exemple

Hélène rêve qu'elle épouse Arthur. Dans la réalité, Arthur est son beau-frère.

Faire une interprétation au premier degré d'un rêve apparemment simple et transparent consisterait à dire : Hélène désire épouser Arthur, donc Hélène aime son beau-frère. L'interprétation ne coïnciderait certainement pas avec la réalité du désir d'Hélène. Pourquoi, parce que dans les rêves d'adultes, plusieurs mécanismes président à l'activité onirique, qui ont pour but de crypter les rêves.

Le rêve possède deux dimensions : ***une dimension manifeste et une dimension latente.*** La première correspond au rêve lui-même, à ce qu'il raconte et à la narration du rêveur. On parle à son sujet de contenu manifeste. La seconde dimension correspond au sens du rêve, au message dont il est porteur. On parle alors de contenu latent. Certains processus psychiques servent donc à coder le rêve, qu'il faudra ensuite interpréter, c'est-à-dire décoder pour obtenir le contenu latent.

« Le travail qui transforme le rêve latent en rêve manifeste s'appelle élaboration du rêve. Le travail opposé, celui qui veut du rêve manifeste arriver au rêve latent, s'appelle travail d'interprétation. »[5]

Pourquoi les rêves sont-ils codés ?

A cause de la censure. Pour passer la censure. Parce qu'il s'agit de l'expression de désirs refoulés. Or, si ces désirs ont été refoulés, c'est soit qu'ils s'opposaient à la réalité, soit qu'ils s'opposaient aux exigences morales. Il s'agit donc de désirs interdits. Ils ne peuvent pas réapparaître dans la conscience de manière brute car ils auraient un effet profondément négatif, ils seraient générateurs de douleur, de souffrance, de déséquilibre.

L'exemple que Freud propose à propos de la haine, de l'agressivité, de tous les sentiments vils et bas, éclaire merveilleusement notre propos.

« La haine se donne librement carrière. Les désirs de vengeance, les souhaits de mort à l'égard de personnes qu'on aime le plus dans la vie, parents, frères, sœurs, époux, enfants, sont loin d'être des manifestations exceptionnelles dans les rêves. »[6]

---

5. FREUD : *Idem*, p. 98.
6. FREUD : *Idem*, p. 98.

Le sujet refuse néanmoins, sans les reconnaître comme siens, les désirs morbides, la haine, l'envie, la jalousie, le mépris, etc. Il s'agit de sentiments ou de désirs réprimés. Ils sont inconscients et donc ignorés. Quand ils ressurgissent dans le rêve, ils ne peuvent apparaître directement car la censure ne les laisserait pas passer. Ils sont donc obligés de se déguiser, de se masquer, de prendre une enveloppe protectrice et trompeuse qui dupe la censure.

La conclusion que Freud apporte à son exemple est très significative et nous permet d'avancer un peu plus dans l'étude des rêves.

> *« Ne savez-vous donc pas à quel point la moyenne de l'humanité est incapable de dominer ses passions, dès qu'il s'agit de la vie sexuelle ? Ou ignorez-vous que tous les excès et toutes les débauches dont nous rêvons la nuit sont journellement commis (dégénérant souvent en crimes) par des hommes éveillés ? La psychanalyse fait-elle autre chose que confirmer la vieille maxime de Platon que les bons sont ceux qui se contentent de rêver ce que les autres, les méchants, font en réalité ? »*[7]

Si les sentiments haineux ou morbides occupent nos rêves, ils ne peuvent le faire directement. La censure, veillant à notre « confort psychologique », leur refuse l'accès à la conscience. Ils vont donc devoir se travestir. C'est ce que Freud appelle le travail d'élaboration du rêve.

Comment les rêves sont-ils codés ?

Le rêve est donc constitué de contenus refoulés, réprimés, censurés. L'activité onirique permet la réalisation artificielle de désirs insatisfaits dans la réalité. Pour déjouer le gardien que représente la censure, le rêve va respecter certaines lois psychiques :

1) La condensation permet de compacter plusieurs représentations en une seule. La condensation correspond donc à une réduction de différents éléments dans un seul.

Exemple d'une représentation condensée

Plusieurs personnes, contenues dans une seule, constituent une représentation condensée. Une personne, composée ainsi, a l'aspect de A, les cheveux de B, la voix de C, les vêtements de D et pourtant il s'agit de E.

7. FREUD : *Idem*, p. 99.

Selon Freud, le rêve latent est en fait beaucoup plus important, beaucoup plus dense, beaucoup plus long que le rêve manifeste. ***La condensation réduit donc la longueur et l'importance du rêve.*** Egalement, elle le complexifie et est responsable du caractère confus, imprécis ou absurde de bon nombre de rêves. « C'est drôle, dans mon rêve, tu vivais dans la maison de Jean-Marc, alors que dans la réalité tu ne l'as jamais vu ! »

2) Le déplacement s'exprime de deux manières :

a) Un élément latent est remplacé par un autre élément éloigné, et donc par une allusion.

b) « *L'accent psychique est transféré d'un élément important sur un autre, peu important, de sorte que le rêve reçoit un autre centre et paraît étrange.* »

Là encore, le déplacement est destiné à crypter le rêve, à le rendre inintelligible pour le sujet, et donc inoffensif. Ce processus explique également ce sentiment d'étrangeté que provoque fréquemment le rêve. « C'est bizarre ! J'ai rêvé à une personne que j'ai croisée une fois seulement et qui m'est totalement indifférente ! ». Le déplacement met en jeu le procédé associatif. De plus, comme le souligne Freud, il « berne » admirablement la censure, *en rendant important quelque chose qui ne l'est pas, et en rendant accessoire et secondaire ce qui est essentiel.*

3) La transformation d'idées en images visuelles

C'est cette transformation qui est responsable de la difficulté de raconter son rêve. Si, par exemple, on nous oblige à traduire une série d'images en mots, nous n'aurons aucune difficulté pour les images concrètes. Par contre, la traduction d'images abstraites et suggestives se révélera périlleuse, subjective et déformante.

Or, le rêve est constitué principalement d'images, d'émotions et de sentiments. Il s'étaye sur le ressenti et la sensorialité. On peut, suite à un rêve, percevoir des émotions fortes (malaise, bien-être) mais être dans l'incapacité de repérer exactement leur origine. Le rêve s'articule également sur d'autres expressions sensorielles. On peut avoir souvenance d'un son ou d'une voix, ou encore avoir des sensations tactiles. C'est donc à une dimension plus instinctive et intuitive de l'être que le rêve fait référence. Ce phénomène a une cause et un effet :

- La cause est principalement liée aux propriétés même de l'inconscient. C'est en effet dans l'inconscient que le rêve prend sa source. Or, l'inconscient est fait de représentations d'images. La pensée plus organisée, réflexive et rationnelle est le fait du conscient. ***Le langage du rêve est donc nécessairement le langage de l'inconscient.***

- L'effet est toujours en relation avec le travail d'élaboration du rêve : le cryptage du contenu latent. ***C'est son caractère sensoriel, visuel, abstrait qui fait que le rêve est inénarrable.*** Nous avons donné l'exemple d'images devant être traduites en mots et montré la difficulté de le faire. Dans la continuité, nous pouvons évoquer l'impossibilité d'expliquer verbalement ou d'intellectualiser un phénomène de l'ordre du ressenti, et donc du vécu.

La symbolisation

Il reste encore un dernier élément, et non le moindre, qui concourt à l'opacité du rêve : la symbolisation. Le rêve est fait de symboles. En le reconnaissant, Freud admet une connaissance inconsciente commune et donc un inconscient collectif. Naturellement, cette reconnaissance est implicite, puisque, officiellement, seul Jung parle d'inconscient collectif. Pour Freud, l'inconscient ne serait constitué que de contenus refoulés. Pourtant, en traitant de cette dimension symbolique propre au rêve, Freud fait un certain nombre d'énoncés dans le sens de l'inconscient jungien.

1) Le rêveur utilise des symboles, alors que consciemment, c'est-à-dire éveillé, il se révèle incapable de leur donner un sens. Cette première évidence est significative d'un savoir inconscient.

> *« Et tout d'abord, nous sommes en présence de ce fait que le rêveur a à sa disposition le mode d'expression symbolique qu'il ne connaît ni ne reconnaît à l'état de veille (...) Nous pouvons dire seulement que chez le rêveur la connaissance du symbolisme est inconscient, qu'elle fait partie de sa vie psychique inconsciente. »*[8]

8. S. FREUD, *Introduction à la psychanalyse*, p. 105.

2) ***D'où nous vient cette connaissance inconsciente*** ? A cette question, Freud écrit :

> « *Je réponds : cette connaissance nous vient de diverses sources, des contes et des mythes, des farces et facéties, du folklore, c'est-à-dire de l'étude des mœurs, usages, proverbes et chants de différents peuples, du langage poétique et du langage commun.* » [9]

Cette connaissance est donc à la fois collective et en grande partie inconsciente.

3) L'utilisation de symboles s'explique par l'association d'idées. Une représentation s'associe à une représentation qui lui est proche, par le sens ou par la forme, qui elle-même s'associe à une troisième représentation, etc. En remontant les chaînes associatives, l'analyste parvient à trouver le désir originel, le sentiment refoulé.

Le symbole sert donc à représenter, sur un mode analogique, une représentation refoulée. Cette expression symbolique est souvent inoffensive car non significative pour le sujet.

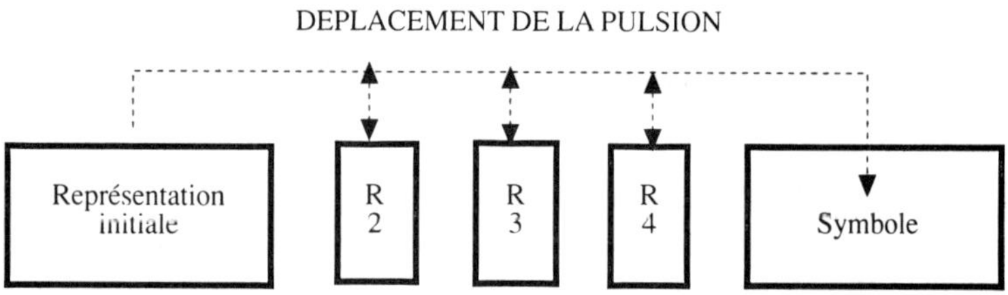

La symbolisation est en relation directe avec les chaînes de représentations

9. S. FREUD, *Introduction à la psychanalyse*, p. 105.

Par exemple, l'eau est le symbole de la naissance. Aussi rêver que l'on sort de l'eau, que l'on se noie ou que l'on est sauvé des eaux a une relation avec la naissance. Pour Freud, le symbole de l'eau a une double nature :

> *« Les mammifères terrestres, y compris les ancêtres de l'homme, descendent d'animaux aquatiques ; d'autre part chaque mammifère, chaque homme passe la première phase de son existence dans l'eau, c'est-à-dire que son existence embryonnaire se passe dans le liquide placentaire de l'utérus de sa mère et naître signifie pour lui sortir de l'eau. »* [10]

L'interprétation des rêves

Nous avons précédemment établi que le rêve provenait de l'inconscient. A la faveur de l'abandon physique et mental, les contenus refoulés émergent dans le conscient. Pour que le sommeil ne soit pas perturbé et que le dormeur ne soit pas réveillé par l'activité onirique, un certain nombre de processus psychiques concourent à rendre le rêve opaque, et donc a priori inoffensif. En théorie, cette étape s'appelle élaboration du rêve. Le travail d'élaboration du rêve sert à transformer le rêve manifeste en rêve latent.

De ce fait, le rêve, lorsque l'on s'en souvient, nous paraît absurde, insensé, invraisemblable. ***Ce que nous connaissons du rêve, c'est son contenu manifeste ; c'est-à-dire un rêve déformé par la condensation, le déplacement, la symbolisation, etc.*** Pour retrouver le contenu latent, il convient de se livrer à une interprétation. Il s'agit alors de comprendre la signification du rêve.

10. S. FREUD, *Introduction à la psychanalyse*, p. 145.

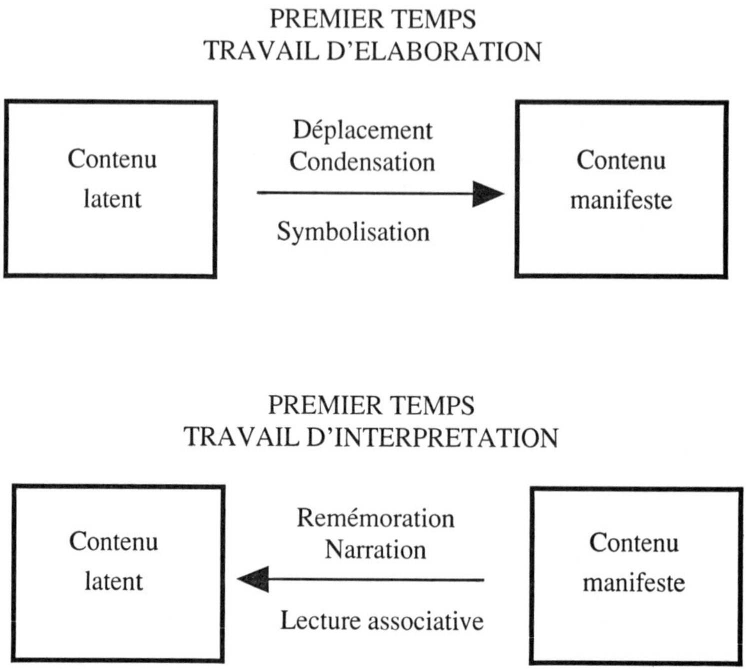

L'élaboration du rêve et l'interprétation du rêve

Le problème de la narration du rêve

La première difficulté est liée à la narration qui est faite du rêve. Du fait de son absurdité, le rêve se révèle souvent inénarrable. Nous sommes tellement étonnés par les invraisemblances, les anachronismes, les non-sens de nos productions imaginaires, qu'elles nous paraissent souvent ne rien vouloir signifier. La difficulté de narrer son rêve est également due à sa forme. Comme nous l'avons déjà souligné, le rêve est principalement construit sur des images visuelles, des sentiments et des émotions, autant d'éléments qui se laissent difficilement verbaliser et rationaliser.

Dès lors, un premier obstacle apparaît, et non le moindre, qui s'articule sur une narration imprécise et confuse. Le récit du rêve est décousu, souffre d'absences, de doutes, etc. Sans compter que le sujet fait déjà de lui-même une première interprétation (inconsciente) de son rêve. Il le traite, en effet, nécessairement selon sa propre subjectivité.

Quoi qu'il en soit, avec ses imprécisions, ses faiblesses et ses carences, la narration du rêve constitue la première étape avant l'interprétation. Le mieux consiste même à noter son rêve ou à le raconter tout de suite, c'est-à-dire au réveil. Chacun s'est déjà aperçu combien le souvenir du rêve s'efface vite. Il convient aussi d'essayer d'en faire le récit le plus objectivement possible, sans chercher à le comprendre. Il faut dissocier ces deux temps :

- premier temps : narration la plus fidèle et objective possible,
- deuxième temps : interprétation.

Nous avons souvent des difficultés à observer, à raconter, à écouter sans juger. Il faut donc s'appliquer à rester le plus neutre possible. C'est un peu comme s'il nous fallait décrire les vêtements d'une personne. Nous aurions tendance à donner en même temps nos impressions, à émettre des jugements de valeur, etc. Nous dirions : « *Elle a un chapeau ravissant* ». Ce qui ressort du jugement et qui constitue une opinion personnelle. Dès lors, notre observation n'est plus objective mais fait appel à nos propres références, impressions et émotions. En revanche, si nous nous contentons de dire « *Elle porte un chapeau à larges bords, cerclés par un ruban mauve* », nous ne sortons pas du cadre de l'observation et restons objectifs.

Pour le rêve, il faut appliquer le même procédé en faisant le récit du rêve, et en inscrivant à part ou entre parenthèses les émotions ressenties après coup. Car, bien évidemment, l'interprétation, c'est-à-dire la recherche du sens va s'opérer dans cette articulation entre le rêve et la réalité, l'inconscient et le conscient.

La recherche de sens

L'interprétation des rêves établit un pont entre les contenus inconscients et les contenus conscients. Le travail sur le rêve est l'illustration du projet psychanalytique général qui réside dans la recherche de sens. ***L'interprétation consiste donc à faire des liens***. Là encore, c'est l'association libre qui est à l'œuvre. Il faut donc procéder par association d'idées et faire une lecture analogique, en cherchant à rapprocher les signifiants entre eux.

Selon Freud, tout est important dans le rêve et il faut donc se méfier de vouloir saisir de suite l'essentiel, en négligeant les détails. En effet, le déplacement, par exemple, a pour objet de mettre l'accent grave sur un élément accessoire. Dès lors, ce que l'on prend pour le centre du rêve (le personnage principal, la situation centrale, etc.) peut du fait du déplacement n'être que secondaire.

Exemple

Freud rapporte le rêve d'un de ses patients qui voit sa famille assise autour d'une table. Or, en procédant par association, le rêveur dit qu'il reconnaît cette table comme l'ayant vue chez une autre famille. Ce détail (la table) revêt dès lors une importance capitale pour la compréhension globale du rêve. Elle signifie : **nous vivons comme cette famille***. Nos relations sont de même nature, etc. Cette famille s'appelle d'ailleurs Tischler (tisch = table en allemand). Pour Freud, cet exemple illustre que ce qui tient du détail a priori insignifiant est en fait plein de sens.*

La signification du rêve apparaît donc progressivement, au fur et à mesure des associations qui sont faites. Il est possible que parfois un rêve demeure une énigme et ne livre pas son secret. Cette incapacité à comprendre le rêve est généralement due à une résistance. Craignant ce que mon rêve peut révéler, je préfère l'ignorer. A ce moment-là, l'association libre reste stérile, ne peut pas se faire, souffre de blocages, ou encore le sujet refuse toutes les interprétations qui lui sont proposées.

Peut-on interpréter ses rêves soi-même ?

Dans l'absolu, on peut répondre par l'affirmative. Le sujet est en mesure de trouver par lui-même la signification de son rêve, puisque justement c'est lui le rêveur et donc le créateur.

« Je vous dis notamment qu'il est fort possible, qu'il est même vraisemblable que le rêveur sait, malgré tout, ce que son rêve signifie, mais que, ne sachant pas qu'il le sait, il croit l'ignorer. »[11]

11. S. FREUD, *Introduction à la psychanalyse*, p. 131.

Freud signifie que toutes les réponses sont en nous. Toute la difficulté est d'y accéder. Nous sommes donc possesseurs d'un savoir qui nous échappe, qui nous reste étranger. Freud l'illustre par des expériences de sommeil hypnotique (phénomène identique au rêve).

« C'est dans le domaine des phénomènes hypnotiques que la démonstration dont nous parlons a été faite. En assistant, en 1889, aux très impressionnantes démonstrations de Liébault et Bernheim, de Nancy, je fus témoin de l'expérience suivante. On plongeait un homme dans l'état somnambulique, pendant lequel on lui faisait éprouver toutes sortes d'hallucinations : au réveil, il semblait ne rien savoir de ce qui s'était passé pendant son sommeil hypnotique. A la demande directe de Bernheim de lui faire part de ces événements, le sujet commençait par répondre qu'il ne se souvenait de rien. Mais Bernheim d'insister, d'assurer le sujet qu'il le sait, qu'il doit se souvenir : on voyait alors le sujet devenir hésitant, commencer à rassembler ses idées, se souvenir d'abord, comme à travers un rêve, de la première sensation qui lui avait été suggérée, puis d'une autre ; les souvenirs devenaient de plus en plus nets et complets, jusqu'à émerger sans aucune lacune. »[12]

L'exemple montre que la connaissance est en soi, même si nous sommes convaincus du contraire. Dans cette optique nous pouvons dire qu'il est possible, par soi-même, de comprendre ses rêves mais que le non-accès à la connaissance intérieure nous empêche d'y parvenir. Pour cela, la présence d'un tiers se révèle généralement indispensable. C'est la raison pour laquelle il est préférable de s'assurer l'aide éclairée d'un thérapeute ou d'un analyste.

Freud a pris ses propres rêves pour exemples et s'est donc livré à l'interprétation de ses propres rêves. De même qu'il reconnaissait l'autoanalyse, il considérait implicitement que le rêveur était en mesure de trouver par lui-même et en lui-même la signification de ses rêves.

Néanmoins s'agissant de contenus refoulés, la censure s'oppose à cette découverte de sens. Le premier biais est l'oubli ; le second est l'incapacité manifeste de trouver le sens des productions oniriques a priori absurdes. L'analyste ou le thérapeute, formé à l'interprétation des rêves, parviendra donc à déjouer les différents stratagèmes psychiques

---

12. S. FREUD, *Introduction à la psychanalyse*, p. 131.

et à élucider l'énigme que constitue le rêve. Il semble donc préférable, disons plus économique et pratique, de s'assurer le concours d'une personne formée et rompue à cette technique d'interprétation.

Comment procéder ?

Il ne faut pas perdre de vue que toutes les réponses sont dans le sujet et, comme le souligne Freud, que celui-ci sait ce que son rêve signifie. ***L'analyste ne va donc pas chercher les réponses à l'extérieur mais s'appliquer à faire émerger cette connaissance inconsciente.***

A partir du contenu manifeste, de la narration que le rêveur fait du rêve, l'interprétation va consister à établir des liens entre le rêve et la réalité, à rechercher les différentes associations qu'une idée, une image, un personnage suggère.

Les dangers de l'autoanalyse et des dictionnaires des rêves

L'interprétation des rêves ne peut qu'être individuelle. Même s'il s'agit de symboles et donc d'une connaissance universelle, les images et idées sont traitées de manière individuelle, prennent un sens particulier pour l'individu, en fonction de son histoire, de son expérience et de ses référents. Dès lors, l'utilisation d'un manuel d'interprétation ou d'un dictionnaire des rêves se révèle tendancieuse, dans la mesure où elle propose des solutions et des réponses collectives à des créations individuelles. ***Elle nie justement l'individualité et la spécificité de chaque rêve et, au-delà, de chaque être humain***. Elle ne tient aucun compte de la personne, de son vécu et de sa structure psychologique. Il convient donc d'être extrêmement prudent et avisé si l'on recourt à ce type d'ouvrages, le risque majeur étant de faire de fausses interprétations, une analyse sauvage et donc impropre.

Cauchemar et désirs réprouvés

Reste à étudier un autre type de rêve : le cauchemar. Sa caractéristique principale est son aspect pénible, terrifiant et douloureux. Le cauchemar est néanmoins un rêve, dans la mesure où il est régi par les mêmes principes (condensation, déplacement, symbolisation). Il se distingue, cependant, par un échec ou une imperfection dans les mécanismes propres à l'activité onirique. Cela peut être dû à deux raisons :

1) La condensation, le déplacement, la symbolisation demeurent imparfaits et insuffisants à masquer la dangerosité des contenus refoulés.

2) Les contenus refoulés sont trop menaçants, chargés émotionnellement. Il s'agit souvent de désirs, de pensées, de sentiments tellement répréhensibles que même leur évocation imaginaire suffit à terroriser la personne.

Freud parle du cauchemar en ces termes :

« Le cauchemar est souvent une réalisation non voilée d'un désir, mais d'un désir qui, loin d'être le bienvenu, est un désir refoulé, repoussé. L'angoisse, qui accompagne cette réalisation, prend la place de la censure. Alors qu'on peut dire du rêve infantile qu'il est la réalisation franche d'un désir admis et avancé et du rêve ordinaire qu'il est la réalisation voilée d'un désir refoulé, le cauchemar, lui, ne peut être défini que comme la réalisation franche d'un désir repoussé. »[13]

Pour Freud, le cauchemar correspond donc à la réalisation franche d'un désir refoulé. Si la formulation a l'avantage d'être claire, elle mérite néanmoins quelques précisions. En effet, même dans le cauchemar, les contenus sont soumis aux processus de condensation, de déplacement et apparaissent sous la forme de symboles. ***Cela signifie qu'on ne peut pas faire une lecture primaire d'un cauchemar : prendre le contenu manifeste pour le contenu latent.*** Là aussi, une recherche de sens, et donc une interprétation, s'avère nécessaire.

Exemple

Martine rêve qu'elle est dans sa maison de campagne avec toute sa famille réunie. Ils mangent autour d'une grande table et l'ambiance est chaleureuse. Martine se voit alors prenant un couteau et se lançant sur sa belle-sœur pour la poignarder. Elle se réveille en proie à des émotions vives. Son souffle est précipité, son rythme cardiaque est rapide, elle est en sueur.

Cet exemple nous permet d'envisager deux points importants :

1) La nécessité d'interpréter également le cauchemar. Lorsque Freud décrit le cauchemar comme la réalisation franche d'un désir repoussé, il entend, en fait, réalisation imparfaitement voilée. C'est-à-dire que les images, les scènes, les idées et sentiments paraissent suf-

13. S. FREUD, *Introduction à la psychanalyse*, p. 156.

fisamment menaçants et pénibles pour provoquer une terreur, un malaise chez le rêveur. Toutefois, il n'est pas pour autant question de prendre le scénario onirique au premier degré.

Dans l'exemple de Martine, l'action de tuer sa belle-sœur peut symboliser des désirs morbides ou une agressivité envers la dite belle-sœur. En d'autres termes, Martine ne veut pas tuer sa belle-sœur, mais elle nourrit à son égard une certaine rancune, des sentiments hostiles, qui s'expriment dans le cauchemar par un geste violent et meurtrier. Mais le personnage de la belle-sœur peut aussi être un symbole, c'est-à-dire l'expression symbolique d'un autre personnage, qui lui est psychiquement associé. De même, le couteau peut être un symbole (pour Freud, il s'agit d'un symbole phallique) et donc l'intention inconsciente de Martine être autre qu'un désir morbide, etc.

Ce qu'il importe de bien comprendre, c'est la nécessité d'interpréter les cauchemars tout comme les rêves. L'interprétation, là aussi, ne doit ni être sauvage, ni superficielle.

2) Dans l'exemple proposé, Martine se réveille en nage et en proie à des émotions fortes. ***Le cauchemar est implicitement lié à des sensations désagréables, à un malaise intérieur et, fréquemment, à un réveil en sursaut.***

> *« L'angoisse est une indication que le désir repoussé s'est montré plus fort que la censure, qu'il s'est réalisé ou était en train de se réaliser malgré la censure. On comprend que pour nous, qui nous plaçons au point de vue de la censure, cette réalisation n'apparaît que comme une source de sensations pénibles et une occasion de se mettre en état de défense. Le sentiment d'angoisse qu'on éprouve ainsi dans le rêve est, si l'on veut, l'angoisse devant la force de ces désirs, qu'on avait réussi à réprimer jusqu'alors. »*[14]

Cauchemar et terreurs refoulées

Le cauchemar peut également s'articuler autour de peurs ou de terreurs inconscientes. Il ne s'agit alors pas de désirs mais de craintes irrationnelles ou non reconnues. Les personnes, particulièrement stressées, refoulent tant bien que mal leur angoisse. A la faveur du som-

14. S. FREUD, *Introduction à la psychanalyse*, p. 156.

meil, et du relâchement psychique consécutif, l'angoisse ressurgit, forte et torrentielle, à travers les images d'épouvante du cauchemar.

De la même manière que le rêve a un caractère merveilleux, positif et idéal dans les expressions courantes, le cauchemar s'articule autour de visions d'enfer, de situations dramatiques.

Les lapsus

L'une des distinctions, que nous avons précédemment établie entre conscient et inconscient, se situait au niveau de la verbalisation. Nous avons insisté sur le fait que la capacité de dire les choses, de les mettre en mots, garantissait la qualité consciente de la pensée, de l'idée, du désir ou de la peur ainsi exprimé. Sans remettre en cause ce postulat fondamental, ***des mots proviennent quand même de l'inconscient,*** comme dans le lapsus par exemple. Cependant, il s'agit d'une forme verbale spécifique. Ces mots, nous ne les comprenons pas toujours, en tout cas nous ne les attendons pas et nous les prononçons malgré nous. Ils dépassent ainsi bien souvent notre pensée et notre intention conscientes. Ils prêtent souvent à rire, ils nous gênent parfois, ou encore ils nous intriguent, mais ils nous laissent rarement indifférents.

Le mot qui échappe

La propriété principale du lapsus est son imprévisibilité. Il n'est ni volontaire, ni intentionnel, ni prémédité. Le lapsus consiste à prononcer un mot à la place d'un autre, sans intention consciente. Si le remplacement d'un mot par un autre est volontaire et prémédité, il ne s'agit alors plus d'un lapsus mais d'un trait d'esprit, opération que nous étudierons plus tard. Le lapsus est donc bel et bien un mot qui échappe. L'intention du sujet était d'exprimer, de dire autre chose et pourtant il prononce un mot « inattendu ». Le premier point capital est donc le caractère imprévu, involontaire du lapsus, qui garantit sa nature inconsciente.

Tous les lapsus ne sont pas révélateurs

Il convient d'emblée d'insister sur les nuances à apporter dans l'analyse du lapsus. Les lapsus sont considérés comme des productions inconscientes. Ils ont donc une explication psychique mais certains se légitiment par des raisons circonstancielles. La fatigue, par exemple, peut expliquer un certain nombre d'entre eux. La réduction de la vigilance intervient, en effet, dans l'affaiblissement de la cohérence verbale.

Exemple

Un conférencier, qui vient de parler pendant deux heures, peut commettre quelques erreurs : prononcer un mot à la place d'un autre, écorcher une expression, etc. Ces dérapages pourront trouver une explication toute simple dans la prise en compte de la baisse de la vigilance.

Comme dans toute activité, la parole exige une importante concentration. Toutes les occupations, physiques ou intellectuelles, requièrent une vigilance soutenue. Lorsqu'on répare un objet (activité manuelle), la baisse de concentration se traduit par des erreurs. Il en va de même sur le plan de l'expression. Ces lapsus sont alors imputables à la fatigue. Et il convient dès lors de tenir compte des circonstances avant de les interpréter ou de les appréhender comme la manifestation de productions inconscientes. Il convient d'être nuancé, si l'on veut éviter les analyses sauvages et assassines.

Néanmoins, selon la théorie psychanalytique, tout lapsus a un sens et aucun n'est jamais neutre, ni gratuit. ***Ce n'est pas n'importe quel mot qui est mis à la place d'un autre ; ce n'est pas n'importe quelle expression qui est écorchée, mal prononcée.*** Sans oublier les facteurs logiques (fatigue, nervosité, timidité), et donc atténuer d'autant l'analyse ou l'interprétation du lapsus, la recherche de sens est souvent éclairante.

Exemple

Un élève timide passe un oral. L'examinateur est peu sympathique et s'adresse à lui sur un ton bourru, ce qui attise encore plus la timidité de notre étudiant. Au cours de l'épreuve, en faisant une analyse de texte, il dit « je veux » m'éloigner *au lieu de* « je veux » témoigner.

Le lapsus est bien sûr imputable à la timidité. Toutefois, la réponse manifeste bien le désir de l'étudiant d'être ailleurs.

Lorsque la langue fourche

Comment s'explique cette opération sur le plan psychique ? Elle met principalement en jeu l'association libre. Les contenus mentaux s'organisent en chaînes de représentations.

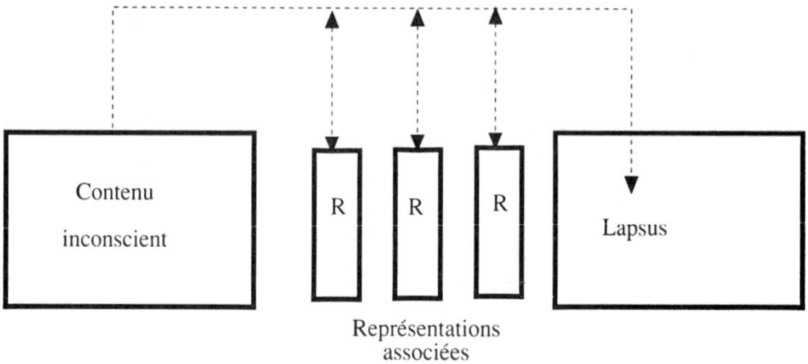

Le lapsus est basé sur la loi associative et sur le mécanisme de déplacement.

La représentation originelle s'associe donc à une représentation approchante, qui elle-même entraîne une troisième représentation, etc. Les relations entre les représentations peuvent être liées à :

- des ressemblances (la sonorité pour un mot, la forme pour un objet),

- des souvenirs qui font intervenir des associations plus personnelles.

L'association libre est à la base de l'analyse puisqu'en remontant les chaînes associatives on parvient au contenu inconscient primordial. Jung s'est également beaucoup intéressé aux associations d'idées. Il a même élaboré un test reposant sur le jeu associatif.

Sur le plan sémantique, qui nous intéresse tout particulièrement dans l'étude du lapsus, l'association libre indique également qu'un même signifiant selon les individus : 1) ne correspond pas nécessairement au même signifié, 2) n'entraîne pas les mêmes associations.

Ainsi, quand un mot est prononcé à la place d'un autre. Le signifiant qui s'est substitué n'est pas neutre mais significatif d'une association mentale. Dans le lapsus, les relations s'établissent soit sur :

- ***la sonorité du mot (signifiant),***
- ***le sens du mot (signifié).***

Cette opération fait donc intervenir les chaînes associatives du sujet. Or, si sa langue fourche sur ce mot précisément et pas sur un autre, ce n'est pas pour rien. Cela a un sens, une signification. Même dans le cas du conférencier fatigué ou de l'étudiant intimidé, tous les mots ne sont pas déformés ou écorchés, ***le lapsus intervient à un moment précis, sur un mot précis, et donc n'est jamais innocent.***

Transparence ou opacité du lapsus

Le lapsus est transparent ou opaque. C'est-à-dire que sa signification est aisément repérable ou difficilement accessible. En d'autres termes, le lapsus a une signification consciente facilement identifiable (transparent) ou semble apparemment ne rien vouloir dire, être insensé (opaque). Dans ce deuxième cas, la signification reste inconsciente et donc n'apparaît pas clairement au niveau conscient. On pourrait donc dire que plus le lapsus est significatif ou révélateur, plus il semble ne rien signifier. Ou encore, plus il est insensé, plus il a un sens.

Dans l'exemple de l'étudiant intimidé, son lapsus est clairement compréhensible. Il a une signification évidente. Il souhaiterait que l'oral soit déjà terminé et qu'il puisse enfin rentrer chez lui. C'est naturellement un désir imparfaitement refoulé. Bien qu'il soit timide et qu'il n'ait nulle envie de passer cet oral, il s'est néanmoins présenté. Involontairement, à travers son lapsus, il signifie son véritable désir. Il l'exprime malgré lui et prend véritablement conscience à ce moment-là qu'il aurait bien aimé être ailleurs.

En revanche, certains lapsus ne se laissent pas aisément interpréter. Le sujet lui-même ne comprend pas pourquoi il a dit cela, il sourit ou est gêné, selon les cas et la nature de son lapsus, mais la raison lui échappe. Il le mettra alors sur le compte de la fatigue ou du stress et ne lui recherchera pas de signification.

Le lapsus, révélateur de quoi ?

Alors qu'est-ce que le lapsus révèle ? Le plus fréquemment : un désir, une angoisse, une crainte, une idée, bref un contenu psychique inconscient et qui accède à la conscience à la faveur du lapsus.

Exemples

1) Une personne doit se présenter à une place. Elle en discute avec une amie et, en évoquant ses potentialités et aptitudes, dit : « je peur... ». *Son intention était naturellement de dire :* « je peux... ». *La substitution de* « peux » *par* « peur » *évoque bien le manque de confiance en elle, sa crainte inconsciente de ne pas être à la hauteur.*

2) Lors d'un repas entre amis, un des invités, soucieux de complimenter la maîtresse de maison, lui confie : « Votre dîner était exécrable. » *Il voulait dire* « excellent ». *Le lapsus révèle sa véritable pensée : il n'a pas du tout apprécié le repas ; cependant, le mensonge étant en la circonstance stratégique (se mettre dans les bonnes grâces de l'hôtesse), notre invité dit, malgré lui, la vérité. Ce lapsus peut aussi répondre à une « intention » refoulée et révéler par exemple une hostilité à l'égard de l'hôtesse.* « Je lui dis finalement ce que je pense tout au fond de moi. En attaquant la qualité de sa cuisine, je me venge de l'attitude qu'elle a eue vis-à-vis de moi par le passé. » *Bien sûr, cette discussion est symbolique et inconsciente. La voix intérieure n'est pas audible mais cela se passe sur le plan psychique de cette manière.*

Le lapsus = perte de contrôle

Parmi ceux-ci on peut citer les substitutions de prénoms ou de noms. La classique scène vaudevillesque, qui fait sourire au théâtre, est beaucoup moins sympathique dans la réalité.

Exemple

Un homme embrasse tendrement sa femme et lui murmure : « Je t'aime, Chantal ». *Le problème est que sa femme se prénomme : Gisèle. Ce genre de lapsus est finalement désagréable pour tout le monde, pour le sujet comme pour son entourage. Car, bien souvent, lui-même ignore pourquoi il a prononcé ce prénom. Bien sûr, il connaît une Chantal, mais il ne la porte pas dans son cœur. Il la trouve prétentieuse et antipathique. L'interprétation la plus logique porterait sur le désir inconscient de cet homme d'embrasser Chantal. Pourtant, si on lui livre cette analyse, il peut opposer des arguments de poids. Dans l'interprétation du lapsus, tous les éléments doivent être pris en compte. On a parlé de liens associatifs. Le travail de liens n'est pas forcément si limpide. Il n'associe pas forcément Chantal à Gisèle, sa femme, et ne souhaite, de ce fait, pas nécessairement l'embrasser. Tout simplement, à ce moment précis, il passe une chanson à la radio qui évoque Chantal, par ses paroles ou par les situations qu'elle met en jeu. »*

L'oubli

Selon Freud, l'oubli s'éclaire également à la lumière de l'inconscient. Il s'agit du mot que l'on a « sur le bout de la langue » et qui persiste à fuir notre mémoire. A ce sujet, on pourrait considérer que dans l'oubli seule la mémoire est mise en cause. Cependant, là encore, pour Freud, ce n'est pas n'importe quel mot qui nous fuit ; il ne s'agit pas d'une amnésie totale mais d'une amnésie partielle et sélective. Bien sûr, il est nécessaire de prendre en compte certains facteurs (fatigue, prise de médicaments, etc.) Toutefois, il s'agit, comme pour le lapsus, de considérer le problème non pas du point de vue mécanique mais du point de vue du sens. ***Ce n'est pas l'oubli en soi qui est important, c'est le mot oublié.***

Contrairement au lapsus, le contenu ne se manifeste pas dans la conscience, il demeure dans l'inconscient et c'est justement là la raison de l'oubli.

Un air dans la tête

Participant de ces mêmes phénomènes, l'air qu'on fredonne peut avoir une signification inconsciente. Il peut arriver que l'on chantonne un air que l'on vient d'entendre ; dans ce cas, il n'y a pas d'explication psychique. C'est le phénomène de répétition. En revanche, il nous arrive de fredonner des airs, rarement entendus ou même que l'on croyait oubliés. On peut aussi être obsédé par une chanson que l'on déteste et ne pas comprendre pourquoi on a cet air dans la tête. On peut même lutter contre l'air obsédant sans y parvenir. Il revient à la charge, ce qui manifeste, comme toujours dans ce genre de phénomènes, son caractère involontaire et inopportun. Pour Freud, l'explication se trouve dans la fonction associative. Sur le plan psychique, l'air est rattaché à une situation, une personne, un événement. La liaison est naturellement inconsciente et c'est la raison pour laquelle nous ne comprenons pas d'où cet air nous vient, pourquoi fredonner un air que nous n'avons pas entendu depuis dix ans. L'association peut s'élaborer sur des souvenirs ou sur les paroles de la chanson en relation avec la situation actuelle.

Exemple

Cécile fredonne depuis le matin l'air de Martia Béla *des* Ritamitsouko. *Comme dans ces cas-là, l'air part puis revient. Elle l'oublie, pour le fredonner de nouveau quelques heures plus tard. Bref, cette mélodie devient envahissante, obsédante. Les autres chansons entendues à la radio ne parviennent pas à lui ôter cet air de la tête. Même le soir lorsqu'elle se couche, elle continue intérieurement à chantonner ce refrain. Ce n'est que le lendemain qu'elle en comprend la raison. La veille, en prenant sa douche, elle a senti une boule sous son aisselle droite. Or,* Martia Bela *raconte l'histoire d'une danseuse décédée d'un cancer du sein («* c'est le cancer que tu as pris sous ton bras *», disent les paroles). L'inquiétude de Cécile ne s'est pas manifestée consciemment mais inconsciemment à travers cet air... pourtant si anodin.*

Les mots écrits aussi

Lire un mot à la place d'un autre, écrire un mot à la place d'un autre, sont d'autres formes de lapsus. De même que pour la parole, les erreurs d'écriture ou de lecture ont souvent une signification inconsciente. Il ne s'agit pas ici des ratures ou de se tromper de ligne, mais bel et bien d'écrire ou de lire un mot à la place d'un autre. De même que pour le lapsus verbal, il peut s'agir d'une pensée obsédante qu'on ne parvient à refouler que d'une manière imparfaite et qui ressurgit à la faveur des activités de lecture ou d'écriture. Ou encore, le lapsus est dû à l'évocation d'une idée, d'une pensée, d'un désir ou d'une peur, selon la loi associative. La substitution s'explique alors par la relation de sonorité, de sens ou de souvenirs au niveau de ce mot, qui permet l'échappée dans la conscience du contenu refoulé.

Les mots d'esprit

Pour Freud, les traits d'esprit et jeux de mots appartiennent au même groupe de phénomènes (lapsus, actes manqués). Une des différences majeures est liée à la préméditation. Généralement, une plaisanterie est destinée à faire rire et donc à produire un effet. Cependant, elle met bien souvent en évidence une association et donc manifeste des liens intérieurs souvent inconscients.

D'autre part, sous le prétexte légitime de faire rire, la plaisanterie sert souvent à signifier de cette manière une pensée, un reproche, une idée ordinairement tus, c'est-à-dire refoulés. Le rire peut être un mode de défense, dans le cadre du trait d'esprit contre un contenu inconscient, mais aussi contre la culpabilité (et donc le Surmoi). C'est pour rire peut-être, mais c'est dit quand même. Lorsque, par exemple, nous blessons la susceptibilité d'un proche par une plaisanterie à son sujet, nous n'avons pas l'intention consciente de lui faire du mal, pourtant nous le faisons quand même. C'est cette ambivalence qui n'est pas innocente. Bien souvent, ***à travers les jeux de mots, nous disons ce que nous nous interdisons de dire plus sérieusement,*** c'est-à-dire ce que nous ne reconnaissons pas ce qui n'est pas conscient.

Les actes manqués

Sont appelés « actes manqués », l'ensemble des conduites qui président à l'échec de l'objectif visé. Les erreurs, les maladresses, les gaffes, les fautes d'attention sont autant d'expressions d'actes manqués. Comme pour le lapsus, les actes manqués constituent une opération psychique au service de l'inconscient.

Je ne l'ai pas fait exprès

Le caractère involontaire, et donc inconscient, est commun à tous ces phénomènes : lapsus, oubli, actes manqués. ***Il ne s'agit pas de commettre intentionnellement et consciemment une erreur, mais de se tromper malgré soi.*** En réaction à l'acte manqué, le sujet s'écrie : « Je ne l'ai pas fait exprès ». Il en nourrira même fréquemment une certaine déception ou culpabilité. Cette perspective réaffirme encore la différence entre sincérité et vérité.

Lorsqu'il commet un impair (forme d'acte manqué), l'individu est, en effet, tout à fait sincère lorsqu'il assure que telle n'était pas son intention et qu'il est désolé. Il n'est ici pas question de mettre en doute sa sincérité, ni l'authenticité de son désarroi et de sa confusion.

En revanche, sur le plan psychique, l'acte manqué n'est ni innocent, ni neutre, ni gratuit : il sert une intention inconsciente, un désir refoulé, une peur informelle.

Toutes les erreurs ne sont pas des actes manqués

Bien évidemment, toutes les maladresses humaines ne peuvent être catégoriées sous la rubrique « actes manqués ». Certaines fautes s'expliquent uniquement par un manque d'habitude ou de compétence. De ce fait, ***est considéré comme acte manqué, l'acte ordinairement réussi.*** En d'autres termes, ce que le sujet fait, réussit, maîtrise couramment mais qu'il rate exceptionnellement est de l'ordre de l'acte manqué.

Il est important de tenir compte de cette nuance fondamentale. L'erreur due à l'inexpérience n'est pas imputable à une raison psychique ; c'est l'inexpérience et elle seule qui est alors en cause. Dès lors, l'interprétation serait vaine, stérile et inutile.

Que signifie : « acte manqué » ?

Nous revenons donc sur la définition de base : l'acte manqué correspond à l'échec, à la non-atteinte de l'objectif visé. Il s'applique aux activités ou situations habituellement réussies.

Exemple

Julien doit aller manger chez une tante éloignée. Les parents de Julien ont longuement insisté pour que leur fils soit présent. Ils lui ont assuré que sa présence serait une grande joie pour sa tante. Julien n'a nulle envie d'y aller. Seulement, il ne veut pas peiner sa tante, et encore moins ses parents. Il redoute aussi que son refus engendre un conflit. Or, Julien déteste les conflits. Il se résigne donc à cette invitation. Sa tante habite à une soixantaine de kilomètres. Les parents de Julien lui proposent de l'emmener mais il repousse leur proposition et explique qu'il préfère prendre sa voiture, car il ne compte pas rentrer trop tard. Ainsi, ses parents pourront rester plus longtemps s'ils le souhaitent. Julien part en retard. Il est attendu à 12h30 et, il est déjà 12h45, lorsqu'il prend le volant. A mi-chemin, il tombe en panne d'essence. Il se retrouve bloqué en pleine campagne. Le temps de se réapprovisionner en carburant lui prend deux bonnes heures. Il téléphone de la station d'essence à sa tante pour l'informer de son « malheur ». Ce n'est vraiment pas de chance, se lamente-t-il. Certes, tomber en panne d'essence n'a rien de réjouissant et il ne pourra pas être chez sa tante avant 15h00. « Tant pis, mangez sans moi, *dit-il généreux,* ce sera pour une prochaine fois *». Résultat : adieu le repas chez sa tante !*

Cette situation caractérise parfaitement l'acte manqué : les mécanismes qui président à l'échec ainsi que ses conséquences. La limpidité de l'exemple parle d'elle-même : Julien n'avait aucune envie de se rendre chez sa tante. Sa panne d'essence tombe en fait opportunément puisqu'elle le dispense de l'invitation. Il n'a pas osé refuser et s'est donc forcé. Mais son intention refoulée se manifeste dans l'échec de la situation. Lui-même explique que cela ne lui est jamais arrivé de tomber en panne d'essence. Alors pourquoi aujourd'hui ? Finalement, la panne d'essence est providentielle et elle participe à la réalisation du souhait refoulé de Julien : ne pas aller chez sa tante. Même si la solution, de prime abord, n'est guère avantageuse, ni agréable, elle est, sur un plan inconscient, préférable à la réunion familiale. Devant cette interprétation, Julien se révolterait certainement, en expliquant légitiment que personne ne peut désirer tomber en panne d'essence. Sa protestation serait sincère, cohérente et légitime. Cependant, d'un point de vue psychique, ce qui compte c'est de ne pas aller chez sa tante et pour cela, ***tous les moyens sont bons.*** Ce qui était recherché n'était pas de tomber en panne d'essence. Il ne s'agissait pas là du désir inconscient de Julien ; l'objectif recherché inconsciemment était d'éviter d'aller chez sa tante. Dans cette perspective :

- la panne d'essence est le moyen,
- l'annulation du repas qui en résulte est le but.

Dans l'approche de la psychologie de l'acte manqué, il convient de ne pas confondre le moyen et le but. Les deux sont involontaires et inconscients. Julien ne choisit pas de tomber en panne d'essence. Il ne le fait pas exprès. Mais la réalité objective, c'est qu'il tombe en panne d'essence et donc qu'il ne peut plus se rendre chez sa tante. Il est donc bel et bien parvenu à satisfaire son désir majeur : ne pas aller au repas. La situation lui a permis, en outre, de le faire sans prendre la responsabilité de la décision, sans créer de conflit, sans blesser ou peiner sa famille. « Ce n'est pas de sa faute », diront ceux-ci.

Acte manqué = acte réussi

On le voit donc, l'acte manqué est en fait un acte réussi. Cette formulation classique est à première vue déroutante et incohérente. Car il ne peut s'agir des deux. Alors est-ce un acte manqué ou un acte réussi ?

Tout dépend du point de vue selon lequel on étudie le phénomène :

- Sur le plan conscient : c'est un acte manqué. Le sujet en retire un sentiment d'échec puisque l'erreur, l'incident, la maladresse s'opposent à l'atteinte de l'objectif visé.

- Sur le plan inconscient : c'est un acte réussi. Puisque l'erreur, l'incident, la maladresse réalisent, en fait, un désir refoulé.

Il s'agit donc clairement d'un compromis entre le désir et la réalisation.

L'acte manqué : une formation de compromis

On parle de compromis car la réalisation du désir n'est pas franche et directe. Dans le cas de Julien, une réalisation franche de son désir aurait été de refuser l'invitation. Mais, pour des raisons morales et affectives, il ne peut se résoudre à cette franchise. En se résignant, il refoule son désir. Le cumul des erreurs (partir en retard, ne pas faire le plein d'essence) lui permet néanmoins d'obtenir satisfaction, de manière détournée certes, mais réelle. On le voit, l'acte manqué n'est donc pas une solution économique et avantageuse. Certes, le désir est réalisé mais souvent au prix de nombreux désagréments. Ce qui fait que le profit qui en est retiré est très mitigé. A la limite, Julien aurait certainement préféré manger chez sa tante plutôt que de faire dix kilomètres à pieds pour trouver une station service en rase campagne.

Cela révèle deux choses :

1) la force de l'inconscient,

2) la conduite expiatoire.

La force de l'inconscient

Habituellement, l'individu maîtrise ses désirs, sentiments, pensées, non autorisés, inopportuns ou dévalorisants. La vie en société oblige à une certaine diplomatie, à faire des compromis, à respecter certains accords. Or, ces obligations s'opposent parfois farouchement aux désirs secrets du sujet. Il n'aime pas son employeur mais il est bien obligé de composer, s'il veut garder son emploi. Si la structure psychologique est suffisamment forte (Moi et Surmoi), le sujet parvient en général à contrôler ses élans refoulés. Le conscient a le dessus, au moins en apparence. Mais il arrive que les pensées, peurs, sentiments refoulés prennent le dessus. Ils émergent alors à la faveur d'un lapsus, d'un acte manqué ou de toutes autres formations de compromis.

Il ne s'agit pas ici de comportements francs et donc conscients mais d'une activité plus souterraine, significative d'une perte de contrôle, d'un débordement de l'inconscient sur le conscient.

Il faut en effet bien différencier la conduite consciente et claire qui consiste à cesser de composer, du compromis que constitue l'acte manqué qui permet de ménager le Ça et le Surmoi et donc d'éviter les conflits intérieurs.

Ce qu'illustre principalement l'acte manqué est la force de l'inconscient qui peut dépasser, submerger l'individu et entraîner parfois de fâcheuses conséquences. D'un autre côté, l'acte manqué est un acte réussi, puisqu'il coïncide avec les désirs secrets, mais non assumés ou non autorisés.

Exemple

Nadine donne une robe à son amie Sandrine. Elle lui recommande de ne pas porter la robe en présence de leur amie commune, Sylvie. « Je sais qu'elle la voulait, *lui dit-elle,* mais je préfère te la donner à toi, tu m'es plus chère et, en plus, elle te va mieux » *explique Nadine. Sandrine est très flattée par cette marque d'estime, d'autant plus qu'elle ne porte pas Sylvie dans son cœur. Il existe entre elles une rivalité de plusieurs années.*

Quelques semaines plus tard, Nadine invite Sandrine pour l'inauguration du restaurant qu'elle vient d'acheter. Sandrine s'y rend, vêtue de la fameuse robe et tombe sur une Sylvie, blêmissante de rage et de jalousie. Nadine assiste à la scène et attire Sandrine à part pour la sermonner : « Enfin, *s'écrie-t-elle,* tu le fais exprès, je t'avais pourtant bien dit d'éviter de la porter en présence de Sylvie ! ». *A la colère bien légitime de son amie, Sandrine se confond en excuses :* « Je t'assure que j'avais oublié ! Je ne pensais pas mal faire ! Je croyais que Sylvie ne serait pas invitée. »

L'attitude de Sandrine est caractéristique de la formation de compromis. Elle n'a pas ouvertement attaqué Sylvie et elle a provoqué son désarroi malgré elle. Bien sûr, Nadine lui avait recommandé d'être discrète, ce que Sandrine n'a pas fait. Mais elle a des excuses : elle avait oublié, elle pensait que Sylvie ne serait pas là alors que comme le lui fait remarquer Nadine, il était évident que Sylvie serait invitée puisqu'il s'agissait d'un événement important. Sandrine aurait donc dû s'en douter. Cet exemple s'articule même au niveau de deux actes manqués. Visiblement, Nadine comme Sandrine avaient des sentiments hostiles à l'égard de Sylvie. Nadine prend en effet un risque considérable en donnant cette robe à Sandrine (qui ne lui a d'ailleurs rien demandé) alors qu'elle sait pertinemment qu'elle en prive Sylvie, qui, elle, avait manifesté son désir de la posséder. Elle ne rappelle pas non plus à Sandrine, lorsqu'elle l'invite, de ne pas porter la robe. Quant aux oublis et erreurs de Sandrine, nous les connaissons. Résul-

tat : Sylvie est profondément blessée. L'intention de Nadine ou de Sandrine n'était pas de lui faire du mal intentionnellement mais finalement, par un acte manqué commun, elles sont parvenues l'une à lui montrer qu'elle lui préférait une autre amie, l'autre à exalter un narcissisme triomphant.

La conduite expiatoire : l'acte manqué évite la culpabilité

Dans les cas que nous avons décrits, l'acte manqué évite ou atténue considérablement la culpabilité. C'est en cela aussi qu'on parle de compromis. Chaque fois, il s'agit de rater quelque chose qui devait réussir. C'est un peu comme si le sujet échouait alors qu'il avait tout mis en œuvre pour réussir. Ce n'est donc pas par mauvaise volonté. Lorsque le sujet constate l'échec, il ne se sent pas responsable.

« Ce n'est pas de ma faute ! », « Je n'y suis pour rien ! ». Il attribue l'échec à des causes extérieures, à des facteurs circonstanciels, à l'ignorance, etc. ***Ce n'est donc jamais de son fait, ce qui lui permet par contrecoup d'éviter la culpabilité.***

Cependant, l'acte manqué entraîne souvent toute une série de désagréments (panne d'essence, perte de temps et fatigue pour Julien, disputes et tensions pour Sandrine, etc.). Ces désagréments ont, en fait, une certaine utilité : éviter justement une trop forte culpabilité. Quoi de plus simple sinon, de dire ou faire les choses directement.

Julien aurait très bien pu refuser l'invitation. Nadine aurait pu dire à Sylvie qu'elle comptait donner la robe à Sandrine, etc. Mais ce ne sont justement pas ces genres d'attitudes claires qui sont adoptés. Pourquoi ? Par peur (inconsciente) de la culpabilité que ces attitudes franches engendreraient.

Exemples

1) Laure a un rendez-vous professionnel. Or, cet entretien l'angoisse. Elle règle consciencieusement son réveil, pour se lever à 7 heures, son rendez-vous étant pour 8h30. Or, le lendemain quand elle se réveille, il est 9h00, son réveil n'a pas sonné. Et pour cause : elle avait oublié d'enclencher la sonnerie !

2) Même scénario pour Benoît. Mais lui, ce n'est pas le réveil qui est « fautif », mais une marche d'escalier. En partant à son rendez-vous, il a trébuché sur la fatidique marche et s'est retrouvé à 8h30 à... l'hôpital !

Dans les deux cas, l'acte manqué est évident. Inconsciemment, le sujet ne désire pas se rendre à cet entretien. Il est trop intimidé, ou il n'a pas vraiment envie de travailler ou il a peur de ne pas être engagé et veut éviter une blessure narcissique, etc. Il pourrait ouvertement refuser de se présenter mais une telle attitude lui attirerait la désapprobation de sa conscience morale et de son environnement. L'acte manqué lui permet donc de ne pas pouvoir se présenter et est donc bel et bien, finalement, un acte réussi (satisfaction d'un désir inconscient).

Cependant, la double illustration de cette même scène permet d'envisager la variabilité des conséquences, surtout au niveau de la culpabilité. L'oubli du réveil n'est pas très satisfaisant sur le plan du compromis, le sujet va donc se sentir coupable, se reprocher sa négligence, s'en vouloir. Il n'empêche que la culpabilité sera quand même moins forte que s'il l'avait fait volontairement.

En revanche, la cheville foulée est un compromis tout à fait satisfaisant pour le Surmoi. Il n'y aura donc pas de culpabilité puisque les désagréments et la douleur éprouvée suffiront à expier la faute commise en satisfaisant le désir inconscient (ne pas y aller).

Au-delà de la simulation

Il est important de bien comprendre que l'acte manqué se situe au-delà de la simulation. Il ne décrit pas une attitude volontaire ou une ruse ***mais réellement des agissements incontrôlés et inconscients qui compromettent la réussite d'une situation précise.*** Un acte manqué caractéristique se retrouve dans la maladie. Dans le langage courant, on parle à ce sujet de *maladie diplomatique.* Chacun a pu constater combien la maladie pouvait tomber parfois opportunément.

Exemple

Jean-Marc est bientôt en vacances ; plus qu'une semaine de travail et il partira quinze jours au soleil. Cette dernière semaine de travail avant les vacances lui pèse. Le dimanche soir, il se sent mal. Il est légèrement fiévreux et sa gorge est douloureuse. En fin de journée, les symptômes augmentent. Il appelle donc le médecin qui diagnostique une angine. Jean-Marc échappera à sa dernière semaine de travail. L'angine n'est pas simulée, elle est réelle. Pourtant, elle advient opportunément.

On le voit, Jean-Marc ne simule pas, il est bel et bien malade. Ce n'est qu'inconsciemment que la maladie constitue un désir. Jean-Marc n'a pas souhaité être malade. Il se serait bien passé des antibiotiques, de la fièvre, de la douleur et de l'alitement forcé.

Ce cas de figure illustre idéalement les caractéristiques de l'acte manqué avec :

- Le sentiment de n'y être pour rien, d'être victime d'un « mauvais sort ».

- La réalisation d'un souhait inconscient, souvent non formulé ou qui n'est pas ressenti par le sujet (qui n'est pas conscient).

Cependant, pour tout acte manqué, le sujet peut, tout au fond de lui, s'il est lucide, estimer qu'en fait *ça l'arrange bien.*

LE FANTASME

Le fantasme est un rêve éveillé. Il s'agit donc d'une activité consciente, dans la mesure où le sujet ne dort pas et est actif, et inconsciente, puisqu'elle met en scène les désirs refoulés ou interdits. Sa caractéristique principale réside dans cette double nature.

L'imaginaire

Les fantasmes sont des créations imaginaires. C'est la raison pour laquelle ils mettent en jeu l'inconscient. Il ne s'agit pas d'une pensée rationnelle ou réflexive, mais plutôt d'un rêve. Cependant, l'individu participe activement et contrôle ses productions imaginaires. Néanmoins, il peut parfois se laisser déborder par son imagination, voire être effrayé par ses scénarios intérieurs.

L'activité fantasmatique consiste donc à laisser s'exprimer tout ce monde imaginaire qui sommeille en chacun de nous. Tous les individus fantasment, même si chacun n'y recourt pas de la même manière et à la même fréquence.

Pourquoi fantasmons-nous ?

Le fantasme répond principalement aux insatisfactions de l'individu. Tous nos désirs ne peuvent être réalisés, soit parce que la réalité s'y oppose, soit parce que notre conscience morale nous l'interdit. L'activité fantasmatique intervient donc comme une « solution » possible à ces frustrations. Elle permet en quelque sorte de réparer le préjudice subi par l'insatisfaction. ***Par le fantasme, le sujet réalise sur un mode hallucinatoire ses désirs et motivations inassouvis.*** Le fantasme est ainsi provoqué par l'inadéquation entre l'intérieur et l'extérieur, le dedans et le dehors, le désir et la réalité.

Comment fantasmons-nous ?

S'agissant d'une activité imaginaire, le fantasme s'étaye principalement sur des images. C'est comme un film qui se déroule sur l'écran de notre conscience. La relation avec le rêve tient d'ailleurs de cette identité de représentations. Le fantasme et le rêve mettent en jeu des représentations essentiellement visuelles.

Le sujet est à la fois auteur, metteur en scène, acteur et spectateur. Cependant, il arrive qu'il se laisse déborder par son imagination, c'est-à-dire que le contrôle du fantasme lui échappe. C'est là encore un point qui indique la nature inconsciente de cette activité psychique.

En général, le sujet ne décide pas, ne s'impose pas de fantasmer. Il peut difficilement s'asseoir ou s'allonger et se dire « allez ! maintenant, je vais fantasmer ! ». La plupart du temps, il subit les productions imaginaires qui émanent des profondeurs de son psychisme. On peut, en fait, schématiquement, distinguer deux états :

1) ***Le fantasme dirigé, dans lequel le sujet exerce un contrôle sur cette activité psychique.*** Il utilise sa capacité imaginative à des fins précises, principalement pour favoriser l'accroissement du plaisir.

Exemple

Lors de relations sexuelles, l'activité fantasmatique peut stimuler le désir et augmenter le plaisir ressenti. La réalité et l'imaginaire sont ici associés, dans un but défini.

2) ***L'activité fantasmatique s'origine sur une baisse de la vigilance.*** Elle correspond à un seuil particulier de conscience, qui se situe entre la veille et le sommeil. L'imaginaire profite de l'abandon du sujet pour entrer en activité. Dès qu'on se relâche, l'imagination se met à l'œuvre. Ce phénomène s'explique par la levée des défenses. Tant qu'on agit, parle ou réfléchit, nous sommes dans un état de vigilance qui permet un contrôle des productions mentales. Nous sommes alors pleinement conscients de ce que nous faisons ou disons. Le relâchement induit une baisse de vigilance et donc une baisse de la conscience. Un autre monde s'ouvre alors, irréel et fantasmagorique.

Fantasme et sexualité

Dans le langage courant, fantasme est devenu, pour la plupart des gens, synonyme de sexualité. Dès qu'on dit fantasme, on pense à « sexuel ». La nature du fantasme est, en fait, beaucoup plus étendue, puisqu'il recouvre l'activité imaginaire générale. Il existe bien évidemment des fantasmes sexuels, mais tous les fantasmes ne sont pas sexuels. Nous avons précédemment expliqué que l'activité fantasmatique était souvent liée à la non-réalisation de désirs. Comme la réalité s'oppose à la satisfaction des souhaits et intentions du sujet, il les vit sur un mode hallucinatoire. Il rêve la situation désirée.

La somatisation

Lorsque l'inconscient ne peut se dire à travers des mots, il s'exprime bien souvent à travers le corps. Les contenus refoulés, les désirs interdits, les peurs inconscientes produisent alors divers troubles organiques. Ces manifestations peuvent être légères ou graves, ponctuelles ou systématiques, partielles ou globales. On parle alors de somatisation.

C'est le corps qui se charge, en quelque sorte, de « dire » l'inconscient. L'illustration de l'inconscient sous la forme d'une amphore, et donc comme un contenant limité, permet de comprendre les raisons de la somatisation. Le corps est atteint, touché, malade parce que l'inconscient déborde. La somatisation est liée soit :

- ***À un refoulement trop systématique et trop important.*** Le sujet ne prend pas conscience de l'ensemble de ses désirs interdits, frustrations consécutives à la non-réalisation de ces désirs refoulés, peurs et complexes.

- ***À une absence de refoulement devant un excès de frustrations réelles et de stress,*** à une situation anxiogène actuelle auquel il n'a pas les moyens de répondre.

Reconnaissance d'une unité psychosomatique

Le premier postulat réside dans la reconnaissance d'une unité psychosomatique, c'est-à-dire une relation, une interaction entre l'esprit (psycho) et le corps (soma). En effet, pour que l'esprit puisse générer des troubles organiques et donc avoir un effet sur le corps, il est nécessaire que l'un et l'autre soient liés et communiquent. La médecine traditionnelle a eu, durant une longue époque, tendance à ignorer ou refuser cette unité psychosomatique. Les médecins ne soignaient alors que le corps et les manifestations physiologiques, en négligeant la dimension psychologique. Certains continuent d'ailleurs, dans la pratique allopathique, de le faire. Les médecines alternatives ou parallèles, pour leur part, prennent en compte cette relation corps-esprit. L'acupuncture, par exemple, traite l'individu dans sa globalité et évite de le morceler comme s'il y avait d'un côté le corps et de l'autre l'esprit ; ou encore d'un côté les jambes et de l'autre le dos. Même le corps n'est pas fragmenté mais considéré comme une totalité ; ***dans cette mesure, un trouble organique partiel (atteinte d'un organe en particulier) met en jeu le corps dans son entier, ainsi que l'esprit, c'est-à-dire l'être dans sa totalité.***

Toutes les maladies sont-elles psychosomatiques ?

Lorsque le mental est, en partie ou en totalité, responsable de troubles organiques, on définit ces troubles comme des « maladies psychosomatiques ». Il serait abusif de considérer que toutes les maladies ont une origine psychologique et donc que toutes les maladies sont psychosomatiques. Même si certains courants tendent à suivre cette définition, certaines maladies sont imputables à des raisons strictement organiques. Néanmoins, dans tous les cas, l'attitude psychologique du sujet a une influence, plus ou moins marquée, sur l'émergence, le développement et la guérison de la maladie. Nous allons tout d'abord étudier le processus de somatisation, c'est-à-dire les maladies psychosomatiques ; dans un second temps, nous aborderons la dimension psychologique des autres lésions physiologiques.

Les maladies psychosomatiques

Certaines maladies sont donc le produit de tensions psychologiques. Pourquoi ? Comment le mental, et plus exactement l'inconscient, peut-il toucher le corps ?

Lors de l'étude de l'inconscient nous avons insisté sur plusieurs points :

1) L'inconscient, cet étranger qui est en nous.

2) L'inconscient formé de contenus refoulés.

3) L'inconscient agit, il est « vivant ».

Ce dernier point est fondamental pour la compréhension du processus de somatisation. Toutes les pensées gênantes, interdites ou irréalisables, sont refoulées et deviennent ainsi inconscientes. Le refoulement est nécessaire et assure une certaine quiétude psychique à l'individu. Il lui permet « d'oublier » ces désirs non réalisés et donc de ne pas être affecté par la frustration qui en résulte. Autrement dit, les pulsions cherchent activement et puissamment à se décharger. Lorsque la décharge est rendue impossible, soit sous la pression de la réalité, soit sous la pression du Surmoi, les pulsions sont refoulées et donc la tension diminue. Le refoulement est donc nécessaire, naturel et positif. Cependant, si les contenus refoulés sont trop nombreux, l'inconscient ne peut plus tous les contenir ; à ce moment-là, les contenus refoulés peuvent affecter le corps, s'exprimer à travers lui.

D'autre part, comme il s'agit en fait de désirs non réalisés, ils sont chargés d'une dimension négative et douloureuse. Le refoulement sert justement à éviter la souffrance, les émotions pénibles et désagréables. ***Lorsque les contenus refoulés ressurgissent, ils contiennent nécessairement encore cette charge négative. On peut donc les définir comme une substance vénéneuse qui empoisonne l'individu, et dans la somatisation plus exactement son corps.***

C'est la raison pour laquelle, lorsque l'inconscient déborde dans le corps, il le fait de manière préjudiciable. Il crée un désordre, un dérèglement et la souffrance psychique (refoulée) se transforme en souffrance physique (la douleur liée à la maladie).

Schématiquement, deux phénomènes sont à la base de la somatisation : le retour du refoulé et l'absence du refoulement. Ils se rejoignent, en fait, bien souvent.

Les représentations gênantes, les désirs inaccessibles ont été, dans un premier temps, refoulés. Seulement, les contenus refoulés demeurent actifs. Il ne s'agit que d'un « oubli » temporaire, d'une mise à l'écart plus ou moins longue. Si le refoulement est trop systématique, que le sujet est par conséquent terriblement frustré, l'inconscient « déborde ». Il ne suffit plus à contenir tous les éléments qui lui sont injectés.

De plus, les contenus refoulés sont des pulsions. Et nous savons à quel point la pulsion est puissante, forte et agissante. Même refoulée, elle continue donc son action et cherche à se décharger, à s'épuiser. Pour ce faire, soit elle recourt à des « ruses » (satisfactions substitutives, lapsus, rêve, etc.), soit elle s'exprime par le corps, par une formation de symptôme.

Dans ce cas, on parle de retour du refoulé ; ce qui avait été refoulé ressurgit. Fréquemment, le retour du refoulé est lié à une réactualisation. La situation actuelle évoque de manière plus ou moins directe une situation problématique ancienne. Un nouveau refoulement serait alors nécessaire, mais les pulsions mises sous séquelle (refoulées) en profitent alors pour passer à la charge. Elles le font souvent à l'insu du sujet, comme dans le rêve, les actes manqués ou encore la somatisation. En fait, elles le font toujours à l'insu du sujet, sauf dans le cadre d'une démarche active (psychanalyse, psychothérapie, etc.).

On parle beaucoup de désirs, car, sur le plan psychologique, c'est toujours le désir qui est responsable de la souffrance. Ce sont donc systématiquement des désirs non satisfaits pour des raisons morales (Surmoi) ou pratiques (réalité) qui sont à l'origine des troubles, pathologies et complexes humains.

Exemple
Une situation de deuil.

Le deuil constitue généralement un puissant traumatisme. La souffrance qui lui est attachée est intense et profonde. L'origine de cette douleur est naturellement la perte de l'être cher, mais c'est également le renoncement, et donc la frustration, à certains désirs. C'est la personne qui reste qui souffre, parce qu'elle doit renoncer à tous les désirs et besoins rattachés à la personne disparue. Elle ne pourra plus lui parler, la voir, la toucher, autant de désirs à présent irréalisables.

On peut dire que, dans toutes les situations, la souffrance est liée à la non-réalisation des désirs. La souffrance n'existe d'ailleurs qu'à ce titre. Elle est toujours « égoïste », dans la mesure où ce qui peine le sujet est cette privation, ce renoncement à ses désirs. Dans le deuil, par exemple, nous sommes affectés par la disparition d'une personne chère. Bien sûr, nous compatissons aux malheurs des autres, mais nous ne passons pas, pour autant, nos journées à pleurer alors que tous les jours nombre de personnes meurent dans le monde.

Ainsi, lorsque nous sommes touchés par un événement grave (deuil, maladie, rupture, licenciement), c'est toujours la privation, la frustration, et donc les désirs, qui sont mis en cause.

Dans la somatisation, consécutive à un retour du refoulé, le corps est soudainement chargé d'exprimer toute une souffrance originellement tue, opprimée, refoulée justement.

Exemple

Dans le langage courant, ce phénomène est imputable à l'inhibition. Reprenons la situation de deuil. Jean-Pierre, considéré comme non-émotif, imperturbable ou encore réservé, manifeste une relative et trompeuse indifférence à l'événement traumatisant que constitue la mort de son père. Il était profondément attaché à son père et le décès intervient de manière brutale ; Jean-Pierre n'y était donc pas préparé. Cette apparente absence de réaction est naturellement liée au refoulement. Il ne s'agit d'ailleurs pas, pour

Jean-Pierre, uniquement d'abuser les autres, mais d'être dupé soi-même par son psychisme. Soit un refoulement massif intervient épargnant la personne de toute souffrance insoutenable ; soit le sujet s'empêche de ressentir et d'exprimer sa douleur. Il l'étouffe. Il ressort alors apparemment indemne de ce drame.

Quelques années plus tard, Jean-Pierre est confronté à un nouveau deuil. Sa réaction n'est pas, là non plus, violente et vive. Seulement, à la suite de cet événement, il tombe malade. Les médecins voient tout de suite le lien de causalité entre le récent deuil et la maladie de Jean-Pierre. Pourtant, il s'agit d'une personne éloignée, à laquelle il n'était pas vraiment attaché. Mais la situation évoque, réactualise un deuil plus ancien et plus traumatisant. Elle lui rappelle la mort de son père et toute la souffrance qui n'avait pas pu se dire, ressurgit et attaque son corps. Les digues sont rompues et les contenus refoulés inondent, se déversent à travers le corps chargé d'exprimer, de contenir toute cette énergie négative, décuplée et amplifiée par son temps de détention.

En fait, la plupart du temps, l'actuel traumatisme fait écho à une situation anxiogène plus ancienne. C'est la raison pour laquelle l'absence de refoulement, alors constatée, est corrélative à un retour du refoulé.

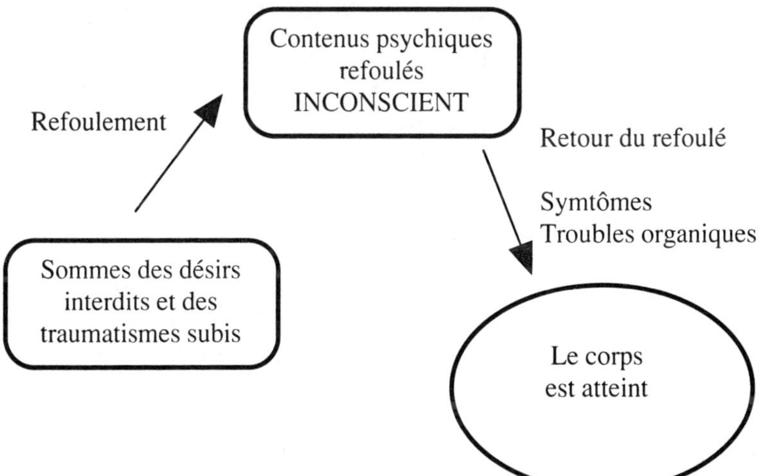

Somatisation et retour du refoulé.
La maladie exprime ce poison mental que constituent les regrets, les frustrations, la douleur, les remords

Le symptôme, un effet pas une cause

Si l'effet est physique, la cause est psychologique. Dans ce cas, soigner le corps se révèle rarement suffisant. Les troubles peuvent être soulagés, voire disparaître, mais ce n'est souvent que temporaire, puisque la cause persiste. Il est donc indispensable de prendre alors en compte la dimension psychologique et d'essayer de comprendre ce que le corps veut signifier. Cette prise de conscience s'opère à travers la prise en compte des événements contemporains à la maladie, mais aussi comme nous l'avons vu, des événements plus anciens en rapport avec la situation actuelle. Ce travail se fait, comme toujours en psychologie, sur le mode associatif.

Dans les exemples que nous avons donnés, la réactualisation était transparente puisqu'il s'agissait d'événements de même nature (deux situations de deuil). En revanche, il arrive fréquemment que les liens soient moins évidents. C'est la première fois que la personne se trouve confrontée à cette situation. Elle a donc le sentiment que c'est sans rapport avec son passé. ***Pourtant, même si la situation, génératrice des troubles physiques, n'est pas de même nature qu'une situation anxiogène plus ancienne, elles ont néanmoins en commun les émotions suscitées.***

Le corps souffre pour épargner la souffrance psychologique

Après un choc, il est fréquent de voir se développer une maladie. C'est en quelque sorte le corps qui réagit parce que la souffrance n'est pas véritablement consciente, psychiquement ressentie ou plus simplement exprimée. Les émotions contenues (et donc refoulées) sont souvent la cause de désordres organiques.

Exemple

La pelade en donne une bonne illustration. Il s'agit d'une perte de cheveux, plus ou moins importante, selon le sujet et le traumatisme originel. Cette affection se caractérise par son origine psychologique. Elle touche principalement les enfants, sensibles, calmes et plus ou moins inhibés. La perte de cheveux, qui s'effectue par plaques, est consécutive à un choc ou à une situation traumatisante. Suite aux difficultés rencontrées, l'enfant n'exprime pas ouvertement sa peur ou sa douleur, voire même ne ressent pas consciemment ces émotions, son corps se substitue alors à la parole.

L'histoire de Vanessa le prouve. Vanessa est une fillette de 4 ans, parfaitement équilibrée. Elle est pleine de vie mais douée d'un tempérament calme. Ses parents apprécient d'ailleurs le fait qu'elle ne soit ni turbulente, ni capricieuse. Un jour de septembre, son père, qui est en train de lui sécher les cheveux au séchoir, s'aperçoit que, sur l'arrière de la tête, une large plaque dénuée de cheveux s'est formée. Le cuir chevelu à cet endroit est exceptionnellement lisse, comme si les bulbes capillaires s'étaient bouchés. Vanessa porte les cheveux longs et lorsqu'elle est coiffée la plaque ne se voit pas, étant totalement recouverte par les cheveux du dessus. Les parents, très inquiets malgré tout, prennent immédiatement rendez-vous chez un dermatologue. Le médecin les rassure, en diagnostiquant immédiatement une pelade. Il précise qu'il s'agit d'une affection courante chez l'enfant et que la cause en est généralement psychologique, exception faite de maux dentaires responsables de certaines pelades. Vanessa n'ayant pas de problèmes dentaires, l'origine est nécessairement psychologique. Lors de l'entretien, le dermatologue insiste sur l'importance du facteur psychique et sur l'existence vraisemblable d'un traumatisme expliquant l'affection de Vanessa. Les parents réfléchissent. Aucun événement particulièrement douloureux n'est intervenu dans les derniers mois. Le dermatologue leur indique que les pelades sont souvent consécutives à des deuils. Mais, fort heureusement, aucun décès n'a eu lieu depuis la naissance de Vanessa. Faisant, avec le dermatologue, un bilan du passé récent, les parents arrivent finalement à dégager le probable événement anxiogène. La mère de Vanessa a eu quelques mois auparavant un accident de voiture. Elle n'eut alors que quelques contusions et une légère luxation vertébrale. L'accident avait été toutefois très violent et la voiture, que le couple venait d'acquérir dix jours seulement auparavant, était bonne pour la casse. En fait, la mère de Vanessa aurait pu mourir dans cet accident. Un autre événement intervint à quelques jours d'intervalle : la mort du petit cobaye de Vanessa. Sur le moment, ces deux mésaventures n'affectèrent a priori pas trop Vanessa. Elle manifesta une légère tristesse et versa quelques larmes, mais sans plus. Ses parents se montrèrent alors attentifs et rassurants en percevant son désarroi.

Vanessa a, semble-t-il, lié l'accident de sa mère et la mort de son cobaye. Non seulement elle était, pour la première fois de sa fraîche existence, confrontée à la mort mais, en plus, elle a compris que sa mère aurait pu, comme son cobaye, mourir. N'extériorisant pas suffisamment sa peur et son angoisse, son corps se chargea de signifier et « d'éliminer » ces affects négatifs et refoulés.

L'exemple précédent prouve outre l'intrication du corps et de l'esprit (la liaison psychosomatique), la valeur souvent « positive », en tout cas nécessaire, de la somatisation. Le corps en prenant en charge les contenus refoulés douloureux rend possible une extériorisation, et à travers elle une élimination, rendue impossible par une autre voie : la parole ou l'expression émotionnelle.

La perte de cheveux doit être considérée comme un symptôme, c'est-à-dire comme un effet et non comme une cause. Elle est symptomatique d'un malaise intérieur, d'une souffrance non exprimée ou d'un désir insatisfait. ***C'est pourquoi, il importe et de soigner (intervenir sur le symptôme) et de trouver la cause. Si l'on se contente uniquement de la première étape - de soigner -, on risque simplement de déplacer le symptôme et de faire ainsi obstacle à une véritable guérison.***

L'effet placebo

L'effet placebo fait aussi la démonstration de l'intrication psychosomatique, mais dans un autre sens. Il prouve l'incidence de l'esprit sur le corps, non plus dans le processus de la maladie mais dans celui de la guérison. L'importance du facteur psychique dans la guérison est reconnue scientifiquement. Tous les médicaments sont d'ailleurs testés en tenant compte de la dimension psychologique. Lors des essais, on donne à certains testeurs, sans le leur préciser bien entendu, des placebos à la place du supposé médicament. Cela permet d'apprécier, voire de mesurer, l'incidence psychologique qui entre dans le processus de guérison, pour une maladie donnée ou pour le médicament testé.

Dans le langage courant, on reconnaît aussi l'importance de « garder le moral », « d'avoir la foi », « d'y croire », etc. On sait que la fragilité psychologique, l'abattement ou le découragement constituent des facteurs négatifs et nuisent à un prompt retour à la santé.

LA PATHOLOGIE MENTALE

A la différence de la somatisation, la maladie mentale met directement en cause la dimension psychologique. C'est l'esprit qui est touché. Fréquemment, des lésions organiques accompagnent les troubles psychiques, et donc le corps participe également. L'intrication du corps et de l'esprit, l'unité psychosomatique est une nouvelle fois réaffirmée.

Nous étudierons très sommairement ces désordres psychiques. Nous les abordons en fait plus dans le but d'étudier le fonctionnement psychologique dans toute son ampleur, que dans le but d'étudier la psychopathologie, domaine réservé aux professionnels et thérapeutes.

L'équilibre et la souplesse des relations entre les différentes instances psychiques sont essentiels et contribuent à la définition de la personnalité saine. Néanmoins, du point de vue psychanalytique, aucun sujet n'est indemne de conflits, de tensions ou de complexes. Dans cette optique, la normalité n'existe pas. Freud, en considérant que tous les hommes étaient des névrosés (exception faite des psychotiques), défendait ce principe. Il cherchait surtout ici à exclure toute définition figée de la normalité. La psychologie n'est pas moraliste ; en ce sens qu'elle ne juge pas selon des critères idéologiques. Elle définit la structure saine et la structure pathologique en fonction de la socialisation du sujet.

Ainsi, chaque individu a ses faiblesses, ses limites, ses propres conflits ; cependant, tant que ceux-ci n'affectent pas son quotidien et ses relations avec l'environnement, il est considéré comme « sain ». L'équilibre est donc toujours relatif, et la normalité en soi n'existe pas.

Dans une certaine mesure, il en va de même pour le corps. Chaque sujet a ses petits désordres, problèmes ou troubles. La santé « idéale », sans faille, n'existe pas plus que la normalité psychologique.

La différenciation s'opère donc au niveau du degré des troubles, de l'incapacité de la personne à les gérer, les maîtriser, les réguler, et de la conséquence malheureuse et destructrice de ces désordres (psychiques ou physiques) au niveau de l'existence même de la personne (notamment les relations avec l'environnement). Dès lors que la socialisation est menacée, rendue difficile ou impossible, c'est la preuve que les troubles intérieurs débordent le sujet. On parle, dans ce cas, de maladie mentale.

Malheureusement, la maladie mentale est, pour la plupart des gens, honteuse, constitue un tabou. On s'en aperçoit aisément à travers la réticence de bon nombre de personnes à avoir un recours thérapeutique. Consulter un « psy », c'est implicitement se reconnaître « mentalement » malade. Cette répugnance, ce refus de la maladie mentale n'a en réalité aucune raison d'être. D'une part parce que, dans l'absolu, nous sommes tous « malades » ; d'autre part, parce que, dans cette perspective, le recours apparaît comme un acte sensé. La question pourrait se poser en ses termes : ***« Est-ce le "fou" qui va voir un "psy" ou le "fou" n'est-il pas celui qui refuse de le faire ? »*** Nous reviendrons sur cette question en étudiant les principales thérapies*.

Il est donc primordial de bien comprendre que la notion de normalité est, d'une certaine manière, un leurre. La santé mentale n'est toujours que partielle et imparfaite ; c'est d'ailleurs cette souplesse et cette variabilité qui sont à l'origine de la richesse et de la complexité humaines. Nous serions sinon tous construits sur le même moule et tous identiques ; ce qui est loin d'être le cas ! L'idée de construction est, à ce titre, fondamental. ***Nous savons que de même que le corps se construit, se développe, se forme et se transforme (mobilité, préhension, puberté, croissance, etc.), l'esprit se construit. Et comme toute édification est unique, tout individu est unique.*** Même les frères et sœurs, dans les mêmes conditions éducatives, affectives et matérielles, seront différents. L'attitude des parents ne sera pas la même selon l'enfant. D'une part, parce qu'eux-mêmes changent dans le temps, d'autre part, parce que l'enfant occupe une place spécifique (aîné ou cadet) et que la relation dépend en partie de cette place.

Le vécu tient également une place prépondérante. Les situations rencontrées au cours de l'enfance, de l'adolescence, de l'âge adulte sont déterminantes pour la construction de la structure psychique. Les facteurs héréditaires entrent également en ligne de compte. Cependant, la psychologie a une vision dynamique des choses.

---

* Lors de l'ouvrage consacré aux psychothérapies.

De nombreux ouvrages de vulgarisation ont insisté sur l'importance fondamentale des premières années de la vie. Certes, bon nombre de choses se jouent dans l'enfance, et même la petite enfance. Défendre ce point de vue, c'est reconnaître que le sujet se construit et donc avoir une conception dynamique de la personnalité. Toutefois, un tel discours a conduit certaines personnes à croire que tout se jouait définitivement dans l'enfance. « Tout » et « définitivement » sont impropres et se rejoignent d'ailleurs dans leur discordance avec la réalité.

La vie est mouvement, l'individu aussi. Il passe son temps à découvrir, changer, évoluer ou régresser. Les expériences ou la découverte de la vie continuent donc après l'enfance. Il continue de se construire dans le temps, tout au long de son existence. Néanmoins, il est certain que les bases de l'édifice sont posées lors de l'enfance, et les bases peuvent être saines, solides et suffisantes ou, au contraire, malsaines, fragiles et insuffisantes.

L'étude des structures caractérielles[15] nous permettra d'encore mieux comprendre l'élaboration de la personnalité, et notamment les troubles du comportement.

Névrose et psychose, les deux structures à la base de la psychopathologie

Deux structures président aux pathologies mentales. On différencie communément les névroses des psychoses. Néanmoins, tous les désordres ne peuvent être répertoriés dans l'une ou l'autre structure. C'est-à-dire qu'ils ne sont ni de l'ordre de la névrose, ni de l'ordre de la psychose (états limites, perversions).

Toutefois, la distinction de deux structures-types permet une relative clarté dans la complexité et la variabilité des troubles psychiques. On oppose, dans cette dialectique, névrose et psychose puisque tant dans leur forme que dans leur fond ces pathologies présentent des différences fondamentales.

- La névrose repose sur un refoulement systématique et rigide.

- La psychose repose sur un défaut et une faiblesse du refoulement.

15. Voir chapitres correspondants de la page 259 à la page 288.

Ce fait est en étroite relation avec la structure psychique du sujet. C'est la raison pour laquelle, d'ailleurs, on parle de structure névrotique et de structure psychotique. C'est à la deuxième topique freudienne plus exactement qu'il est fait référence. Les trois instances psychiques Ça-Moi-Surmoi sont à l'origine de conflits permanents, parce que leurs intérêts divergent. Dans cette perspective, l'être humain est nécessairement la proie de conflits intérieurs. L'équilibre psychologique réside dans la capacité à réguler et gérer ces conflits.

Les instances psychiques Ça-Moi-Surmoi, du fait de leur création historique, sont nécessairement individuelles. Elles dépendent de l'éducation, de l'environnement affectif, culturel et matériel. Chaque individu possède donc une structure psychique qui lui est propre, avec un Ça, un Moi et un Surmoi plus ou moins affirmés, plus ou moins forts.

Lors de l'étude des échanges entre les instances, nous avons vu la nature et la qualité de leurs conflits : notamment le Moi, médiateur entre le Ça, la réalité et le Surmoi. La solidité du Moi est donc déterminante. Mais entrent également en ligne de compte la puissance, la virulence, la force des autres instances. Le Surmoi, par exemple, peut être très sévère et étouffer littéralement le Ça. A ce moment-là, le sujet ne s'autorise que peu de désirs. Il est soumis à une morale intolérante qui s'oppose et condamne ses moindres aspirations (trop de scrupules, pudeur excessive, etc.). Un autre, au contraire, peut avoir un Ça dévorant et insatiable qui accroît et décuple son avidité (matérielle, affective, sexuelle) au détriment de toute autre considération.

La spécificité et l'individualité de la structure psychique expliquent le fait que chaque sujet soit un être unique, avec une personnalité propre. Tout comme l'organisation libidinale, et les traits de caractère qui en résultent, l'originalité de la personnalité est liée à l'histoire individuelle, à la réaction personnelle aux événements et situations de la vie.

La psychologie ne défend donc pas la thèse d'une norme selon laquelle les individus seraient coulés dans le même moule. Dans ce sens, elle n'assigne pas un volume défini au Ça, Moi, Surmoi, conscient et inconscient. Elle reconnaît et considère au contraire la variabilité et l'individualité de ces instances. Néanmoins, elle précise des limites qui, sur le plan théorique, permettent de saisir la cause structurelle de la pathologie mentale.

Ainsi, la structure névrotique met en jeu la problématique œdipienne (même si la régression à des stades prégénitaux est fréquente), la sévérité du Surmoi et le conflit entre désir et défense (du Moi).

La structure psychotique révèle, au contraire, une faille dans la relation et l'acceptation de la réalité (Moi) et dans les exigences morales (Surmoi).

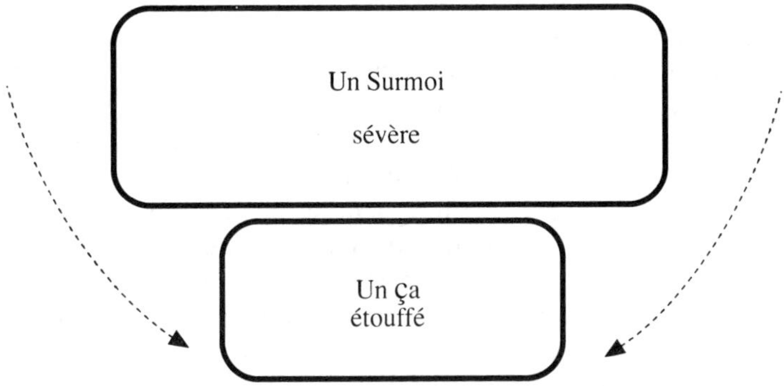

Structure névrotique : le Ça est étouffé par le Surmoi
Principe du : « Tout est interdit »
Le refoulement règne en maître

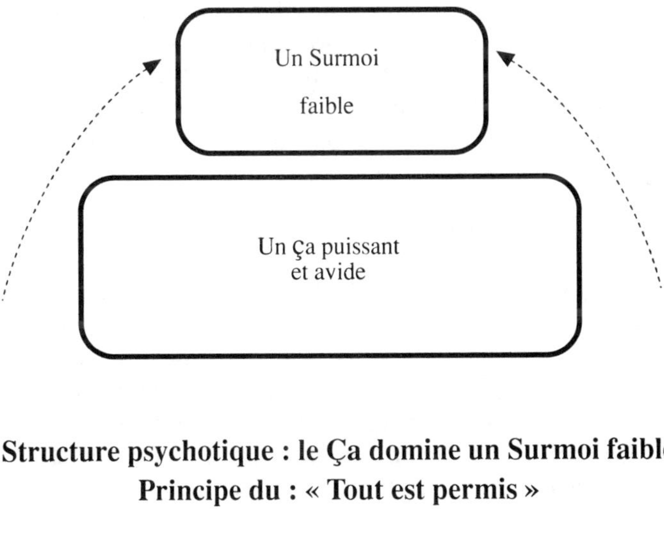

Structure psychotique : le Ça domine un Surmoi faible
Principe du : « Tout est permis »

Les schémas précédents sont réducteurs mais permettent d'avoir une idée claire de la variabilité et du jeu des instances. Toutefois, il faut souligner que la pathologie mentale est beaucoup plus complexe et ne se résume pas uniquement à une notion de structure.

Ce qu'il faut surtout retenir, c'est la différence essentielle entre les deux modes qui s'exprime tant au niveau de la qualité des conflits internes, qu'au niveau du comportement manifeste du sujet. La psychose, dans son règne du « tout est permis », porte atteinte à la sociabilité du sujet. En effet, les limites et les interdits étant négligés, insuffisants ou aisément transgressés, le psychotique peut se révéler menaçant pour les autres. Le névrosé, lui, peut « vivre » sa maladie, sans présenter de dangers pour l'extérieur, voire en étant relativement bien adapté. La différence est liée au refoulement. Comme le névrosé refoule les désirs réprouvés par son Surmoi, il exerce un contrôle, inconscient certes, mais un contrôle quand même, sur ses pulsions sexuelles ou agressives. Le psychotique, lui, peut passer à l'acte, alors que le névrosé met en jeu toute une batterie de défenses (principalement le refoulement, mais aussi la formation réactionnelle, la formation substitutive, etc.) qui lui évite cet écueil. De ce fait, la psychose marque plus sa différence et, dans cette mesure, fait peur. Le terme de « folie », dans son aspect générique, fait d'ailleurs, dans le langage courant, référence à la structure psychotique. Comme le psychotique représente une menace effective pour la société, comme il est dangereux parce qu'il peut passer à l'acte, l'internement est souvent nécessaire. En revanche, le névrosé obsessionnel, par exemple, peut, si sa pathologie n'est pas trop sévère, rester dans la société, voire avoir des responsabilités familiales et professionnelles. Sa maladie le fera apparaître comme un être étrange et montrant des particularités comportementales manifestes. Cependant, même si certaines personnes le considèrent comme « dérangé », il pourra vivre au sein de la société.

La relation à la réalité

La problématique principale est donc dans la relation à la réalité. Cette relation à la réalité est en partie uniformisée. Pour drainer la subjectivité, elle est codifiée. Ainsi, des règles, des lois, des principes collectifs régissent la vie en société. Bien évidemment, dans cette définition commune de normes et de codes, un espace de liberté demeure. ***La société n'exige pas que tous les individus pensent la même chose et agissent de la même manière. Elle tolère, dans une***

certaine mesure, les différences, à condition qu'elles ne soient ni trop importantes, ni surtout trop menaçantes pour l'équilibre général.

La vie en société exige donc de respecter cette codification. Le comportement vestimentaire, par exemple, est réglementé. Il est interdit de se promener nu. Le faire est considéré comme un comportement exhibitionniste. Certaines personnes, pourtant, désirent vivre cette nudité, sans être pour autant exhibitionnistes. Elles peuvent alors le faire sous certaines conditions (dans un club de naturisme).

Les névroses

L'HYSTÉRIE

L'étude de l'hystérie a grandement contribué à la fondation de la psychanalyse. Connue depuis Hippocrate, cette névrose a pendant longtemps été considérée comme une maladie affectant essentiellement les femmes n'ayant jamais eu d'enfant. C'est de cette croyance d'ailleurs que l'hystérie tire son nom, qui vient d'utérus. Charcot s'intéresse particulièrement aux hystériques. Par l'hypnose, qui convaincra dans un premier temps Freud avant d'être abandonnée, il obtient des résultats spectaculaires. En fait, les résultats sont à la mesure des symptômes. La caractéristique principale de l'hystérie réside, en effet, dans la démesure et l'importance des symptômes.

Freud a découvert et mis à jour, à travers l'étude de l'hystérie, bon nombre de concepts psychanalytiques. Il a également différencié l'hystérie de conversion de l'hystérie d'angoisse.

L'hystérie de conversion

Dora constitue le cas le plus célèbre d'analyse de l'hystérie de conversion. L'hystérie de conversion a longtemps été confondue avec l'épilepsie. Les crises, fréquentes chez les hystériques, sont d'ailleurs connues. Dans le vocabulaire, le terme est même couramment employé pour exprimer une notion de « folie », d'excitation, de tension extrême. On parle de ton « hystérique » lorsque la voix, sous le coup d'une émotion, de la colère ou de la peur, monte dans les aigus. Hystérique est même devenu pour beaucoup de personnes synonyme de folie.

La première chose à souligner est la symptomatologie exceptionnelle de l'hystérique, qui présente des troubles divers (notamment des paralysies, la cécité, l'aphonie, etc.). Il ne s'agit cependant que de symptômes puisqu'aucune lésion organique ne justifie ces manifestations physiques. Il n'empêche que l'hystérique a de réelles difficultés à parler (aphonie) ou à voir (cécité) ou encore à se déplacer (paralysie). C'est, à ce titre, que Freud parle de conversion : la pulsion interdite est convertie en symptôme. C'est donc le corps qui est atteint en premier lieu, avec son cortège de symptômes lourds et théâtraux. Car, la dimension spectaculaire est intrinsèquement liée à l'hystérie, qui cherche à attirer l'attention, à séduire, à se faire remarquer.

L'oubli est une autre caractéristique. L'hystérique a de fréquentes pertes de mémoire. Ces amnésies sont souvent liées à la problématique sexuelle. La sexualité est généralement inexistante ou bien l'acte sexuel, lorsqu'il a lieu, est voué à l'oubli. Chez l'hystérique, l'oubli est la défense principale.

L'hystérie met principalement en question le conflit œdipien, et notamment l'inceste. Freud, d'ailleurs, a d'abord cru qu'il s'agissait d'une réalité : ses patientes prétendaient souvent avoir été séduites par leur père. Il s'aperçut ensuite qu'il ne s'agissait pas d'une réalité, mais d'un fantasme. C'est donc le poids de ce désir interdit (désir d'aimer son père) qui est essentiellement en cause chez l'hystérique.

L'hystérie d'angoisse

L'histoire du petit Hans constitue le cas le plus célèbre d'hystérie d'angoisse. A la différence de l'hystérie de conversion, dans laquelle la libido est convertie en symptôme, dans l'hystérie d'angoisse, elle est libérée sous forme d'angoisse. La défense contre le désir interdit est également d'une autre nature. Le refoulement, qui sépare l'affect de la représentation, échoue en partie d'où émergence de l'angoisse. Le mécanisme de déplacement est également à l'œuvre.

Freud définit la phobie comme le symptôme central de l'hystérie d'angoisse. Hans, un petit garçon, ne veut plus sortir dans la rue, car il est terrorisé par les chevaux. Sa peur des chevaux constitue une véritable phobie. Il redoute d'être mordu par les chevaux. Au cours de l'analyse, Freud montrera que le cheval est en fait identifié au père (par un mode associatif) et que, tout comme dans l'hystérie de conversion, c'est la problématique sexuelle et œdipienne qui est en jeu.

LA NÉVROSE OBSESSIONNELLE

Ordre, parcimonie et obstination forment les trois traits caractéristiques de la névrose obsessionnelle. Etroitement associée à la régression anale, cette pathologie repose essentiellement sur l'obsession (Freud la nomme d'ailleurs tout d'abord « névrose des obsessions »). L'obsessionnel manifeste une volonté acharnée de perfection, d'ordre, de contrôle. Il désire s'assurer une maîtrise totale (performances scolaires, professionnelles, intellectuelles, sportives, par exemple). Ce n'est jamais assez bien pour son exigence de perfectionnisme. Il fait preuve d'une certaine froideur et indifférence affective. Ce trait de caractère est en relation avec l'isolation, défense spécifique de la névrose obsessionnelle. Il redoute la fantaisie et l'imprévu, qui risqueraient de mettre en péril le contrôle exercé sur son univers.

Les rites conjuratoires accompagnent la symptomatologie générale. Il se lave dix fois les mains, s'assure à plusieurs reprises que la porte est bien fermée, récite des formules magiques ou encore compte les marches de l'escalier qu'il gravit. Ces actes, à caractère superstitieux ou maniaque, visent à le protéger justement contre des pensées obsédantes. Ainsi occupé, son esprit ne va pas ailleurs.

La régression anale est très marquée. La formation réactionnelle explique l'obsession de la propreté (en réaction au désir de souiller relatif à l'analité).

Pour Serge Leclaire, la névrose obsessionnelle s'origine fréquemment dans une relation difficultueuse à une mère dominante, omnipotente ou insatisfaite.

Les psychoses

Pour Freud, dans la psychose, le Moi est sous l'empire du Ça. Il s'agit donc d'une affection plus grave parce que déstructurante pour le Moi. Le psychotique peut d'ailleurs « préférer » rester dans sa maladie, qui l'isole de la réalité, qui le coupe justement d'un monde qu'il refuse. Ce phénomène se voit bien dans l'autisme, où le refus de dialoguer manifeste cette volonté de rupture avec l'extérieur.

LA SCHIZOPHRÉNIE

Elle constitue la psychose la plus répandue. L'autisme est la forme la plus connue du public, par la population qu'elle touche (les enfants) et par les travaux de Bettelheim. Il existe d'autres formes de schizophrénie comme l'hébéphrénie ou la catatonie.

La schizophrénie touche surtout les adolescents et met fréquemment en jeu des problèmes relationnels, notamment avec la mère. Les facteurs biologiques ou neurologiques de la maladie, pouvant être responsables de la maladie, ne sont pas déterminés.

Le schizophrène entretient des relations difficultueuses et chaotiques avec la réalité. Il ne parvient pas à communiquer. Il vit, en fait, dans son monde, dans une néo-réalité pleine d'expériences hallucinatoires fortes et éprouvantes.

L'échec rencontré dans les procédures thérapeutiques appliquées provient vraisemblablement du fait que le schizophrène « veut » rester dans son monde, qu'il met en œuvre des défenses lourdes (déni, hallucination) pour fuir l'épreuve de réalité.

LA PARANOÏA

Le mot est passé dans le langage courant. Il sert à décrire l'attitude méfiante, suspicieuse et agressive de la personne, qui se sent constamment persécutée. Le trait dominant de cette pathologie est effectivement un sentiment de persécution obsédant et irrationnel.

La différence entre une tendance paranoïaque et la maladie elle-même réside dans l'ampleur et la systématisation du sentiment de persécution. La paranoïa est une structure délirante. L'évolution de la maladie est lente et pernicieuse. Freud a, dès le début, insisté sur l'origine sexuelle de la pathologie et, notamment, sur sa relation avec une homosexualité latente et refoulée. Le malade met en jeu des mécanismes défensifs archaïques, auxquels Mélanie Klein fait référence dans sa description des premières phases de la vie. Le clivage et la projection sont largement utilisés.

LA MÉLANCOLIE

Elle se caractérise par une organisation dépressive. Contrairement au paranoïaque qui projette hors de lui les affects négatifs, le mélancolique les introjecte. Il se dévalorise et se déprécie, en se considérant responsable de tous les maux de la terre. Un puissant sentiment de culpabilité le hante. Il est en proie à l'abattement, à la tristesse et à la mélancolie, d'où le nom de la maladie. Au lieu d'accuser l'autre, comme le paranoïaque le fait si bien, il s'accuse lui-même. Il devient ainsi le « mauvais » objet. Il est souvent apathique et prostré. Les tendances suicidaires peuvent accompagner les autres symptômes. La maladie est souvent consécutive à un traumatisme, qui ne constitue cependant que le facteur déclenchant, l'origine véritable se trouvant généralement bien en deça.

Nous n'avons fait que tracer une vague nosographie des névroses et des psychoses, en choisissant d'étudier les formes les plus connues et les plus répandues. L'ouvrage porte sur une psychologie de la vie quotidienne. Dans cette optique, l'abord de quelques formes pathologiques n'a pour but que de donner des notions, afin d'envisager les déséquilibres possibles. En outre, l'étude des caractères[16] fait fréquemment référence à ces structures pathologiques, manifestées sous la forme de tendances ou de traits dans la constitution de toute personnalité.

16. Etudié en détails dans les prochaines pages.

PSYCHOLOGIE DE L'ENFANT ET CONSTRUCTION DE LA PERSONNALITÉ

Trois essais sur la théorie de la sexualité

C'est en 1905 que paraît un ouvrage retentissant, fondamental pour la théorie psychanalytique, mais sujet à controverse depuis bientôt un siècle : « *Trois Essais sur la théorie de la sexualité* ».

Dès sa sortie, l'accueil est réservé, froid et hostile. Jones le rappelle, dans sa biographie, le public considère le livre comme immoral et l'auteur - à savoir Freud - comme malfaisant et obscène. Si les *Trois Essais* marquent un indéniable tournant dans la théorie psychanalytique, l'ouvrage rencontre un franc échec commercial et une reconnaissance toute relative et tardive.

Il ne faut pas moins de quatre années pour écouler les mille exemplaires de la première édition, bien qu'ils soient brochés et donc peu coûteux. Les suites ne sont guère plus favorables, tout au moins sur un plan financier puisque entre 1910 et 1920, seulement quatre mille exemplaires de rééditions successives sont vendus. Cependant, si l'ouvrage se vend peu, il provoque de vives réactions dans les milieux scientifiques et médicaux de l'époque. Comme le souligne Roger Dadoun, après avoir exposé la médiocrité des ventes :

> *« En revanche, les répercussions publiques furent considérables. En décrivant, avec assurance et franchise, dans un langage direct, précis et concret les perversions sexuelles, et en affirmant l'existence déterminante pour la vie sexuelle, d'une sexualité infantile, Freud s'attaquait aux deux écrasants tabous d'une société hantée par l'horreur du sexe. »* [1]

Une nouvelle conception de la sexualité

Alors qu'est-ce qui dans ce petit livre peut expliquer le scandale de l'époque et l'actuelle réticence à admettre les thèses de Freud ? Bien

1. R. DADOUN, *Freud*, p. 87.

évidemment son contenu, si ce n'est même déjà son titre. Les *Trois Essais* sur la théorie de la sexualité s'articulent sur trois notions clefs, qui sont solidaires les unes des autres.

1) La mise en évidence de la sexualité infantile et au-delà de l'importance de l'enfance dans la structuration mentale.

2) L'élaboration d'une organisation libidinale prégénitale avec la formulation de stades correspondant à un développement moteur, énergétique, psychologique et affectif spécifique.

3) Une extension des stades à la théorie des caractères. L'organisation libidinale prégénitale n'est plus considérée comme appartenant uniquement au monde de l'enfance mais comme pouvant être réactivée (régression ou fixation) chez l'adulte. Les stades de la libido donnent lieu donc à la description de caractères entrant dans la genèse des pathologies mentales, mais aussi de la personnalité « saine ».

Il apparaît, à l'évidence, que l'ouvrage, même s'il est sujet à controverse, contient les théories psychanalytiques fondamentales.

Le scandale peut trouver son explication à plusieurs niveaux. Tout d'abord, et c'est semble-t-il ici le point le plus douloureux à l'époque de sa première édition, l'affirmation d'une sexualité infantile universelle ne peut manquer de choquer au début du XXe siècle. Il est nécessaire de replacer le livre dans son contexte. Michel Gribinski donne comme source de l'hostilité particulièrement vive la proposition d'une sexualité infantile, mais plus encore la définition d'une sexualité dont le but ne serait plus la procréation.

> *« Dans ce bref florilège, on voit se dessiner un autre motif du scandale ; de quelque façon qu'on lise ce livre on sera accompagné par l'insistance d'une évidence : le but de la sexualité n'est pas la procréation. La sexualité humaine n'est au service que d'elle-même, elle échappe à l'ordre de la nature. Elle est pour ainsi dire contre nature. »*[2]

D'autres explications, plus générales et qui se rapportent à l'ensemble de l'œuvre de Freud, peuvent être évoquées. Elles résident dans la nature profondément novatrice, et par là nécessairement provocatrice, de Freud. Par l'affirmation d'activités sexuelles détournées

2. M. GRIBINSKI : Préface, p. 15.

de la procréation, Freud s'attaque à la validité de la science biologique et de la morale religieuse. Il désire remettre en cause le savoir antérieur, sur lequel les théories sexuelles s'étayent. En cela, il prend de gros risques, et, en premier lieu, celui de voir discréditer la psychanalyse. Mais, c'est un défi qu'il assume. Il a quarante-neuf ans lorsque paraissent les *Trois Essais,* sa position de fondateur de la psychanalyse est encore mal assurée et précaire. Il n'a pas accédé à une véritable reconnaissance et il se trouve dans une situation économique plutôt difficile, mais, avec l'audace qui le caractérise, Freud produit néanmoins ses thèses, en anticipant par avance les critiques auxquelles elles vont donner lieu.

Freud argumente et s'oppose au scandale

On le voit donc, malgré les résistances, les ruptures opérées sur l'opposition à l'étiologie sexuelle des névroses et à la sexualité infantile, malgré aussi son souci d'expansion, sa volonté d'ouvrir la psychanalyse au monde entier, Freud ne sacrifia jamais ses théories exposées dans les *Trois Essais,* ***il posa même la reconnaissance de la libido et de son organisation en stades prégénitaux, comme condition à une adhésion sans compromis à la psychanalyse. Renégocier la théorie sexuelle, ç'eut été réviser ou rejeter toute la théorie psychanalytique.***

Freud tente lui-même d'expliquer la nature et les effets du mauvais accueil fait à son livre dans la préface à la quatrième édition de 1920. Il commence par constater que la psychanalyse connaît un succès croissant et que la majorité des concepts fondateurs - l'inconscient, le refoulement, la somatisation, les mécanismes de la formation des symptômes - sont acceptés, de plus en plus généralement, y compris par certains opposants. En revanche, il déplore que la théorie des stades de la libido, et plus globalement la sexualité infantile, continue à engendrer de vives résistances. Selon lui, et à son plus grand regret, des chercheurs ou des scientifiques, jusque là fort intéressés par la psychanalyse, l'ont même purement et simplement abandonnée consécutivement à la publication du livre.

A la critique, maintes fois entendue, de réduire la problématique humaine à la seule sexualité, Freud répond :

> *« Dans leur soif de formules retentissantes, les gens sont allés jusqu'à parler du « pansexualisme » de la psychanalyse et à lui adresser le reproche absurde de « tout » expliquer à partir de la sexualité. »*

Il s'en défend, en manifestant le désir d'élargir le concept de sexualité :

« Mais, pour ce qui concerne « l'extension » du concept de sexualité nécessitée par l'analyse des enfants et de ce qu'on appelle des pervers, qu'il nous soit permis de rappeler à tous ceux qui, de leur hauteur, jettent un regard dédaigneux sur la psychanalyse, combien la sexualité élargie de la psychanalyse se rapproche de l'Eros du divin Platon. » [3]

Il évoque, toujours dans un souci de défendre sa théorie, les propositions antérieures du philosophe Schopenhauer quant à l'influence de la vie sexuelle sur la nature humaine.

Au-delà de la sexualité infantile

Malgré les explications de Freud et les changements opérés, tant au niveau social et moral, depuis le début du siècle, les *Trois Essais* continuent d'être sujet à polémique. On n'ignore pas que la majorité des ruptures, idéologiques ou personnelles, reposaient, et reposent encore, sur la question sexuelle.

Seulement, condamner et refuser la théorie des stades revient à repenser toute la psychanalyse. Cependant, comme pour le reste des concepts freudiens, l'alternative n'est pas d'adhérer sans réserve ou de rejeter massivement, un compromis salutaire peut être trouvé. C'est ce dont fait état Erich Fromm. Même s'il s'est démarqué de la psychanalyse, il n'en continue pas moins de reconnaître la valeur de certaines théories dont celle des caractères. A son sens, la richesse du concept d'organisation libidinale, et des structures caractérielles auxquelles il donne naissance, réside dans l'explication qu'il propose des êtres humains.

« Les personnes qui ont compris la signification des traits appartenant aux trois caractères prégénitaux peuvent aisément se comprendre quand elles disent de tel ou tel individu qu'il a un caractère anal, ou quand elles parlent d'un mélange de traits anaux-oraux ou de traits spécifiquement sadiques-oraux. Ce fut le génie de Freud de saisir dans ces orientations de caractère toutes les façons possibles dont l'homme peut se relier au monde par le

3. S. FREUD : Préface à la quatrième édition des *Trois Essais sur la théorie de la sexualité.*

« processus d'assimilation », c'est-à-dire par le processus qui permet d'obtenir de la nature ou d'autres êtres humains ce qui est nécessaire à la survie. Le problème ne vient pas du fait que nous avons tous besoin d'obtenir quelque chose de l'extérieur ; le saint lui-même ne peut survivre sans nourriture. Le vrai problème est la méthode que nous utilisons pour l'obtenir : en attendant passivement le moment de recevoir, en volant, en amassant ou en produisant. »[4]

Si, à l'évidence, Fromm reconnaît la grande valeur de la théorie freudienne de l'organisation libidinale prégénitale, il déplore la réduction des caractères à la seule sexualité, ne serait-ce qu'à travers les appellations données (anal-phallique-génital). Il formule donc l'une des critiques classiques, bien que Freud se soit défendu, on l'a noté précédemment, d'une telle réduction. Ce qui nous conduit à insister sur la nécessité de faire appel au symbolisme et de ne pas réduire le sexuel au génital, ce qu'une lecture au premier degré ne manquerait pas de produire.

Si, dans cette fin du XXe siècle, la sexualité comme en parle Freud continue de choquer, comment ne pas imaginer l'effroyable scandale de son écrit au début d'un siècle puritain ?

Les points capitaux de la théorie sexuelle

Après avoir exposé la théorie freudienne des stades de la libido, nous évoquerons les contributions d'autres psychanalystes, notamment Karl Abraham et Mélanie Klein, dans la mesure où elles semblent profitables à un élargissement de la théorie initiale.

4. E. FROMM, *Grandeur et limites de la pensée freudienne*, p. 107.

Les trois implications, auxquelles la théorie des stades de la libido donne lieu, sont :

1) Existence d'une vie sexuelle - et par conséquent affective dans l'enfance, et même la petite enfance.

2) Elaboration d'une organisation libidinale processuelle : les stades de la libido.

3) Influence de la prégénitalité dans la structuration du mental de l'enfant, mais aussi de l'adulte : les caractères consécutifs et les mécanismes de fixation et de régression.

La sexualité infantile

Pour une reconnaissance de la vie affective de l'enfant

A l'époque de Freud, la pensée populaire voulait que la sexualité soit absente pendant l'enfance, pour ne s'éveiller qu'à la puberté. Cette conception entraînait nécessairement par contrecoup une méconnaissance, voire une négation, de la vie affective de l'enfant. C'est la première chose que Freud met en évidence lorsqu'il écrit :

> *« L'opinion populaire se forme des représentations tout à fait arrêtées sur la nature et sur les propriétés de cette pulsion sexuelle. Celle-ci serait absente durant l'enfance, s'installerait à l'époque de la puberté en liaison avec le processus de maturation, se manifesterait dans les phénomènes d'attraction irrésistible exercée par un sexe sur l'autre, et son but serait l'union sexuelle ou au moins des pratiques qui soient situées sur la voie qui mène à cette dernière. Nous avons cependant tout motif de voir dans ces propos une image très infidèle de la réalité ; si on les examine avec plus d'attention, on constate qu'ils regorgent d'erreurs, d'inexactitudes et de présupposés hâtifs. »*[5]

La description d'une sexualité infantile implique nécessairement une orientation différente des objets et des buts sexuels. Elle vise alors la recherche de plaisir et ne s'origine bien évidemment pas sur un désir ou un besoin de procréation. C'est sans doute ici la conséquence de la théorie de la sexualité infantile la plus difficilement acceptable, et par conséquent la moins bien acceptée, à l'époque de Freud. Elle heurte à l'évidence la définition religieuse de l'acte sexuel, réservé à la seule procréation.

Si Freud peut être considéré comme le premier à avoir défendu la né-

5. S. FREUD, *Trois Essais sur la théorie de la sexualité* , p. 37.

cessité de la reconnaissance d'une sexualité infantile, c'est plus au niveau de sa normalité que du point de vue de sa description. Il en fait un phénomène naturel et universel, contrairement aux théories antérieures qui faisaient référence aux activités sexuelles de l'enfant, en les interprétant comme des perversions, des comportements exceptionnels trahissant une dépravation précoce. Freud ne découvre donc pas des activités sexuelles possibles chez l'enfant mais il les systématise, les universalise et leur donne une fonction normalisante.

L'enfant fait l'adulte

Mais au-delà de la revendication d'une sexualité infantile déterminante, Freud définit plus fondamentalement encore l'importance de l'enfance dans l'évolution ultérieure de la personnalité. Il s'étonne d'ailleurs à ce sujet du peu de valeur accordée aux premières années de la vie dans la construction et l'édification de l'individu.

> *« Il est remarquable, écrit-il, que les auteurs qui ont travaillé à l'explication des particularités et des réactions de l'individu adulte aient accordé tellement plus d'attention à la préhistoire constituée par la vie des ancêtres, à savoir : l'hérédité, et lui aient attribué tellement plus d'influence qu'à l'autre préhistoire qui figure déjà dans l'existence individuelle, à savoir l'enfance. »*[6]

C'est en effet ici que se situe le génie et l'idée maîtresse de Freud : avoir découvert et mis en lumière l'influence de l'enfance. Certes, de nos jours, la chose paraît naturelle et évidente ; personne n'ignore à quel point le vécu infantile détermine l'adulte. Mais si nous accordons tellement d'importance à l'enfance et lui reconnaissons une continuité tant affective que psychique dans le reste du développement, c'est bien grâce à Freud. Non pas que l'enfant ait été considéré jusqu'alors comme un organisme privé d'intelligence et de sentiments mais bien plus parce que le lien entre l'histoire infantile et l'actualité de l'adulte n'avait pas clairement été établi.

Le manque d'intérêt pour l'enfance, et pour sa répercussion dans le devenir de l'individu, jusqu'à Freud, peut être imputé au phénomène étrange, mais néanmoins bien réel, qu'est l'amnésie portant sur la petite enfance. Il s'agit en fait d'une question fondamentale sur laquelle le père de la psychanalyse s'est naturellement penché et que pose de manière pertinente un analyste contemporain de Freud.

6. S. FREUD, *Trois essais sur la théorie de la sexualité* , p. 93.

« N'est-il pas étonnant que nous ne nous remémorions plus rien de nos trois premières années de vie ? L'un ou l'autre d'entre nous glane çà et là le faible souvenir d'un visage, d'une porte, d'un papier de tenture qu'il croit avoir vu dans sa petite enfance. Mais je n'ai encore rencontré personne qui se rappelât ses premiers pas, la manière dont il a appris à parler, à manger, à voir, à entendre. Et pourtant, ce sont là de véritables événements. Je croirais volontiers que l'enfant qui s'élance pour la première fois à travers sa chambre éprouve des impressions plus profondes qu'un adulte pendant un voyage en Italie. Je me figure sans peine que l'enfant reconnaissant soudain sa mère dans cet être qui lui sourit tendrement en est plus profondément ému que l'homme qui voit sa bien-aimée franchir pour la première fois le seuil de sa porte. Pourquoi oublions-nous tout cela ? »[7]

En étudiant l'inconscient, nous répondrons à cette interrogation, mais dans le cadre de la théorie des stades de la libido, c'est en fait plus la question qui nous intéresse que la réponse. En effet, c'est sans nul doute parce qu'il ne reste que peu de traces mnésiques de notre histoire infantile à l'adulte que nous devenons, que justement l'enfance, et plus précisément la petite enfance, a été longtemps ignorée. Le raisonnement simpliste de l'époque était le suivant : puisque l'adulte n'a pas de souvenirs de ses premières années d'existence, c'est qu'elles sont sans conséquence dans son développement ultérieur. L'omission involontaire, mais pourtant réelle et généralisée, du vécu infantile était traduit comme significatif du peu de richesse de cette période. Or dans les *Trois Essais,* l'enfant, et tout le mérite en revient à Freud, apparaît comme un être humain à part entière. Même si l'enfant n'est pas l'adulte - équation un peu rapide et dangereuse -, ***c'est l'enfant qui fait l'adulte.***

Freud renchérit aux questions soulevées par Groddeck, en insistant lui aussi sur les raisons, les propriétés et les effets de l'amnésie infantile. La soulignant, il donne une image de l'enfant doué d'une vie intellectuelle, psychique mais aussi affective, structurée et riche. Il évoque clairement le lien de continuité, pour ne pas dire de causalité, entre le vécu infantile et l'actualité de l'adulte.

« D'un autre côté, nous devons admettre, ou nous pouvons nous convaincre, par l'examen psychologique d'autrui, que ces mêmes impressions que nous avons oubliées n'en ont pas moins laissé les

7. Georg GRODDECK, *Le livre du Ça*, p. 21.

traces les plus profondes dans notre vie psychique et qu'elles sont devenues déterminantes pour tout notre développement ultérieur. »[8]

Ainsi, Freud montre que non seulement le petit homme perçoit des émotions, ressent des affects plaisants ou déplaisants, pense, etc., mais qu'en plus, et surtout, la qualité de ses expériences sensorielles, intellectuelles, psychiques et affectives, sont déterminantes pour la structuration mentale du futur adulte.

Aussi, et pour continuer dans cette optique, il importe, si l'on veut pleinement profiter de la théorie des stades de la libido, d'élargir le concept de sexualité, comme nous invite à le faire Freud lui-même dans sa préface à la quatrième édition, et de comprendre que la reconnaissance d'une vie sexuelle structurée, organisée et processuelle dans l'enfance implique ipso facto l'existence d'une vie affective riche dont il convient de tenir compte.

Le discours de l'adulte

Le concept de sexualité infantile a sa source dans la clinique. Il ne s'agit pas d'un postulat que Freud pose de manière arbitraire, ni non plus d'une volonté de rationaliser des comportements infantiles. Sa théorie des stades de la libido provient de la cure analytique. Elle est, à ce titre, empirique. Seulement, et là la polémique se rengorge, ce sont des adultes qui sont à l'origine du concept de sexualité infantile. Au cours de ses analyses, Freud remarque une constante dans le discours des patients : la question sexuelle. Les patients (adultes) attirent son attention sur des événements, réels ou fantasmatiques, de nature sexuelle, qu'ils auraient vécus pendant leur enfance : scène de séduction, masturbation, témoin du coït parental, etc. Tout comme la catharsis ou « cure par la parole », initiatrice du cadre analytique ultérieur, a été amenée par des patientes : Dora, puis plus tard Emmy Von N., Freud est invité toujours par ses patients à s'interroger sur la nature des activités sexuelles et la vie affective de l'enfant. Quelques années plus tard, en 1909, Freud fera l'expérience d'une analyse d'enfant, qui confirmera et étayera les théories exposées dans les *Trois Essais*. C'est donc uniquement à partir de la parole, des « souvenirs », des témoignages des adultes, que Freud construit sa théorie, ce qui

8. S. FREUD, *Trois Essais sur la théorie de la sexualité*, pp. 95-96.

alimentera pendant longtemps le reproche fait à la théorie de la sexualité infantile : provenir des reconstructions, dans l'après-coup, d'adultes. Ce qui remet en cause l'objectivité des concepts. Il est vrai que l'analyse d'enfants se développant, nombre de psychanalystes confirmeront, en la développant au passage, la pensée de Freud (Mélanie Klein, Anna Freud, Winnicott, etc.)

Les implications de la reconnaissance de la sexualité infantile sont les suivantes :

a) ***La reconnaissance du rôle fondamental que jouent les expériences*** affectives, psychiques, somatiques, sensorielles, ***faites pendant l'enfance,*** dans la structuration de la personnalité.

b) ***Une nouvelle définition de la sexualité.*** On l'a compris, l'objet des réticences et critiques ne réside pas tant dans la sexualité en elle-même, mais dans les différences inéluctablement produites par la proposition d'une sexualité se manifestant dès le plus jeune âge. Ce n'est pas le fait de parler de la sexualité qui provoque hostilité et scepticisme, mais plutôt la manière dont elle est parlée.

c) ***La différenciation entre instinct et pulsion, besoin et désir.*** Comme on l'a souligné, décrire des comportements érotiques chez l'enfant, et qui plus est les normaliser, oblige nécessairement à redéfinir la sexualité. Il ne s'agit plus d'un instinct, c'est-à-dire d'un mécanisme biologique inné servant à la conservation de l'espèce, en d'autres termes : à la satisfaction d'un besoin vital, mais d'une pulsion, c'est-à-dire d'une poussée d'énergie psychique visant l'obtention du plaisir. Autrement dit, Freud, à travers sa conceptualisation, réhabilite le plaisir.

d) La sexualité (infantile) exprime donc un désir, (et non plus un besoin vital : procréer), elle s'organise donc différemment ; à savoir qu'elle n'est plus un acte, unissant deux personnes de sexe opposé, à un niveau génital. La théorie amène ainsi à décrire de ***nouveaux buts et objets sexuels, ainsi que de nouvelles sources pulsionnelles.***

e) N'étant pas génitaux, ***ces buts et ces objets sexuels sont appelés prégénitaux***. Ce qui signifie 1°) que le but sexuel n'est pas le coït, ni la procréation, mais la recherche de sensations agréables ; 2°) que la source pulsionnelle est, selon l'organisation, une partie du corps spécifique autre que la région génitale ; et 3°) que la pulsion n'est pas nécessairement orientée vers l'extérieur, mais plus volontiers investie dans le propre Moi (objet sexuel).

f) La sexualité infantile fonctionne par ***étayage.*** Elle s'appuie sur des fonctions physiologiques spécifiques. La pulsion libidinale prend sa source originellement dans l'instinct vital, pour s'en détacher par la suite.

g) Enfin, la sexualité ne peut être séparée du psychisme. C'est pourquoi Freud emploie ***souvent le vocable de « psychosexuel », liant ainsi le somatique et le psychique.***

Les propriétés générales de la sexualité infantile

Même si les controverses ont été, comme déjà souligné, vives et nombreuses, il n'empêche que l'affirmation de l'importance fondamentale de l'enfance dans l'existence humaine s'est largement répandue et a été tellement bien acceptée, qu'il ne viendrait à personne l'idée de déconsidérer cette période clef.

Résumons tous ces points, en soulignant les propriétés de la sexualité infantile :

- ***la prégénitalité*** : même si les organes génitaux peuvent être source de plaisir, il n'en reste pas moins que ***l'activité sexuelle de l'enfant n'est pas génitale.*** Les enfants ne font pas l'amour ; pourtant, ils font bel et bien l'expérience du plaisir. On constate d'ailleurs, à l'observation superficielle, à quel point l'enfant est sensuel, réceptif aux caresses, aux baisers, que peuvent lui prodiguer sa mère, son père et toutes les personnes dispensatrices de soin et d'affection. Si donc, l'enfant n'a pas l'activité sexuelle de l'adulte, il a ses propres sources pulsionnelles, objets et buts sexuels. Du fait qu'on ne peut parler de génitalité chez l'enfant, celui-ci ne pratiquant pas le coït, l'organisation sexuelle est dite prégénitale, elle précède la ***génitalité*** comme la dénomination le suggère ; ce qui signifie donc implicitement que l'évolution « normale » doit conduire l'individu à la ***génitalité.***

On distinguera, dans la perspective psychanalytique classique, les stades oral, anal et phallique entrant successivement dans le processus de l'organisation prégénitale. Suit une période de latence, qui s'installe à la résolution du complexe d'Œdipe (vers cinq ans) pour durer jusqu'à la puberté. L'individu accède (ou non) alors à la génitalité.

- ***la zone érogène*** : dire que l'enfant perçoit - et recherche même activement - du plaisir, c'est implicitement décrire ***des sources corporelles génératrices de sensations plaisantes.*** Nous venons de l'étudier, chez l'enfant, ce ne sont pas les organes génitaux qui sont privilégiés.

Ce sont donc d'autres régions du corps qui sont investies. C'est ici que Freud fait appel à la notion de « zone érogène ». Voilà la définition qu'il en donne :

> *« C'est un endroit de la peau ou des muqueuses dans lequel des stimulations d'un certain type suscitent une sensation de plaisir d'une qualité déterminée. »*[9]

Dans l'organisation prégénitale, Freud distingue des zones érogènes privilégiées et communes à tous les enfants. Il choisit d'ailleurs, manifestant par là leur importance, de faire intervenir dans la dénomination des stades, la zone érogène spécifique relative à l'organisation (par exemple : le premier stade est dit oral parce que l'érotisme s'étaye sur la région buccale et sur les fonctions nutritives). Il existe donc sans conteste des zones érogènes d'élection, que l'on pourrait qualifier d'universelles, en ce sens que chaque sujet les investit à un moment de son histoire. Mais, en dehors de cette généralisation et de cette normalisation des zones érogènes, il est bien évidemment possible d'en distinguer d'autres plus personnelles, et liées à la constitution et au vécu individuels. Par exemple, le pied peut, pour un individu donné, être fortement érotisé. Il devient une zone érogène, au sens formel du terme, c'est-à-dire génératrice de sensations agréables.

9. S. FREUD, *Trois essais sur la théorie sexuelle*, p.107.

Le stade oral

Le stade oral, dans la théorie psychanalytique classique, s'étend de la naissance jusqu'à la fin de la première année. En satisfaisant le besoin physiologique de s'alimenter, l'enfant trouve un gain de plaisir, outre celui provoqué par l'absorption de la nourriture : l'excitation de la zone buccale. Le stade oral montre donc très nettement comment s'opère la fonction par étayage de la pulsion. C'est de la satisfaction d'un besoin que naît le plaisir, lui-même générateur du désir (de l'obtenir de nouveau). Au début, les deux activités sont intimement liées, la faim (besoin) et le plaisir (désir) sont assimilés, du fait qu'ils procèdent de la même activité.

Puis, assez rapidement, le désir se détache du besoin, la recherche de plaisir devient indépendante de la nutrition.

La succion voluptueuse

Comme le plaisir du nourrisson s'origine dans l'activité alimentaire, la zone érogène est naturellement la région buccale. Selon toute logique, la bouche, les lèvres, la langue, c'est-à-dire toute la région buccale, sont investies par l'enfant, puisqu'elle correspond à sa première expérience. La succion se détache donc de la tétée et le bébé se livre alors à ce que Freud nomme la *succion voluptueuse*.

Avant Freud, Lindner (1879), un pédiatre hongrois, avait décrit le suçotement comme une activité sexuelle. Il avait, lors de son étude, particulièrement insisté sur la fonction apaisante du suçotement, le bébé parvenant à s'endormir ou à se calmer en se livrant à cette occupation. A l'observation, la force de la pulsion ressort d'ailleurs nettement. Tous les nourrissons se livrent au suçotement, certains plus que d'autres il est vrai. Il ne s'agit pas seulement ici de sucer son pouce ou tout autre objet extérieur mais du mouvement spontané des lèvres - reproduction de la tétée - que l'on remarque chez le bébé. Les propriétés apaisantes, sensuelles et agréables de la succion ne peuvent être ignorées. Comme le suggère Abraham :

> « *Il suffit de nous rappeler l'intensité avec laquelle dès les premiers jours l'enfant s'adonne au plaisir du suçotement. Son empressement à porter les mains à la bouche, sa façon de happer ses propres doigts, son abandon, enfin sa succion rythmée et l'effet calmant de cette conduite nous montrent l'intensité de ces pulsions précoces.* »[10]

Une activité autoérotique

L'oralité du nourrisson trouve toute son amplitude dans la succion du pouce ou d'un objet extérieur (tétine, bordure d'une couverture, par exemple). Il peut ensuite lui associer un acte réflexe, comme se caresser le lobe de l'oreille, le nez, ou une toute autre partie du corps, et donc juxtaposer à la région buccale une nouvelle zone érogène, qui demeure quoi qu'il en soit secondaire. Ce qu'il importe de constater de prime abord, c'est que l'objet sexuel n'est autre que l'enfant lui-même, c'est-à-dire une partie de son corps propre. C'est pourquoi, la théorie psychanalytique parle d'activité ***autoérotique.***

L'absence d'objet externe peut s'expliquer par la prématurité du nourrisson. Nous y reviendrons plus longuement par la suite. Mais, il convient de souligner d'ores et déjà la nature de la relation de l'enfant au monde.

La question est encore débattue de savoir s'il s'agit d'une relation objectale ou ***anobjectale*** (auquel cas, il n'y aurait en fait pas de relation, puisque pas d'objet). En d'autres termes, existe-t-il pour le nourrisson un monde extérieur ou non ? Est-il en mesure de reconnaître, de dissocier, le dehors du dedans, le Moi du non-Moi ? La réponse reste imprécise et les avis continuent de diverger. Cependant, les désaccords n'ont pas de véritable impact sur la réalité de l'univers du bébé. Que l'enfant dissocie l'extérieur de l'intérieur, ou qu'au contraire il associe dans un même schème le dedans et le dehors, la relation demeure du même ordre. Puisque même si la distinction s'établit, il y a pour le nourrisson confusion - c'est-à-dire fusion - entre lui et sa mère. Autrement dit, le bébé assimile le monde extérieur à lui-même. Le modèle unitaire de la vie intra-utérine semble expliquer cette persistance : l'enfant croit que le sein maternel est une continuité de son propre corps, c'est-à-dire que sa mère et lui ne font qu'un. Il s'agit évidemment d'une compréhension symbolique et non intellectuelle ; il ne raisonne pas sa relation au monde.

---

10. ABRAHAM, *Oeuvres complètes/II*, p. 24.

C'est pourquoi le stade oral est généralement qualifié d'*anobjectal* et l'activité dite autoérotique. Nous l'avons vu la relation du nourrisson avec le monde, et en particulier avec sa mère, n'est pas clairement établie, dans la mesure où la distinction, la différenciation entre l'intérieur et l'extérieur n'est pas nettement instaurée. On retrouve ici une situation similaire à l'expérience de la vie prénatale. Dans l'univers intra-utérin, le fœtus est en osmose avec sa mère - et réciproquement. Cette symbiose se perpétue à la suite de la naissance. C'est en cela que l'on décrit le sein maternel comme la continuité de la bouche de l'enfant. Cette relation fusionnelle est également vécue par la mère, qui a effectivement porté en elle l'enfant. Il a donc bel et bien, à un moment donné, constitué une partie d'elle-même. C'est pourquoi, la différenciation ne peut s'établir que dans le temps, et en particulier dans la rupture. La reconnaissance du dehors, du non-Moi, ne peut se faire qu'à travers l'absence de la mère, c'est-à-dire à travers l'expérience de la séparation.

Cannibalisme, incorporation et absorption

Complétant l'excitabilité de la zone érogène et le plaisir qui en émane, les mécanismes d'absorption sont également investis, en ce qu'ils participent activement, et principalement, à la relation avec l'extérieur. Freud en vient donc tout naturellement à qualifier le stade oral de *cannibalique*. Ici aussi l'observation des bébés suffit à nous renseigner, il n'est que de les voir systématiquement porter les objets à leur bouche. C'est pour eux une manière d'entrer en contact, de reconnaître, de percevoir mais c'est également, et surtout, une manière de s'approprier l'objet. L'adjectif cannibalique renvoie à cette volonté d'appropriation. Le nourrisson désire introjeter le monde extérieur, à commencer par le sein maternel jusqu'au jouet qu'il porte à ses lèvres.

L'***incorporation*** est décrite comme un mécanisme psychologique, dont la continuité est l'identification. L'emploi de l'adjectif « cannibalique » n'est pas neutre ; il correspond à la nature intentionnelle de la pulsion. Dans les cultures « primitives », le cannibalisme respectait certaines règles. N'était pas mangé n'importe qui. Le choix était en fait très précis et affectivement déterminé. Il s'agissait de s'attribuer, à travers l'incorporation, la valeur, la puissance, la force, les qualités, de l'autre - souvent de l'ennemi. Le terme renvoie également à la puissance du désir, lui conférant une certaine réalité. L'activité du nourrisson confine presque à l'absorption « sensuelle » de l'objet.

La succion du pouce : un accès à l'indépendance ?

La succion du pouce est aussi significative de l'accès de l'enfant à une relative indépendance. C'est, semble-t-il, la raison pour laquelle le nourrisson tète une partie de son propre corps, phénomène naturel lui garantissant la présence permanente de sa source de plaisir. En effet, si la succion voluptueuse s'étaye sur la tétée, et donc sur la fonction nutritive, elle s'en détache pour devenir une activité distincte. Ainsi, le désir s'émancipe du besoin, la satisfaction du plaisir n'est plus - uniquement - solidaire de la satisfaction de l'instinct vital, même si elle lui reste en partie liée.

En « choisissant » une partie de son propre corps - son pouce -, le bébé témoigne de son manque de relation objectale, et surtout de son manque de pouvoir sur le monde extérieur. Sa prématurité le rend dépendant de l'environnement. Il ne peut *de* et *par* lui-même saisir un objet éloigné, le porter à sa bouche, le retrouver lorsqu'il le perd, etc. Cette maîtrise n'interviendra que plus tard. En ce sens, le pouce, par rapport à la tétine, le réconforte dans sa capacité d'obtenir de manière autonome, sans le secours d'un tiers, du plaisir. Substituer la tétine au pouce peut, selon certains analystes dont Freud lui-même, frustrer le bébé dans sa recherche d'indépendance.

En résumé, les propriétés du stade oral sont les suivantes :

1) *La période concerne la première année de vie* (de 0 à 12 mois), tout en soulignant d'ores et déjà la relativité de la durée, en fonction du vécu individuel, voire des mœurs sociétales (le sevrage intervient plus ou moins tardivement selon les cultures et les individus). D'autre part, lors de l'étude caractérologique, nous verrons que l'érotisme oral demeure, plus ou moins marqué, dans chaque personnalité.

2) *La source pulsionnelle est la région buccale* : la bouche, les lèvres, la langue, mais aussi le tube digestif et les organes activés par l'ingestion.

3) *L'objet sexuel est le corps propre*. L'activité orale est décrite comme étant autoérotique. La relation est qualifiée d'anaclitique, en ce qu'elle s'appuie, s'étaye sur des fonctions physiologiques.

4) *Le but sexuel est naturellement le plaisir*, c'est-à-dire la recherche de sensations agréables. Il est aussi constitué par la volonté d'incorporer l'objet, - de le prendre ou le garder en soi -, raison pour laquelle le stade oral est qualifié de « cannibalique ».

L'oralité pourra demeurer dans les plaisirs préliminaires qui accompagnent l'acte sexuel de l'adulte. Mais également, et nous y reviendrons, lors de l'étude du caractère oral, le but sexuel de l'organisation orale peut, dans le stade génital, être encore partiellement recherché et obtenu, à travers l'alimentation (qui appartient autant au besoin qu'au désir), le tabagisme, les baisers, etc. Sans qu'elle soit pathologique, il peut y avoir une persistance à l'âge adulte de la signification érogène de la zone labiale.

Le stade anal

Progressivement une nouvelle source pulsionnelle se manifeste, pour devenir prédominante lors des deuxième et troisième années. L'activité sexuelle de l'enfant est alors liée au contrôle sphinctérien. Le plaisir s'étaye une fois encore sur une fonction physiologique : la fonction excrétoire. Les sensations agréables sont en partie liées à la défécation, nous allons en expliquer les raisons. Là encore, nous insistons sur l'importance de secondariser les éléments de l'interprétation psychanalytique. Il ne saurait être question de réduire les stades prégénitaux - et notamment le stade anal - à des histoires de « pipi-caca ». Il convient de se replacer dans le contexte infantile où la relation au monde est d'une toute autre nature que celle de l'adulte, alors que les formations idéales - pudeur, morale, etc. - ne sont pas encore construites.[11] De plus, si Freud parle d'érotisme anal, c'est justement parce que dans l'historique de l'individu, l'apprentissage de la propreté joue un rôle beaucoup plus important que la seule acquisition du contrôle sphinctérien et urétral.

L'apprentissage de la propreté

Il est logique que le stade anal succède au stade oral et les correspondances d'âges sont elles aussi concordantes avec la réalité. C'est, en effet, lors de l'éducation à la propreté que se constitue le primat de la fonction excrétoire comme activité génératrice de plaisir. L'organisation anale met en jeu les mêmes propriétés que l'oralité qui la précède. L'érogénéité des sphincters est intimement liée à leur contrôle et ce fait est d'importance dans la compréhension du stade.

« En raison de sa situation, la zone anale, tout comme la zone labiale, est propre à servir d'intermédiaire à l'étayage de la sexualité sur d'autres fonctions du corps. Il faut se représenter la significa-

11. Voir la formation du Surmoi.

tion érogène de cet endroit du corps comme très grande à l'origine. Par la psychanalyse, on est alors instruit, non sans étonnement, des transformations que connaissent normalement les excitations sexuelles qui en procèdent et de la fréquence avec laquelle cette zone conserve durant toute la vie une part considérable de stimulabilité *génitale. Les troubles intestinaux, si fréquents au cours des années d'enfance, veillent à ce que cette zone ne manque pas d'excitations intenses. »*[12]

Contrôler et maîtriser

La phase s'articule sur l'ambivalence des mécanismes de ***rétention*** et d'***expulsion***. Le plaisir de la défécation n'est pas l'unique gain retirable du contrôle des sphincters. L'enfant a également la possibilité de retenir ses selles. Cette maîtrise lui permet d'exercer un pouvoir sur son environnement. L'apprentissage de la propreté, s'il s'instaure sur l'obéissance de l'enfant, suggère également l'idée de l'indépendance naissante de l'enfant. Celui-ci perçoit dès lors tout l'avantage qu'il peut retirer de cette activité : dont le principal, outre le plaisir lié à l'excitabilité de la muqueuse ano-rectale, réside dans la possibilité de s'assurer un pouvoir sur son propre corps et, in extenso, sur le monde.

Disposer devient le maître-mot du stade anal : en disposant, à son gré, de ses matières fécales, l'enfant dispose du monde. Freud insiste, à ce sujet, sur le comportement espiègle de l'enfant qui refuse le pot qu'on lui présente, gardant ses selles, et montrant par là qu'il videra ses intestins quand bon lui semblera. L'enfant, ainsi, dispose d'un moyen de pression sur l'entourage. Il peut à loisir gratifier sa mère, son père, ou ses éducateurs, comme il peut les frustrer.

L'analité comporte donc deux versants : ***DONNER*** (expulser, faire sortir) ou ***CONSERVER*** (retenir, garder). C'est ici que Freud fait intervenir l'ambivalence des pôles actif (conserver) et passif (expulser).

La première création de l'enfant

L'ambivalence procède également de l'objet sexuel qui est ici encore, d'une certaine manière, une partie du corps propre. Les fèces sont un produit de l'enfant, c'est-à-dire un objet interne, un objet-Moi, qui par l'expulsion, devient un objet externe, un objet non-Moi. L'ambivalence est de nouveau suggérée par l'alternance de l'objet,

12. S. FREUD, *Trois essais sur la théorie sexuelle*, pp. 110-111.

par le passage du dedans au-dehors. Là est souligné le rapport de l'enfant à l'activité anale. Outre l'érotisation, il s'agit pour lui d'une production, c'est-à-dire d'une création, en quelque sorte ***sa première création, quelque chose qui vienne réellement de lui***. Ce sentiment de produire peut expliquer l'investissement libidinal.

De plus, l'enfant perçoit à quel point l'adulte attache lui aussi de l'importance à la fonction excrétoire. La sollicitation de ses éducateurs, voire les encouragements ou gratifications lorsqu'il fait dans le pot, participent à valoriser l'activité anale. Le grand cas, que les parents font de l'acquisition de la propreté, incite donc l'enfant à investir cette zone.

Une monnaie d'échange

La spécificité de cette période et son importance tant pour les parents que pour l'enfant expliquent que ce dernier s'attache à ses excréments. D'une part, comme on l'a montré, parce qu'il s'agit de sa création, d'autre part, parce que vis-à-vis des adultes, ils deviennent une ***monnaie d'échange,*** une récompense : un cadeau. C'est pourquoi, l'enfant peut mal vivre la dépossession de ses matières fécales, s'étonner que l'on jette son cadeau. Le rôle des parents est ici fondamental pour assurer la cohérence. D'autant plus que ses excréments sont une partie de lui-même, la blessure alors éprouvée, si sa production est insuffisamment considérée, et tout de suite rejetée, peut être en partie ***narcissique.*** Dans le caractère anal, nous retrouverons cette peur d'être dépossédé ou volé de son bien le plus précieux.

Nous avons évoqué précédemment la rétention possible des matières fécales. L'enfant, en effet, dispose à présent d'un moyen **à sa portée** pour satisfaire ou frustrer la demande de ses parents. La rétention peut également, aux dires de Freud, être utilisée pour augmenter l'excitation et par conséquent le plaisir ultérieur. Là encore, il s'agit d'un trait de la structure anale à l'observation :

> *« La retenue des matières fécales qui, dans les débuts, répond à l'intention d'en user comme excitant masturbatoire de la zone anale ou de l'employer avec les personnes de l'entourage, est d'ailleurs une des origines de la constipation si fréquente chez les névrosés. Ce qui montre l'importance de la zone anale, c'est qu'on ne trouve que fort peu de névrosés n'ayant pas des habitudes scatologiques spéciales, des cérémonies, qu'ils cachent soigneusement. »*[13]

13. S. FREUD, *Lettre n° 74*, adressée à Ferenczi.

Le pouvoir

Un autre aspect fondamental et structurant du stade anal réside dans sa corrélation avec le pouvoir naissant de l'enfant, sur lui-même mais aussi sur le monde. L'analogie entre contrôle sphinctérien et maîtrise ne peut qu'être soulignée par la dénomination usuelle du pot (qui conserve sa signification chez l'adulte, avec les W.C.) : ***le trône.*** L'appellation met effectivement l'accent sur la position privilégiée à laquelle l'activité excrétoire donne naissance. Nous avons déjà expliqué de quelle nature était ce pouvoir. La souveraineté de l'enfant, « assis sur son trône », est associée à sa capacité - nouvelle - d'opposition. La rétention volontaire peut alors être interprétée comme ***le premier « non » de l'enfant.*** René Spitz a insisté sur la signification du non. Il s'agit de l'un des premiers mots que l'enfant dit. La maîtrise de la langue rejoint ici l'activité anale. D'ailleurs, entre un et trois ans - c'est-à-dire dans l'organisation anale - l'enfant va s'employer à ***s'opposer*** par tous les moyens mis à sa disposition.

Fèces = argent

L'autre nature du pouvoir conféré par la maîtrise des sphincters est l'équation *fèces = argent.* La théorie psychanalytique en fait une opération courante. C'est pourquoi, nous avons fait allusion précédemment aux fèces comme monnaie d'échange, comme don et comme cadeau. L'équation peut trouver son origine à la fois dans le fait que les matières fécales de l'enfant ont en quelque sorte « une valeur marchande », dans la mesure où il peut obtenir des gratifications ou récompenses en satisfaisant le désir de ses parents, mais également parce que le pouvoir (trône) et l'argent sont intimement associés. Cette seconde interprétation, nous semble-t-il, ne peut être faite que dans l'après-coup, par l'adulte.

Ainsi, on le voit, à travers l'étude des stades de la libido, Freud origine les deux « moteurs » fondamentaux qui semblent motiver l'être humain dans la vie, c'est en tout cas ce que traduit l'histoire de l'humanité, le sexe et l'argent. Et il montre finalement comme l'un et l'autre sont liés. L'étude de la structure caractérielle anale nous permettra de mieux approfondir la relation à l'argent.

Fèces = enfant

Une autre équation est également évoquée : *fèces = enfant.* De même que les excréments sortent du corps, le bébé sort du corps maternel. Aussi, dans la théorie infantile de la naissance, les enfants proviennent de la nourriture. Jones résume clairement cette conception infantile :

> *« Cette théorie « cloacale » de la naissance contient elle aussi une parcelle de vérité, car à l'origine, chez les pré-mammifères, le vagin et l'anus ne formaient qu'un seul passage. Le bébé est donc une chose qui, d'une certaine manière, s'est créée et développée à partir des fèces. Après tout, les fèces et les bébés sont les deux seules choses que le corps peut créer et produire et, dans les deux cas, la pulsion est remarquablement similaire, surtout pour un enfant dont les sentiments concernant les excréments ne sont pas encore ceux de l'adulte. »*[14]

L'absence de dégoût et de pudeur

En effet, à l'évidence, et il est important de bien le comprendre, les sentiments de l'enfant à l'égard des fèces divergent fondamentalement de ceux de l'adulte. L'enfant ne nourrit aucun dégoût, aucune aversion ou répulsion. Bien au contraire, il prend plaisir à voir ses excréments - et à l'occasion ceux des autres. Il peut même être attiré au point de vouloir les toucher, jouer avec la malléabilité de la matière, voire les manger. Cet intérêt ressort très nettement dans l'absence d'intimité conférée à l'acte. Autant l'adulte se cache, autant l'enfant s'expose. C'est là encore une des conséquences de l'apprentissage de la propreté. Si l'adulte s'enferme dans les toilettes, l'enfant ne connaît pas la nécessité de s'isoler. C'est même une expérience qu'il partage. Cette propension pour l'exhibitionnisme et le voyeurisme est interprétée par Freud comme une manifestation sexuelle infantile typique. Il n'y a là aucune perversion, puisque l'enfant n'a pas encore de pudeur, de valeurs morales qui s'opposent à la pulsion scopique et à l'exposition de sa propre nudité.

L'analité renvoie donc à une pluralité d'expériences et de satisfactions. Elle est moins uniforme que l'oralité.

Analité et sadisme

Un dernier point reste à étudier : celui concernant le sadisme. Si Freud qualifie le stade oral de cannibalique, il qualifie le stade anal de

14. JONES, *Érotisme et caratère anal.*

sadique. On parle alors de stade sadique-anal. C'est en effet, lors de cette même époque, que l'on constate l'émergence des pulsions sadiques. Elles se manifestent visiblement dans les tendances destructrices du jeune enfant. Nous avons souligné la volonté d'opposition du petit homme, qui dit « non » verbalement, acquisition fondamentale pour Spitz, qui dit « non » symboliquement lors de l'apprentissage de la propreté (en retenant ses matières fécales ou en souillant ses vêtements), et qui dit « non » en cassant, déchirant, jetant tous les objets qui lui passent entre les mains. Dans la perspective psychanalytique, le fait de déchiqueter, mettre en morceaux, briser, etc., manifeste les pulsions sadiques de l'enfant. Il s'agit donc dès lors d'un mouvement que l'on peut qualifier de naturel, d'universel et de spontané. L'évolution libidinale voit, dans une maturation effective de la personnalité, les tendances sadiques se sublimer dans diverses activités ou structures caractérielles.

En résumé, les propriétés du stade anal sont les suivantes :

1) La période recouvre *les deuxième* et *troisième années.*

2) *La source pulsionnelle est la muqueuse ano-rectale* et plus largement les fonctions intestinales.

3) L'objet sexuel est une partie de son corps propre (au niveau de la zone érogène) mais on observe aussi une *ambivalence de l'objet* : les fèces sont un objet interne avant de devenir un objet externe. Expulsion : passage du dedans au-dehors.

4) Le but pulsionnel est constitué par le *plaisir lié à la fonction excrétoire mais aussi est attaché aux mécanismes de rétention et d'expulsion.* C'est d'ailleurs ce qui marque le caractère anal : le contrôle des sphincters est assimilé à un pouvoir d'opposition ou de gratification. La rétention peut également servir à l'augmentation de l'excitation.

Abraham et les sous-divisions des stades prégénitaux

Dans le cadre de l'étude de l'organisation libidinale, on ne peut manquer de faire référence aux travaux de Karl Abraham. Freudien convaincu, il a, au travers de son œuvre, développé considérablement la théorie des stades de la libido. Tout en demeurant fidèle à l'organisation classique, il a élaboré une classification plus subtile et ajustée à la réalité, qui influença notamment par la suite Mélanie Klein.

L'éclairage de la pathologie

Partant, tout comme Freud, de la psychopathologie, Abraham s'intéresse à la structure caractérielle des névrosés obsessionnels et des maniaco-dépressifs. En effet, c'est à travers l'observation de ces deux pathologies que Karl Abraham en vient à postuler la bipartition des stades oral et anal. Sans jamais remettre en cause la théorie freudienne, il considère nécessaire de diviser chaque stade en deux étapes.

Freud, avant lui, avait découvert la structure caractérielle anale à travers la symptomatologie du névrosé obsessionnel, et notamment des trois traits anaux distinctifs déjà cités précédemment : ordre, parcimonie, obstination. Se livrant aux mêmes observations cliniques, Abraham repère bon nombre d'affinités entre la névrose obsessionnelle et la mélancolie. Selon lui, l'une et l'autre recèlent une régression libidinale au stade anal. Mais, si les ressemblances - comportementales, symptomatiques, etc. –, sont nombreuses, il n'en demeure pas moins qu'il s'agit de deux pathologies distinctes l'une de l'autre. Il ne peut donc en toute logique, selon le raisonnement de Karl Abraham, y avoir une fixation à la même période du stade anal. Ce qui implicitement introduit l'idée de deux étapes dans le stade anal décrit par Freud.

Division du stade anal

La principale différence, qui ressort de l'observation, réside dans la qualité de la relation objectale. Le névrosé obsessionnel conserve l'objet, tandis que le dépressif le perd. Ce qui trouve un écho dans le double mouvement de l'érotisme anal déjà évoqué par Freud : rétention-expulsion. Abraham énonce en ces termes la division en deux étapes :

> *« L'expérience psychanalytique nous avait imposé l'hypothèse d'une phase prégénitale, sadique-anale du développement de la libido, elle nous contraint maintenant à postuler deux étapes à l'intérieur de cette phase. A l'étape plus tardive, se situent les tendances conservatrices : retenir-dominer, à l'étape la plus précoce les aspirations hostiles à l'objet : détruire-perdre. »* [15]

La division, opérée par Abraham, dans l'organisation libidinale anale est donc tout à fait dans la continuité des travaux antérieurs. Le double mouvement rétention-expulsion avait déjà été mis en évidence ; simplement, les tendances conservatrices (retenir) et destructrices (perdre) ne correspondaient jusqu'alors pas à des périodes temporelles spécifiques et séparées. Abraham, lui, décrit une évolution *processuelle* de la prédominance à l'expulsion (étape précoce) et de la propension à la conservation (étape tardive), au fur et à mesure que le contrôle sphinctérien s'affermit. Il s'agit, toujours selon lui, d'un point extrêmement important : la division du stade anal en deux étapes étant essentielle à la compréhension de la relation objectale. C'est à l'étape la plus tardive (rétention = conservation) que se dessine la relation d'objet achevée.

> *« La distinction de deux étapes sadiques-anales, précoce et plus tardive, semble avoir une signification fondamentale. A la frontière de ces deux stades du développement se produit un renversement décisif de la relation de l'individu au monde objectal. Si nous prenions au sens étroit la notion « d'amour objectal » nous pourrions dire qu'il débute précisément à cette frontière car, dorénavant, c'est la tendance à la conservation de l'objet qui primera. »*[16]

L'étape plus tardive consiste aussi en une atténuation progressive du sadisme. Bien entendu, il n'y a pas disparition des pulsions sadiques et destructrices mais la volonté de conserver l'objet s'oppose au désir de lui nuire.

---

15. Karl ABRAHAM, *Oeuvres complètes/II*, p. 179.
16. idem, p.180.

Division du stade oral

La distinction la plus importante, celle notamment qui marque profondément les théories kleiniennes, correspond à la division qu'Abraham établit dans l'organisation orale du développement. C'est encore une fois l'observation, c'est-à-dire la réalité extérieure « objective » qui constitue la source de la conceptualisation. Nous l'avons souligné, Freud fait coïncider la sexualité infantile aux fonctions physiologiques dominantes, en tout cas investies durant l'histoire infantile. Dans cette perspective, l'oralité concerne la période d'érotisation de la bouche à travers la succion et l'analité débute et s'étend sur la période d'éducation à la propreté. Pour Abraham, un élément important, et intrinsèque à la succion, est à prendre en compte : ***la dentition.*** En effet, l'activité de l'enfant n'est pas du même ordre après la percée des dents. ***Il passe de la succion (inoffensive) à la morsure (sadique)*** **:** ces deux activités étant, d'ailleurs, souvent conjointes et la dernière n'effaçant pas la première mais s'y ajoutant à certains moments.

Ainsi, l'enfant, pourvu de dents, peut faire mal, détériorer, serrer, mâcher, mordre ; la relation objectale s'en trouve donc influencée. Le plaisir provient alors en partie des pulsions sadiques qui commencent à se manifester dès le stade oral. Il suffit de regarder un bébé pour constater à quel point, ce besoin de mordre est vivace. Il est d'ailleurs en partie physiologique. La douleur ressentie, lors de la percée des dents trouve un apaisement dans la pression des mâchoires sur un objet. Mais, la morsure répond aussi à la pulsion d'incorporation. Dès lors, pour Abraham, l'existence de deux périodes distinctes, à l'intérieur de l'organisation orale, ne fait pas de doute :

> *« Nous sommes ainsi conduits à admettre une bipartition dans le domaine oral comme dans le domaine sadique-anal du développement. A l'étape primaire, la libido de l'enfant est liée à l'acte de succion. C'est un acte d'incorporation qui ne porte cependant pas atteinte à l'existence de la personne nourricière (...) La seconde étape se différencie de la précédente par la modification de l'activité orale qui de succion devient manducation. »*[17]

Selon Abraham, la première étape - orale précoce - se différencie de la seconde, en dehors de la dentition et de l'émergence consécutive des pulsions sadiques, par la qualité de la relation objectale. La pério-

17. Karl ABRAHAM, *Œuvres complètes/II*, p. 192.

de la plus précoce (succion) est, en fait, pour Abraham, *anobjectale.* Le bébé ne dissocie pas l'extérieur de l'intérieur. L'activité est donc purement auto-érotique. De plus, il n'y a pas de conflit ambivalentiel puisqu'il n'existe pas de pulsions sadiques ou destructrices, celles-ci n'étant à l'œuvre qu'à l'apparition des dents. La première période est donc qualifiée de *pré-ambivalente.* L'apparition des dents, en donnant à l'enfant le pouvoir de faire mal - à lui-même et aux autres - manifeste des mouvements affectifs destructifs dans la seconde période qui, dès lors, est appelée sadique-orale. Mélanie Klein insistera beaucoup, comme on le verra plus loin, sur la naissance et le développement du conflit amour-haine. La force des pulsions ambivalentes est rendue à l'observation par le comportement de l'enfant.

> *« Il n'est que de regarder un enfant pour mesurer l'intensité de son besoin de mordre où besoin alimentaire et libido sont mêlés. C'est le stade des impulsions cannibaliques. L'enfant succombe-t-il aux charmes de l'objet, il risque, ou est aussitôt obligé, de le détruire. A partir de là l'ambivalence règne sur la relation du moi à l'objet. »*[18]

En dehors des sous-divisions et des précisions qu'elles entraînent, les propriétés des stades oral et anal sont les mêmes pour Abraham que celles énoncées précédemment par Freud.

18. ABRAHAM, *Oeuvres complètes*, p. 192.

TABLEAU DES SIX ÉTAPES DE L'ORGANISATION LIBIDINALE (SELON KARL ABRAHAM)

ETAPES DE L'ORGANISATION DE LA LIBIDO	ETAPES DU DÉVELOPPEMENT DE L'AMOUR OBJECTAL	
VI Etape génitale définitive	Amour objectal (postambivalent)	POST-AMBIVALENT
V Etape génitale précoce (phallique)	Amour objectal excluant les organes génitaux	AMBIVALENT
IV Etape sadique-anale tardive	Amour partiel	
III Etape sadique-anale précoce	Amour partiel et incorporation	
II Etape orale tardive (cannibalique)	Narcissisme. Incorporation totale de l'objet	
I Etape orale précoce (succion)	Auto-érotisme (sans objet)	PRÉ-AMBIVALENT

Contributions de Mélanie Klein à l'organisation orale

S'étayant sur les travaux d'Abraham, et notamment les sous-divisions qu'il opère dans l'oralité, Mélanie Klein décrit deux phases constitutives de la première année, et donc du stade oral : *la position schizo-paranoïde et la position dépressive.* Les concepts essentiels qu'elle développe sont le clivage, les mécanismes d'introjection et de projection, la vie fantasmatique hautement élaborée de l'enfant, les angoisses persécutrices, et la culpabilité.

Nous avons déjà abordé à plusieurs reprises sur la pensée kleinienne, dans la mesure où elle constitue une tendance forte de la psychanalyse. Mélanie Klein complète, élargit ou développe sans jamais renier ou s'opposer au fondateur de la psychanalyse. Elle demeure orthodoxe. Même si certaines de ses contributions ont suscité des controverses (notamment avec Anna Freud), ses théories sont largement acceptées et diffusées. L'originalité et la spécificité de sa démarche résident dans sa position même de psychanalyste, puisqu'elle s'est progressivement orientée vers l'analyse des enfants. Aussi, contrairement à Freud, qui s'est penché sur l'enfance, et même la petite enfance, à travers les reconstructions des adultes, Mélanie Klein appuie ses théories sur la parole, le comportement, le jeu des enfants eux-mêmes.

Pour la partie qui nous intéresse ici - les stades de la libido - nous limiterons notre référence aux travaux de Klein à la division qu'elle opère dans l'oralité. Les deux positions recouvrent donc le stade oral, c'est-à-dire la première année de vie.

La position schizo-paranoïde

Comme son nom l'indique, la position schizo-paranoïde est essentiellement marquée par les craintes persécutrices que perçoit le nourrisson. Aussi, Mélanie Klein change-t-elle ici complètement le point de vue selon lequel les premiers mois de la vie seraient paradisiaques, idéaux et a-conflictuels. C'est, en effet, une représentation traditionnelle que de considérer cette époque de la vie comme particulièrement privilégiée, exempte de douleur et de souffrance. Nous parlons bien évidemment ici du bébé évoluant dans des conditions quasi idéales : c'est-à-dire dans un environnement fiable et sécurisant, gratifiant et aimant. Si donc, les parents sont « bons », les conditions matérielles d'existence relativement confortables, l'idée populaire veut que le nourrisson n'ait pas d'angoisse, de crainte, de peur : c'est-à-dire de problèmes. Plus exactement même, comme nous l'avons déjà souligné, au moins jusqu'à Freud, qu'il n'ait pas de vie intérieure, entendant par là d'émotions, de sentiments, d'affects, de pensées.

> *« La psychologie et la pédagogie ont toujours entretenu la croyance qu'un enfant était un être heureux et sans conflits ; elles ont toujours admis que les souffrances des adultes provenaient des fardeaux et des épreuves de la réalité ; il nous faut affirmer que c'est exactement le contraire qui est vrai. Ce que la psychanalyse nous apprend sur l'enfant et sur l'adulte montre que les souffrances de la vie ultérieure sont pour la plupart des répétitions de ces douleurs précoces, et que tout enfant passe, pendant les premières années de sa vie, par des souffrances démesurées. »*[19]

Les angoisses de l'enfant

Or Freud l'a montré, l'enfant, différemment de l'adulte, éprouve du plaisir (il le recherche même activement) mais aussi, et en toute logique, de la souffrance : lorsque justement il est frustré dans ses besoins ou ses désirs. Seulement pour Freud, la douleur, virtuelle ou réelle, que ressent l'enfant est intimement liée à la non-obtention du plaisir. Mélanie Klein, quant à elle, va plus loin puisqu'elle décrit des angoisses particulièrement fortes et en quelque sorte désolidarisées du plaisir. Selon elle, le Moi se sent persécuté par des éléments extérieurs et intérieurs perçus comme dangereux. C'est en cela qu'elle parle de position schizo-*paranoïde*. Elle fait directement, et symboliquement, référence à la paranoïa, trouble psychologique qui s'alimente sur des angoisses de persécution. L'enfant peut donc être considéré comme « paranoïaque », dans la mesure où il se sent menacé par son environnement, mais aussi par son propre Moi. C'est sans doute son incapacité à comprendre sa douleur, à s'expliquer « rationnellement » sa souf-

19. Mélanie KLEIN : « Les tendances criminelles chez les enfants », in *Essais de psychanalyse*, p. 215.

france qui est à l'origine de son ***sentiment de persécution.*** Ainsi, Mélanie Klein affirme que la souffrance de l'enfant est réelle. Le bébé, qui hurle dans son lit, ne fait pas un caprice : il exprime une ***douleur réelle,*** authentique. Si Freud, à travers la sexualité infantile, élargie à une définition nouvelle, réhabilite le désir de l'enfant (et par là, de l'adulte), Mélanie Klein légitime sa souffrance. Les pleurs, les cris, les appels de l'enfant ne sont pas de la comédie. Même, si plus tard, l'enfant peut effectivement feindre la détresse pour obtenir ce qu'il désire.

Le clivage

Pour répondre, avec les moyens dont il dispose, aux angoisses de persécution et aux stimuli négatifs, le bébé recourt au clivage. Il s'agit d'une opération psychique visant à isoler le danger. L'objet, représenté symboliquement par le sein ou la mère, est clivé, c'est-à-dire séparé en deux parties opposées, en « bon » et « mauvais ». Le clivage se fonde sur les mécanismes d'introjection et de projection. L'angoisse, que perçoit l'enfant, vient en partie de l'extérieur et en partie de l'intérieur. Le bébé use donc d'un processus de défense - la projection - pour expulser hors de lui-même tous les stimuli négatifs et douloureux. A l'inverse, ou en complément, il introjecte - c'est-à-dire absorbe, fait entrer à l'intérieur de lui-même - tous les stimuli positifs et gratifiants. Par ces deux procédés se constituent des objets externes et des objets internes. Là encore, Mélanie Klein fait intervenir de manière précoce des mécanismes de défense, qui demeurent au service de l'adulte.

Ainsi donc, tout ce que l'enfant perçoit comme négatif, frustrant ou douloureux est projeté dans le « mauvais » objet et, simultanément, tout ce qu'il perçoit comme positif, gratifiant et agréable est attribué au « bon » objet. Se dessinent alors deux « seins » : le « bon sein », celui qui apaise, satisfait, comble et le « mauvais sein », celui qui effraie, frustre, refuse. La référence au « sein » doit être entendue symboliquement. Il s'agit de l'objet qui remplit la fonction nutritive et affective, ce peut donc aussi bien être le biberon que le sein. Toutefois, à l'évidence, le contact - physique - n'est pas du même ordre dans l'allaitement maternel. De plus, la plupart des théories psychanalytiques, dont il est question dans ce chapitre, (en particulier freudiennes, mais aussi post-freudiennes) ont été élaborées à des époques (entre 1900 et 1935) où les femmes nourrissaient elles-mêmes leurs enfants, quand ce n'était pas, dans les milieux bourgeois, une nourrice qui assurait l'allaitement. Le « sein » désigne donc aussi bien le « sein » réel, celui qui nourrit, que le « sein » symbolique, le biberon. Rappelons encore que, dans la théorie, le « sein bon » est celui qui comble la faim de l'enfant, dans des conditions affectives positives, avec amour, tendresse et présence ; tandis que le « sein mauvais » est aussi bien le « sein absent », ne satisfaisant pas le besoin alimentaire de l'enfant, que le « sein présent », mais ne remplissant pas le désir libidinal de l'enfant ; autrement dit : une alimentation donnée sans amour, sans affection, sans envie. Ce qui signifie que, d'un point de vue affectif, le sein n'est pas supérieur au biberon, tout se jouant au niveau de la qualité de l'acte alimentaire et des modalités dans lesquelles il est rempli.

Les pulsions de mort

Mélanie Klein fait apparaître les pulsions de mort dès la plus tendre enfance. Les angoisses du bébé sont donc alimentées par des stimuli exogènes mais également endogènes. En d'autres termes, des expériences extérieures sont à l'origine des craintes persécutrices de l'enfant (comme un besoin non satisfait ou une douleur physique), mais des perceptions internes (pulsions destructrices et agressives) sont aussi en œuvre.

Mélanie Klein rejoint Otto Rank, en considérant la naissance et le traumatisme résultant, comme la première angoisse ressentie - violemment - par l'enfant. Celui-ci passe brutalement d'un monde chaud, clos, protégé où tous ses besoins sont idéalement satisfaits, à un monde ouvert, insécurisant et donc menaçant.

Durant ses premières semaines de vie, l'alternance d'expériences de gratification et de frustration contribue au clivage et à l'émergence d'***un dualisme amour-haine***. C'est d'ailleurs le titre de l'un des plus célèbres ouvrages de Klein : *L'amour et la haine*. Par ces termes, la violence et l'intensité des sentiments sont excellemment rendues. Le clivage en tout ou rien ressort dans l'objet perçu comme ***tout bon*** (amour) ou comme ***tout mauvais*** (haine). C'est pour le nourrisson un moyen de s'assurer un contrôle « magique » sur ses angoisses de persécution puisqu'en clivant et en projetant au-dehors, il isole les stimuli négatifs. Selon Mélanie Klein, ces mécanismes permettent à l'enfant de supporter - voire d'éviter - l'angoisse consécutive aux pulsions de mort et aux frustrations par l'environnement. En outre, cette opposition amour-haine, bon-mauvais, plaisir-souffrance, explique la rapidité et la haute variabilité des humeurs de l'enfant.

« Ces processus sous-tendent, à mon avis, le fait observable que les bébés passent si vite d'états de gratification complète à des états de grande détresse. »[20]

Et inversement. On observe aisément ce phénomène chez le bébé qui pleure, hurle, crie et qu'une marque d'amour, une caresse, une tétée, ou tout autre stimulus positif calme instantanément. De même, le bébé, détendu et repu, peut soudainement manifester avec violence des affects négatifs : douleur, angoisse, etc. La puissance fondamentale des émotions apparaît à l'évidence, dans ce passage brutal d'une attitude à une autre, diamétralement opposée.

Le clivage correspond donc à ***une étape pré-ambivalente*** : l'objet est tout bon ou tout mauvais. Ce mécanisme psychique spécifique se fait dans l'exclusion de la conjonction « et ». C'est blanc ou noir, vrai ou faux, bien ou mal : ce ne peut être les deux à la fois. Le clivage nous place donc dans un système binaire, contemporain du premier trimestre de vie, mais que l'on retrouve fréquemment chez l'adulte à un niveau individuel, comme à un niveau collectif. L'une des illustrations typiques peut être le clivage religieux, opéré dans la tradition judéo-chrétienne : Dieu symbolisant le Bien - le diable symbolisant le Mal. Le clivage s'oppose donc à la réalité objective qui confère des propriétés variées et nuancées aux êtres humains, objets concrets, éléments naturels, etc. L'ambivalence est, par exemple, bien rendue, dans le symbolisme, qui reconnaît un aspect diurne (positif) et un aspect nocturne (négatif) à chaque chose ou phénomène.

SCHÉMA DE LA PROJECTION : UN CERCLE VICIEUX INFERNAL

Les pulsions agressives projetées dans l'objet « mauvais » sont à nouveau orientées vers le bébé qui se sent persécuté.

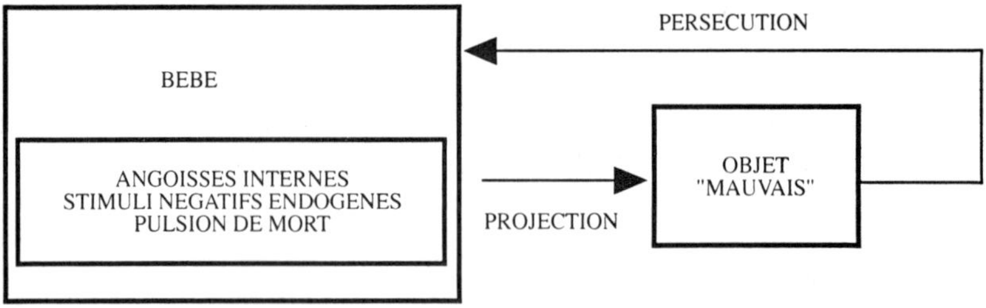

20. Mélanie KLEIN : *Développement de la psychanalyse*, p. 85.

POSITION SCHIZO-PARANOÏDE : LE CLIVAGE

Un mécanisme psychique qui permet à l'enfant d'isoler les stimuli négatifs dans un objet « mauvais ».
C'est un mécanisme psychique que l'on retrouve à l'œuvre chez l'adulte : le « bouc » émissaire est l'objet « mauvais », celui qui est responsable de tous nos malheurs.

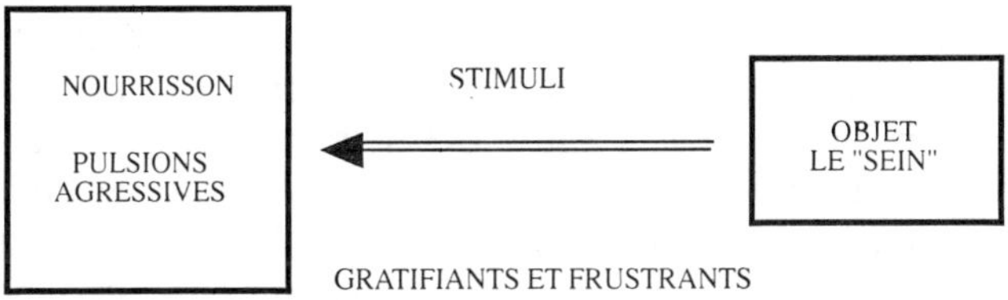

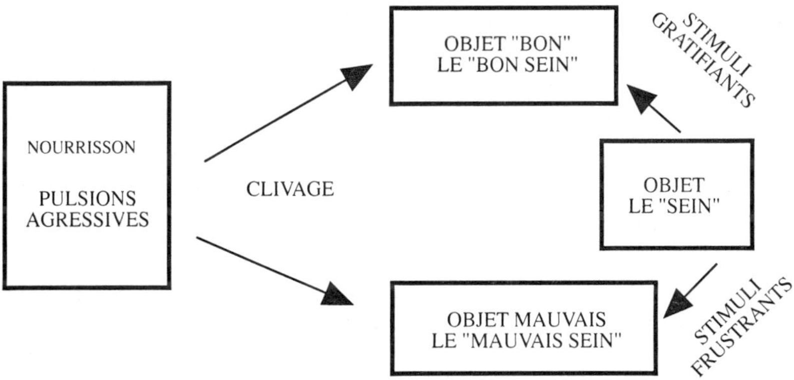

La période schizo-paranoïde concerne le premier trimestre de vie. Elle est progressivement remplacée par la période dépressive au début du quatrième mois. Là encore, tout comme dans la classification traditionnelle, les durées sont relatives et les transitions d'un stade à l'autre sont douces.

La période dépressive

La première différence, que Mélanie Klein établit dans ses deux positions, se situe au niveau de la relation objectale. Il s'agit d'***objets partiels*** dans la période schizo-paranoïde et d'***objets totaux*** dans la période dépressive. Intervient ici l'immaturité, déjà citée, de la relation objectale du nourrisson, qui au départ, n'a pas de représentation totale de l'objet. Avec la position dépressive, ***l'enfant intègre la mère comme une personne entière.*** Elle n'est plus uniquement un sein qui nourrit, elle est une personne indivis et complète.

L'évolution vers la ***représentation totale de l'objet*** renforce l'intensité des angoisses. Le clivage n'est plus opérant : il n'y a plus d'un côté le « sein bon », et de l'autre le « sein mauvais », mais la mère dans sa complétude à la fois « bonne » et « mauvaise ». Le bébé perçoit donc que c'est le même objet qui le gratifie et qui le frustre, qui est tantôt présent, tantôt absent, tantôt rassurant et aimé, tantôt craint et redouté. L'ambivalence qui s'instaure touche les affects mais permet néanmoins à l'enfant de progresser, en reconnaissant sa mère en tant qu'individu à part entière.

> *« On conçoit quels bouleversements considérables découlent d'une telle reconnaissance. Si l'enfant est maintenant capable d'apprécier sa mère selon sa réalité propre, il ne va pas tarder à découvrir qu'il peut aussi la perdre : tel est le contenu de l'angoisse dépressive, la perte de l'objet ne pouvant être ressentie comme une perte totale avant qu'il ne soit aimé comme un objet total. »*[21]

La phase dépressive repose donc sur l'exaltation de la douleur. Toutefois, du fait de son développement moteur, sensoriel, affectif et intellectuel, le bébé se trouve mieux armé pour « lutter » contre l'angoisse. La recherche de réparation est activée. L'enfant qui, selon Mélanie Klein, perçoit de la culpabilité, générée par ses pulsions agressives, dispose alors de moyens psychiques de réparation.

L'accès à l'ambivalence

D'autre part, la différenciation s'établit et croît simultanément au développement physique et psychique de l'enfant. Ce qui signifie

21. Claude GEETS : *Mélanie Klein*, p. 110.

qu'il accède à l'ambivalence. Il peut progressivement sortir du clivage en tout ou rien et faire jouer des nuances plus étendues. Ce qui se manifeste, en outre, par un élargissement et un affinement de la gamme des sentiments et émotions. Sa capacité croissante à exprimer, à rendre ce qu'il ressent, à signifier, participe à cette maturation du Moi. Parallèlement, les mécanismes de défense se développent et permettent de diminuer de manière très sensible l'angoisse.

L'accroissement de la douleur

Néanmoins, cette phase, qui s'étend du quatrième mois à la fin de la première année, comprend des ***expériences frustratoires fondamentales.*** C'est pourquoi, Mélanie Klein la qualifie de dépressive. La tonalité des événements constitutifs de cette période de vie est plus « sombre », dans la mesure où l'enfant ne peut être idéalement, et définitivement protégé de la réalité et de ses aspects douloureux. Les stimuli négatifs sont donc accrus, et, tout comme dans la position schizo-paranoïde, ils sont en partie internes et externes. La dentition, par exemple, constitue l'un des éléments douloureux, générateur de souffrance et d'angoisse pour le bébé. Le sevrage, qui souvent intervient dans cette période, est aussi interprété comme une expérience difficile pour l'enfant. On comprend donc aisément, et le fait est observable, que le nourrisson jusqu'au troisième mois est plus « protégé », dans une situation plus « idéale », proche des conditions de la vie prénatale, que par la suite.

Nous avons donc établi que, durant cette époque de sa vie, le bébé connaît une plus grande variété de situations et d'émotions positives et négatives. S'associe, à la croissance des événements perçus négativement, un développement proportionné des moyens de défense du Moi. La confrontation plus directe à la réalité permet, en outre, une relation de plus en plus étroite au monde. La représentation des parents devient plus objective. Le bébé substitue, à la vision particulièrement déformée, idéalisée ou au contraire angoissante, des parents, une perception plus unifiée, claire et structurée. L'adaptation générale à l'environnement s'effectue également de plus en plus conformément à la réalité.

Un autre élément, fondamental et contemporain de la position dépressive, réside dans le désir de réparation effectif, qui joue alors pleinement. L'enfant, par des procédés magiques, tel le fantasme, comble son impuissance réelle, liée à son immaturité et à sa dépendance.

L'importance de la mère

Selon le vécu de la première période (position schizo-paranoïde), et notamment la possibilité d'introjeter l'objet « bon » (la « bonne » mère), l'enfant, dans la position dépressive, est à même de faire face aux frustrations, chagrins et conflits inhérents à cette phase. L'introjection de l'objet « bon » dépend directement de la qualité affective de l'environnement (présence de parents - ou de substituts parentaux - aimants et tendres). De l'introjection dépend la formation du Moi, sa solidité, qui permet à l'enfant d'évoluer dans un sentiment de relative sécurité. Ainsi, le vécu de la position dépressive est fonction de la position schizo-paranoïde. C'est seulement si la position schizo-paranoïde a permis d'établir le noyau du Moi que la position dépressive peut être traversée et l'enfant suivre un développement normal et positif, permettant la maturation croissante de son Moi. Dans le cas inverse, non seulement la position dépressive n'est pas dépassée, mais, en plus, une régression à la position initiale (schizoparanoïde) est probable. Mélanie Klein l'affirme en ces termes :

> *« Si, cependant, le Moi est incapable d'administrer les situations d'angoisse nombreuses et sévères qui apparaissent à ce stade - échec déterminé par des facteurs internes fondamentaux aussi bien que par des expériences externes -, une régression puissante de la position dépressive à la position schizo-paranoïde antérieure peut se produire. Cela empêcherait aussi les processus d'introjection de l'objet total et affecterait gravement le développement pendant la première année de vie, et durant toute l'enfance. »*[22]

On voit à quel point, la première année, le stade oral classique de la théorie freudienne, aussi bien que les deux positions décrites par Mélanie Klein, est déterminante pour la structuration mentale du futur adulte, c'est-à-dire pour son équilibre psychique.

Rapport avec les pathologies mentales

Tout comme Freud pour l'analyse caractérielle et Abraham pour le repérage de la bipartition des stades oral et anal, Mélanie Klein tire ses positions schizo-paranoïde et dépressive de la nosographie. A travers la psychopathologie, elle met en lumière les similitudes et l'iden-

22. Mélanie KLEIN : « Développement de la psychanalyse », in : *Les stades de la libido*, p. 159.

tité structurale existant entre certains troubles psychologiques de l'adulte et les expériences infantiles de la première année. Elle réunit ainsi un ensemble d'angoisses et de défenses spécifiques, en se référant en particulier à la **paranoïa** et à la ***schizophrénie*** (position schizoparanoïde) ainsi qu'à la ***psychose maniaco-dépressive*** (position dépressive).

En fait, l'établissement des positions kleiniennes recoupe la division du stade oral en deux étapes, proposée par Abraham. Mélanie Klein donne un tableau descriptif des angoisses, des relations objectales et des moyens défensifs de cette époque de la vie. Elle poursuit le travail d'Abraham en creusant ce qu'il avait déjà repéré. Elle insiste particulièrement sur la ***souffrance réelle*** du nourrisson, la légitime et l'explique. En même temps, elle met l'accent sur les réactions que le bébé peut opposer aux craintes persécutrices et aux angoisses dépressives. En cela, elle postule implicitement l'instauration dès la naissance d'une structure psychique, bien évidemment encore fragile, incomplète et inorganisée, mais déjà formée.

Le rôle fondamental de l'environnement

Un autre point est à souligner concernant l'importance de l'environnement, spécifiquement sa qualité et sa fiabilité, et le rôle fondamental que joue la mère. Indépendamment des moyens dont dispose le bébé pour lutter contre la souffrance, c'est directement et essentiellement ***l'amour maternel*** qui lui permet de triompher des angoisses dépressives, mais aussi des angoisses de persécution. C'est la raison pour laquelle même si, dans la période schizo-paranoïde, l'interaction enfant/monde est décrite comme réduite à des objets partiels, le nourrisson a quand même une perception et une représentation d'autres « parties » de sa mère que le seul « sein » qui nourrit. La tendresse, l'affection, l'amour qui lui sont témoignés, participent activement à son bonheur, et par là, à l'édification d'un Moi plus stable et plus fort.

« Bien que ses sentiments se centrent sur la relation alimentaire avec la mère, relation représentée par le sein, d'autres aspects de la mère interviennent dès la première relation avec elle, car même de très jeunes bébés répondent au sourire de leur mère, au contact de ses mains, à sa voix, au fait d'être pris dans ses bras, à ses soins. La gratification et l'amour dont le bébé a l'expérience dans ces situations l'aident à neutraliser l'angoisse de persécution et même les sentiments de perte et de persécution suscités par l'expé-

rience de la naissance. La proximité physique de la mère pendant l'allaitement - surtout en relation avec le sein « bon » - l'aide constamment à surmonter son regret de l'état antérieur qu'il a perdu, allège son angoisse de persécution, et augmente sa confiance en l'objet « bon ». »[23]

Ainsi, la « bonne » mère peut être plus forte que le mal, ce qui a une importance dans le vécu de la toute petite enfance, mais également dans la structuration psychique ultérieure. Le futur équilibre psychologique dépend en grande partie de **la victoire de l'amour sur la haine,** des pulsions de vie sur les pulsions de mort.

RELATION OBJECTALE DANS LA POSITION SCHIZOPARANOÏDE

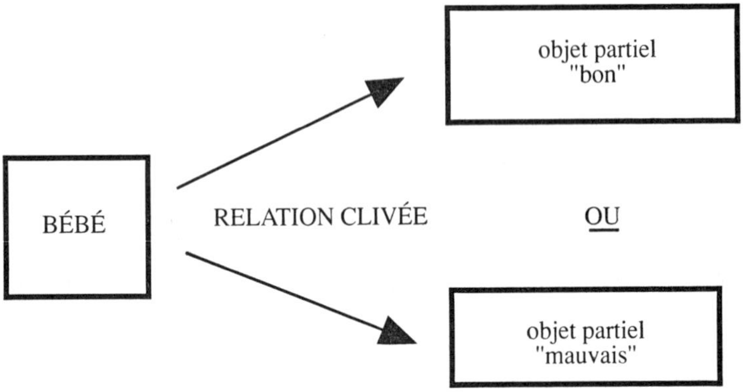

RELATION OBJECTALE DANS LA POSITION DÉPRESSIVE

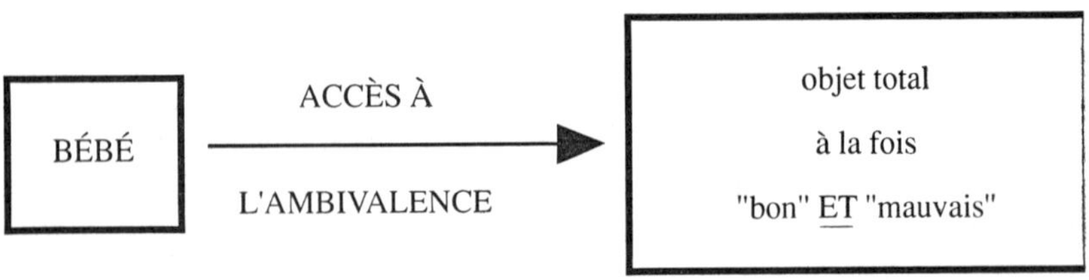

23. Mélanie KLEIN : *Développement de la psychanalyse*, p. 191.

TABLEAU DES PROPRIÉTÉS SPÉCIFIQUES DES DEUX POSITIONS DÉCRITES PAR MÉLANIE KLEIN

POSITION SCHIZO-PARANOÏDE	**POSITION DÉPRESSIVE**
Relation à un ***objet partiel*** (sein, nourriture, voix maternelle, etc.)	Relation à un ***objet total*** (la mère est perçue totalement sans être morcelée)
***Clivage de l'objet* en bon *ou* mauvais :** -un « sein » gratificateur - un « sein » frustrateur	***Accès à l'ambivalence* :** l'objet devient bon et mauvais (c'est la même mère qui gratifie et qui frustre)
Stimuli négatifs endogènes (pulsions agressives) **et *exogènes*** (frustrations venant de l'extérieur)	***Accroissement des angoisses*** lié aux expériences douloureuses (dentition, sevrage, absence maternelle)
Mécanismes défensifs activés : **clivage,** ***projection*** (pulsion de mort projetée dans l'objet « mauvais ») et ***introjection*** (incorporation orale du « sein bon »)	Développement des moyens défensifs : le nourrisson est mieux armé pour lutter contre l'intensité accrue de l'angoisse dépressive : ***idéalisation, déni, introjection projective***
Rôle fondamental de la mère (en priorité) mais aussi du père (et de tous les substituts : grands-parents, tantes, oncles, frères, sœurs, etc.) **L'édification de la personnalité se fait *dans le triomphe de l'amour sur la haine*, des pulsions de vie sur les pulsions de mort**	

Le stade phallique

Un pas de plus vers la personnalité adulte

L'étude des stades oral et anal nous a permis de voir comment et dans quelles conditions la personnalité se construit. Les investissements et les relations objectales de l'enfant changent en fonction de son propre développement. Ce point est important puisqu'il explique la raison de l'établissement de stades, mais aussi leur durée, leur nature et leurs contenus.

Toute la psychologie se construit sur l'idée que l'enfant n'est pas l'adulte ; c'est-à-dire qu'il ne vit pas les mêmes choses, n'a pas les mêmes investissements, ni la même relation à la réalité. En revanche, c'est au cours de l'enfance que s'élabore l'essentiel de la personnalité. En d'autres termes, ***on ne naît pas adulte, on le devient.*** Or, selon la psychologie, être adulte, c'est accéder au ***stade génital.*** Il constitue, de ce fait, le dernier stade. Mais, et l'étude des caractères nous permettra de l'étudier en détail, des fixations ou des régressions sont possibles. Ce qui signifie que chez certains adultes, l'organisation orale, par exemple, prédomine ; ou encore, chez d'autres, ce peut être l'organisation anale.

L'évolution infantile suit donc un certain nombre d'étapes avant de donner naissance à la personnalité adulte (accession au stade génital). Le ***stade phallique*** succède au stade anal. Marqué par le ***complexe de castration,*** il s'achève avec la résolution du ***complexe d'Œdipe. La période de latence*** lui succède, pour durer jusqu'à la puberté.

Le stade phallique en question

Le stade phallique est sans doute, parmi la description de l'organisation prégénitale, le plus contesté. L'épreuve des faits valide les stades oral et anal ; c'est-à-dire que l'expérience effective de l'enfant met réellement en jeu l'oralité et l'analité. Pour le stade phallique, il n'en va pas de même et les contenus supposés de cette époque sont, pour la plupart, spéculatifs.

En fait, il convient plus que jamais ici de replacer les choses dans leur contexte. La théorie des stades date du début du XXe siècle. Or, les mœurs, les conditions de vie, l'éducation, ont considérablement changé en plus de quatre-vingt-dix ans. Si cette évolution est sans incidence majeure pour les stades oral et anal, elle remet plus fortement en cause la théorie du stade phallique. Les principaux postulats exigent une adaptation, pour pouvoir rester en conformité avec nos modes actuels d'existence. Pourtant, les psychanalystes contemporains, dans leur majorité, ne remettent pas en question la théorie initiale et ne jugent pas nécessaire de l'ajuster en fonction des changements culturels opérés.

Nous allons donc retranscrire fidèlement la pensée freudienne, tout en soulignant les points qui semblent aujourd'hui faussés par l'épreuve des faits.

La différence des sexes et la question des origines

Le stade phallique commence dans la troisième année de vie, pour se terminer dans la cinquième ou la sixième année. Il tire son nom de la suprématie du phallus. Les zones érogènes investies dans les stades précédents ne sont pas directement en relation avec les organes génitaux. En revanche, dans le stade phallique, elles commencent à l'être. Les organes génitaux deviennent la zone sexuelle prédominante. L'enfant arrive ainsi progressivement vers la sexualité adulte.

Selon la théorie, la première caractéristique du stade consiste dans la curiosité sexuelle manifestée par l'enfant. Le stade phallique correspond, en effet, à l'époque où l'enfant pose et se pose de nombreuses questions qui ne sont, dans leur majorité d'ailleurs, pas toutes d'ordre sexuel. Il n'empêche que les interrogations centrales portent sur l'origine de la vie et la différence des sexes.

– ***L'origine de la vie*** fait référence aux théories sexuelles infantiles. L'enfant se demande d'où il vient ? Comment a-t-il été « fabriqué » ? Comment est-il né ? Par où ? Ces questions prouvent, outre un déplacement des pulsions et un intérêt pour la sexualité, la puissante curiosité intellectuelle de l'enfant. A défaut de réponse, l'enfant va élaborer un certain nombre de théories relatives aux origines de la vie (naissance anale, fécondation orale par le baiser, etc.). Cependant, depuis le premier exposé de la théorie, les choses ont sensiblement évolué. Aujourd'hui, de nombreux parents répondent aux questions et satisfont ainsi la curiosité de leur enfant. Dans la majorité des familles, la sexualité ne constitue plus un tabou, ce qui n'était pas le cas à l'époque de Freud, où on ne parlait pas de « *ces choses-là* ». Si, cette remarque mérite d'être prise en compte, elle n'en affecte pour autant que très peu la théorie initiale. Les enfants continuent de se poser ou de poser des questions, et ils n'ont pas vraiment encore la possibilité psychique et intellectuelle d'intégrer parfaitement les réponses fournies par leurs parents ou éducateurs. Ils ont donc nécessairement une représentation imaginaire de l'origine de la vie en général, et de leur vie en particulier. Sans compter que, dans certains milieux, le tabou demeure et que l'on ne répond pas aux questions de l'enfant.

Les conceptions infantiles relatives à la naissance, à la fécondation et à la sexualité constituent donc une caractéristique majeure du stade phallique.

– La différence des sexes est un autre élément clef. Selon Freud, jusque vers 3-4 ans, l'enfant ne réalise pas la différence des sexes. Lorsqu'il s'en rend compte, il est fortement perturbé par cette découverte. Si l'on suit fidèlement la théorie, la reconnaissance ***réelle*** de la différence des sexes est tardive. Là encore, un réajustement aux modes de vie actuels s'avère incontournable. Que ce soit à travers la vie en collectivité (crèches, écoles...) ou à travers la télévision (publicité pour les couches par exemple), l'enfant fait nécessairement cette découverte plus précocement (avant 3 ans). Cependant, ce fait ne remet pas non plus en cause la théorie, car ce n'est pas tant la connaissance qui compte mais la ***reconnaissance.*** Certes, l'enfant sait que les petits garçons et les petites filles, les hommes et les femmes, n'ont pas le même corps. Mais c'est uniquement dans le stade phallique qu'il intègre cette différence, qu'il la reconnaît.

Or, selon la psychanalyse, la reconnaissance de la différence des sexes constitue un passage éprouvant pour l'enfant. Car, c'est pour lui renoncer à la toute-puissance : il ne peut être à la fois un garçon ***et*** une fille. En admettant la différence des sexes, l'enfant est obligé d'admettre :

- toutes les différences (c'est-à-dire que l'autre ne soit pas moi, et inversement),
- des limites à son propre pouvoir,
- l'établissement et l'acceptation de sa propre identité sexuelle.

C'est ce troisième point qui conduit au complexe de castration.

Le complexe de castration

De toute la théorie relative au stade phallique, c'est sans doute le complexe de castration qui pose le plus de problème, à moins de le prendre comme une métaphore.

Dans la théorie classique, il ne s'agit cependant pas d'une métaphore mais d'une réalité.

Le petit garçon, à travers la découverte de la différence des sexes, constate que la fille - ou la femme - est dépourvue de pénis. Faisant suite à cette constatation, le complexe de castration repose sur deux présupposés :

1) que le petit garçon ait subi antérieurement **des menaces de castration effectives,**

2) ***la survalorisation* du pénis.**

En effet, selon la théorie classique, le complexe de castration s'élabore sur une angoisse de castration, qui serait consécutive à des menaces antérieures. Freud le signifie en ces termes :

> *« L'observation qui finit par briser l'incroyance de l'enfant est celle de l'organe génital féminin. Il arrive un beau jour que l'enfant, fier de sa possession d'un pénis, a devant les yeux la région génitale d'une petite fille et est forcé de se convaincre du manque d'un pénis chez un être si semblable à lui. De ce fait la perte de son propre pénis est devenue elle aussi une chose qu'on peut se représenter, la menace de castration parvient après coup à faire effet. »*[24]

Un tel énoncé peut laisser perplexe, surtout à l'heure actuelle. Les parents menaçant leur enfant de castration ne doivent pas être légion, même s'il est vrai que certains le font sur le ton de la plaisanterie. Mais, si angoisse de castration il y a, elle est vraisemblablement plus symbolique que réelle, la castration représentant la perte de la toute-puissance « je ne suis pas une fille ».

D'autre part, la théorie repose sur la ***survalorisation*** du pénis. C'est d'ailleurs en ce sens qu'on parle de stade phallique (en référence au phallus sacralisé). Le petit garçon craint de perdre son pénis et la fille souffre de ne pas en avoir un.

Pour la fille, en effet, le complexe de castration ne s'élabore pas de la même manière. Elle ne redoute pas d'être châtrée, comme le garçon le craint, *puisqu'elle est déjà châtrée.* Ainsi, selon la psychanalyse, chez la petite fille, l'angoisse de castration est remplacée par ***l'envie du pénis.*** Les féministes se sont naturellement élevées contre un tel

24. S. FREUD, *Trois essais sur la théorie de la sexualité*, p. 123.

discours et on les comprend aisément. Toute la théorie relative au complexe de castration repose sur une prétendue supériorité du pénis. Or, ce postulat est pour le moins arbitraire. Néanmoins, replacé dans son contexte, on peut à la limite comprendre que Freud pouvait tenir ces propos. Au début du siècle, il était préférable d'être un homme qu'une femme. A lui incombaient le pouvoir, les responsabilités et l'indépendance, alors que son homologue féminin avait peu d'espoir de s'émanciper de son rôle d'épouse et de mère. En cela, les hommes étaient supérieurs ! Mais leur supériorité était culturelle, issue d'une structure patriarcale. C'est encore le cas aujourd'hui pour certaines sociétés. Dans cette perspective, sans doute, la petite fille regrette de ne pas être un garçon et son envie de pénis est alors symbolique de son désir de changer de sexe. Ce n'est pas l'organe qui est désiré mais la condition masculine.

Dans l'Occident contemporain, en revanche, l'égalité des sexes remet en cause la théorie initiale. Les petites filles ne semblent pas, dans leur majorité, vouloir être des garçons, et inversement. Mélanie Klein a, d'ailleurs, défendu ce point de vue, en faisant référence au désir de féminité chez le garçon, qui fait pendant au désir de masculinité chez la fille. A ce sujet, Jung parle de ***complexe d'Electre.***

Le complexe de castration peut donc s'entendre comme le **renoncement à la toute-puissance** ***chez le petit garçon comme chez la petite fille*** (l'impossibilité d'enfanter pour le garçon, par exemple). Il faut pour l'enfant abandonner le ***et*** (être à la fois un garçon ***et*** une fille, c'est-à-dire être omnipotent et autonome, en pouvant se suffire à soi-même et faire des enfants tout seul) pour accepter le ***ou*** (n'être qu'un garçon ***ou*** une fille).

Ainsi, la différence des sexes et le complexe de castration qui lui est relatif jouent un rôle fondamental dans la construction et l'acceptation de l'identité sexuelle (renoncement à être du sexe opposé). Ce passage est extrêmement important, et dans les choix affectifs futurs, et dans la gestion de sa sexualité d'adulte.

Le complexe d'Œdipe

C'est sans doute le concept le plus célèbre. L'expression est passée dans le langage courant et les notions mêmes qu'elle soulève sont connues de tous. Cependant, pour beaucoup le complexe d'Œdipe se résume par l'Interdit de l'Inceste. Ses implications sont considérablement plus vastes et surtout plus subtiles.

Freud, passionné de mythologie et d'histoire des religions, a étayé bon nombre de ses théories sur les scénarios mythiques. A travers eux, il a décrit des situations ordinaires et universelles, fondatrices et instigatrices du devenir humain. L'Œdipe en est l'illustration la plus célèbre, mais il en existe d'autres (comme Narcisse, Eros, Thanatos, etc.).

Dans le mythe, Œdipe est abandonné par ses parents, Laïos et Jocaste, qui craignent de voir se réaliser la terrible prophétie délivrée par la Pythie. Selon la prédiction, Œdipe, devenu adulte, tuera son père et épousera sa mère. Ses géniteurs jugent donc préférable de l'abandonner, afin de se protéger. Elevé par les souverains de Corinthe, et dans l'ignorance de son véritable état, Œdipe, jeune homme, étant à son tour informé de la terrible prophétie, fuit ses parents adoptifs, qu'il pense être ses géniteurs. En chemin, une altercation l'oppose à Laïos. Œdipe le tue, sans savoir naturellement qu'il s'agit de son véritable père et il réalise ainsi, à son insu, le premier terme de la sinistre prophétie. Nullement affecté, il continue sa route. Ses pas le guident vers Thèbes, où Jocaste (sa mère) devenue veuve (et pour cause !) le prend pour époux. Le deuxième terme de la prophétie est ainsi validé puisque, sans le savoir, Œdipe épouse sa mère.

L'histoire originale a son importance dans la compréhension du complexe d'Œdipe. Freud y a vu la symbolisation de la situation triangulaire classique rencontrée par l'enfant. Le mythe pose en effet le conflit originel, qui oppose l'enfant à l'un de ses parents, pour pouvoir mieux être aimé de l'autre. Dans cette perspective, le complexe d'Œdipe peut se résumer suivant deux points :

1) Le ***désir*** de l'enfant pour le parent de sexe opposé,

2) conjugué à ***l'hostilité*** de l'enfant pour le parent du même sexe.

Situation qui illustre symboliquement le désir d'épouser sa mère (ou son père pour la petite fille) et de tuer son père (ou sa mère pour la petite fille). Naturellement, il s'agit là d'un symbole : l'enfant ne veut pas réellement tuer l'un des parents pour pouvoir épouser l'autre. De même dans le mythe originel, Œdipe agit par ignorance. Il ne tue pas réellement son père et n'épouse pas réellement sa mère, parce qu'au moment où il accomplit ces actes, il ignore la vérité.

Ce point est d'importance car il met l'accent sur la nécessité d'envisager au second degré la situation œdipienne. Dans cette mesure, l'Œdipe représente le conflit, basé sur un désir interdit, qui oppose, à un moment donné, enfant et parents.

Pour Freud, l'Œdipe est universel. Même l'enfant orphelin le vit, soit auprès de ses parents adoptifs, soit en se créant des figures parentales imaginaires.

> *« On pourrait objecter que le complexe d'Œdipe devrait manquer chez les enfants qui ont perdu très tôt leurs parents ou bien seulement l'un d'eux. Nous apprenons pourtant par l'expérience que l'enfant se crée alors des parents dans ses fantasmes et que c'est par ces fantasmes qu'il développe sa disposition au complexe d'Œdipe. Lorsque l'enfant n'a par exemple pas de père, il en crée un dans son imagination et lui attribue des caractères quasi divins. Lorsque le père est en vie, mais qu'il est un être faible, il arrive souvent que l'enfant cherche dans la vie un homme sévère qui remplace pour lui, en imagination, son propre père faible. »*[25]

Les premiers objets d'amour de l'enfant sont évidemment ses parents. Entre sa troisième et sa cinquième année, l'enfant désire aimer ses parents (et être aimé d'eux) comme ses parents s'aiment entre eux. D'autre part, l'Œdipe est consécutif à l'établissement formel de l'identité sexuelle. Il se situe à la charnière du stade phallique. Ainsi, l'enfant, dans le même temps où il revendique son identité sexuelle, « sexualise » sa relation aux parents, en désirant, dans l'Œdipe classique, le parent du sexe opposé au sien. L'autre parent devient, dès lors, l'élément gênant et une rivalité avec le parent du même sexe s'instaure. La théorie fait également référence à l'Œdipe inversé où les choix se renversent, avec désir pour le parent du même sexe et hostilité pour le parent du sexe opposé. En général, l'Œdipe comporte ces deux versants, où l'ambiguïté des sentiments prédomine, avec une association désir/hostilité, et pour le parent du même sexe, et pour le parent du sexe opposé. Par exemple, l'enfant, même s'il considère le parent du sexe opposé comme un rival, nourrit quand même à son égard des sentiments tendres et un attachement affectif puissant. Et c'est d'ailleurs du fait de cette ambiguïté que la situation œdipienne est tellement douloureuse.

---

25. H. NUNBERG : *Principes de psychanalyse*, p. 69.

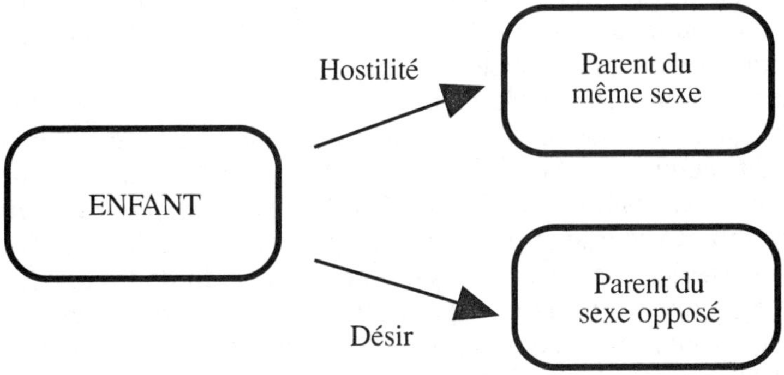

L'Œdipe classique

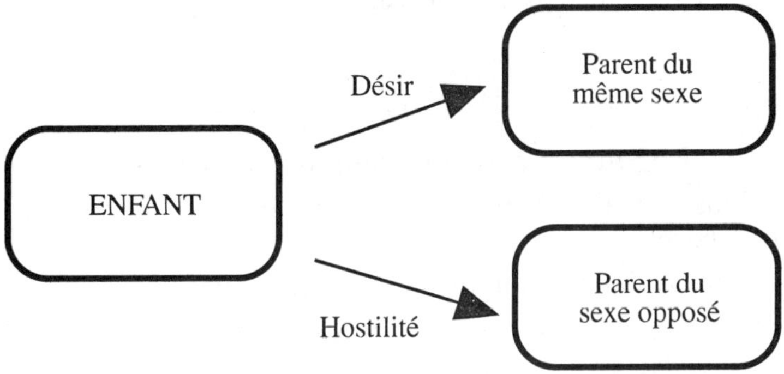

L'Œdipe inversé

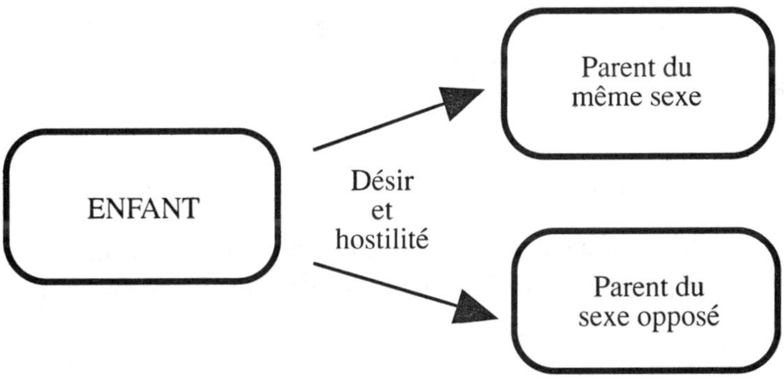

L'Œdipe complet

L'issue du conflit œdipien est capitale pour la structure générale de la personnalité de l'enfant. Plus spécifiquement, de la résolution de la situation œdipienne dépend la capacité de construire des relations affectives, une fois devenu adulte, affranchies de cette situation conflictuelle originelle. Car, l'Œdipe met finalement en jeu un désir interdit, auquel l'enfant va devoir renoncer. ***L'enfant ne peut pas aimer ses parents (et être aimé d'eux) comme ses parents s'aiment entre eux.*** Ce qui signifie, bien sûr, qu'il ne peut pas avoir de relations sexuelles avec ses parents (le fameux interdit de l'inceste) mais, bien plus, que ***ses parents ne peuvent être ses seuls objets d'amour*** et que, pour vivre la relation qui les réunit l'un et l'autre, l'enfant devra trouver d'autres objets d'amour. C'est pourquoi, la situation œdipienne a une telle influence dans la structure psychologique. L'étiologie des névroses suffit à le prouver ; à l'origine de la maladie, le conflit œdipien est toujours plus ou moins en cause.

L'Œdipe s'articule donc sur deux axes :

- l'instauration d'un conflit (illustré par l'opposition désir/hostilité),
- la résolution du conflit dans le renoncement à ce type d'amour et l'acceptation de l'Interdit.

Selon Freud, l'Œdipe élabore d'ailleurs le Surmoi. C'est, à travers l'intégration de l'interdit de l'Inceste, que l'enfant assimile tous les autres interdits.[26] Le conflit œdipien ne trouve pas un terme brutal ou définitif à l'issue du stade phallique, mais sa résolution partielle conduit à la formation du Surmoi.

La période de latence

La période de latence ne fait pas partie du stade phallique, mais lui succède. Elle s'étend de la cinquième ou sixième année de vie jusqu'à

26. Se reporter à l'étude détaillée du Surmoi, p.97.

la puberté. Elle se caractérise par une ***rémission des pulsions sexuelles.*** C'est la raison pour laquelle on parle de latence. La formation du Surmoi qui l'inaugure explique en partie l'évolution des investissements. Dans le même temps où il intègre les interdits (dont celui de l'inceste), l'enfant assimile ***les valeurs morales et idéales.*** L'Œdipe joue d'ailleurs un rôle à travers les processus identificatoires qu'il met en mouvement. L'enfant prend pour modèle le parent du même sexe, afin de mieux « séduire » le parent de sexe opposé qu'il désire. Conséquence de cette évolution, la période de latence est contemporaine d'une sublimation des pulsions sexuelles. L'étude des instances psychiques et des défenses du Moi[27] permet de comprendre ce qui se passe alors.

La ***pudeur*** constitue un trait caractéristique. Alors qu'auparavant, l'enfant ne ressentait aucune gêne devant la nudité, voire était un tantinet voyeur et exhibitionniste, il devient souvent farouchement pudique. La propension qu'il manifestait antérieurement au voyeurisme ou à l'exhibitionnisme n'avait rien d'une perversion. L'enfant était « innocent » tout simplement. C'est uniquement pour l'adulte qu'il s'agit d'attitudes immorales et perverses. Ces attitudes sont perverses aux yeux de l'adulte, pas aux siens. La morale est une convention que l'enfant n'a pas encore intégrée alors. Ce n'est qu'à partir de la période de latence que les valeurs morales, en usage dans son environnement, sont intériorisées par l'enfant. Il devient ***raisonnable*** (au sens de l'adulte). D'ailleurs ne parle-t-on pas d'*âge de raison* quand l'enfant souffle ses sept bougies ? C'est lorsque, au-delà de cette frontière temporelle, les valeurs morales ne sont pas intégrées qu'on peut parler de perversions.

Ce retrait des désirs sexuels (réprouvés par le Surmoi) permet à l'enfant de se tourner vers d'autres centres d'intérêt. Sa curiosité intellectuelle s'amplifie, ses goûts et ses activités se diversifient. Sur le plan affectif également, un changement s'opère. La résolution partielle du conflit œdipien permet une ouverture du champ relationnel. L'enfant est apte à s'investir dans d'autres relations, à se détacher partiellement de ses parents, pour aimer d'autres personnes. Les amitiés enfantines et adolescentes en constituent une bonne illustration.

27. Se reporter aux chapitres sur le fonctionnement psychique et les défenses du Moi.

Ce qu'il faut retenir à propos du stade phallique :

1) Le stade s'étend de 3 à 5 ans.
2) Il est marqué par la primauté des organes génitaux.
3) L'enfant se pose la question des origines.
4) La reconnaissance de la différence des sexes se fait réellement et psychiquement.
5) Le complexe de castration intervient comme un renoncement à la toute-puissance (garçon ou fille).
6) Le complexe d'Œdipe correspond à un conflit affectif capital pour la formation de la personnalité.

Puberté et adolescence

La préadolescence et l'adolescence constituent une étape cruciale. Aux changements corporels s'associent des transformations psychologiques. La problématique sexuelle est réactivée par les manifestations pubertaires. Sur le plan théorique, tous les stades précédents sont réactualisés, et l'organisation prégénitale est, d'une certaine manière, de nouveau traversée par l'adolescent.

C'est, plus particulièrement, le conflit œdipien qui est remis en cause. La situation périphérique de l'adolescence, entre l'enfance et le monde adulte, explique cette réactualisation. L'inconfort de la position du jeune se traduit dans l'imprécision fondamentale concernant son identité : trop grand pour être un enfant et trop petit encore pour être un adulte.

La question de l'identité se trouve ainsi douloureusement posée ; ce qui renvoie précisément à la problématique du stade phallique. L'androgynie est d'ailleurs caractéristique de l'adolescence. Ni enfant, ni adulte, mais aussi ni homme, ni femme. Les tenues vestimentaires, la coupe de cheveux, l'attitude physique manifestent la revendication silencieuse de l'adolescent de pouvoir se noyer dans une masse rassurante. C'est un peu comme si le jeune s'employait, à travers la recherche d'uniformisation, à lutter contre les transformations de son corps. Physiquement, au contraire, l'identité sexuelle se dessine de plus en plus. Les enfants, exception faite de la différence des sexes, ont sensiblement le même corps. La différence n'est pas clairement établie. La puberté bouleverse cet ordre, en soulignant la masculinité et la féminité. La séparation est alors réellement consommée et la crise, qui lui est contemporaine, s'éclaire à la lumière de cette rupture.

Dans la théorie, l'adolescence est envisagée comme synthétisant toute l'évolution antérieure. Pour devenir adulte, il faut non seulement renoncer à être à la fois un garçon et une fille (tout comme dans le stade phallique) mais en plus il faut renoncer à rester dans le monde sécurisant de l'enfance. C'est en cela que les tendances œdipiennes sont réactivées, dans le choix de ses objets d'amour et de ses investissements affectifs et sexuels.

L'adolescence constitue donc une période élastique (la durée est variable d'un sujet à l'autre), à l'issue de laquelle s'ouvre le stade génital proprement dit. Même si les organisations précédentes ne sont jamais complètement abandonnées, chez l'adulte équilibré, les pulsions sexuelles génitales sont prédominantes. La relation objectale accède à l'ambivalence et ne s'instaure ni sur un mode fusionnel, ni sur un mode clivé.[28]

28. Le caractère génital (adulte) est envisagé en détail plus loin.

LA PSYCHOLOGIE DE L'ADULTE

UNE CARACTÉROLOGIE DYNAMIQUE

Nous avons signifié, au préalable de l'étude de la sexualité infantile, combien elle était solidaire de la caractérologie postulée par Freud. La continuité entre le vécu infantile et la vie adulte est assurée à travers les répercussions, manifestes ou latentes, réelles ou possibles, des stades prégénitaux. Aussi, et là est réaffirmée l'importance de l'enfance, nos jeunes années ne sont pas définitivement révolues à l'âge adulte ; les expériences qui leur sont attachées conditionnent notre existence tout entière.

En explication aux caractères, Freud écrit :

« Ces phases de l'organisation sexuelle sont normalement traversées en douceur, sans trahir leur existence autrement que par des indices. Ce n'est que dans les cas pathologiques qu'elles sont activées et repérables à l'observation superficielle. »[1]

De la « normalité » à la pathologie

Les stades prégénitaux donnent donc naissance à une caractérologie. Il est, à ce sujet, essentiel de comprendre que les caractères peuvent constituer l'étiologie des pathologies mentales, mais également, que des composantes de l'oralité ou l'analité, voire les deux combinées, peuvent s'intégrer à une structure psychique par ailleurs saine. Se profilent ici la relativité et la fragilité de la frontière entre le normal et le pathologique. Aux dires de Freud, nous sommes tous névrosés. En d'autres termes, aucun être humain n'est exempt de troubles psychiques et comportementaux. La psychanalyse peut alors être ouverte, élargie et envisagée comme une voie de transformation. Elle est prophylactique et curative. Rendre conscient l'inconscient, revient implicitement à apprendre à se connaître : repérer les travers de sa personnalité pour changer. Comme nous l'avons déjà expliqué dans l'introduction, cet ouvrage ne peut en aucun cas remplir cette fonction « thérapeutique » ; mais comprendre, ne serait-ce qu'intellectuellement, rend lumineux des mécanismes jusque là obscurs. Certes,

1. FREUD : *Trois Essais sur la théorie de la sexualité*, p. 128.

le savoir ne suffit pas, seule l'expérience - et donc l'engagement dans l'action - peut lever les défenses, conduire à un changement réel, à une prise de conscience effective. Néanmoins, la connaissance intellectuelle ne peut s'avérer préjudiciable à un travail sur soi, bien au contraire. De même que connaître son anatomie peut conduire à vivre son corps autrement (ce qui ne signifie pas ne jamais être malade ou s'improviser médecin) ; connaître les lois qui régissent la psyché humaine peut permettre de vivre autrement. L'étude des caractères, dans sa valeur descriptive, va donc éclairer des comportements spécifiques, incompréhensibles jusque là.

Il importe d'établir clairement que chacun, sans présenter une pathologie sévère, présente des traits oraux ou anaux, résidus de son histoire infantile. Ce n'est que dans la mesure où l'on considère comme souhaitable - c'est-à-dire possible - de transcender sa condition que l'on s'attachera à reconnaître, pour éventuellement les « liquider », ces comportements spécifiques à l'organisation prégénitale.

L'oralité, par exemple, peut expliquer une relation particulière à la nourriture, comme la boulimie ou l'anorexie ; ou encore, l'analité s'exprimer dans un goût prononcé pour l'ordre et la propreté. Ces manifestations, héritées de l'organisation prégénitale, sont fréquentes et s'intègrent, souvent sans problème, à la personnalité, constituant pour ainsi dire des traits de caractère. Ce n'est que lorsque la *prégénitalité* prédomine, et notamment se substitue à la génitalité, qu'elle donne naissance à une pathologie. En d'autres termes, l'oralité ou l'analité, sous forme de traces, ne présage pas d'une pathologie particulière mais entre dans la composition et dans la structure de la personnalité. C'est en ce sens que l'on parle de caractérologie.

Pour une compréhension de l'homme

La théorie des caractères permet de saisir avec plus de clarté, et de manière systématique, certaines attitudes humaines. C'est donc bien là encore une manière de mieux connaître l'Homme qui nous est offerte : et donc, de mieux se connaître. Pour Erich Fromm, le bénéfice de la caractérologie réside effectivement dans l'explication qu'elle donne de la problématique humaine. Indépendamment du reproche fait à la sexualisation des caractères, Fromm nous dit :

> *« Malgré cette critique du concept freudien du caractère, il convient d'insister une fois de plus sur le fait que la découverte,*

par Freud, du concept dynamique du caractère offre la clé qui permet de comprendre les motivations des comportements individuel et social, et qui permet, dans une certaine mesure, de la prédire. »[2]

C'est, en effet, par sa tonalité dynamique que la théorie freudienne des caractères se distingue. Maintes caractérologies ont été proposées : celles d'Hippocrate, de Le Senne, de Jung, etc. L'originalité de la théorie psychanalytique réside dans l'origine infantile des caractères. Elle ne fait pas référence, comme la majorité des systèmes, à l'hérédité, à une structure préétablie génétiquement ; mais les caractères se constituent lors de l'histoire de chacun. Le dynamisme a nécessairement une influence : la possibilité d'un mouvement, d'un changement. Le caractère n'est pas rigide, inscrit dans les gênes et établi une fois pour toutes. Il peut à la faveur des expériences être activé ou, au contraire, désamorcé.

Le rôle fondamental de l'enfance

La formation de caractère repose sur la contiguïté existante entre l'enfance et la maturité. Normalement, comme le signifie Freud, les stades prégénitaux correspondent à des périodes spécifiques de la vie, ils devraient être révolus définitivement si l'on tient compte d'une organisation *processuelle* de la libido qui passe successivement par chaque étape, pour accéder, après une maturation psychosexuelle suffisante, à la génitalité. Mais, le parcours n'est jamais linéaire. L'entrée dans un nouveau stade de l'organisation libidinale ne signifie pas nécessairement que le stade précédent est définitivement révolu. Certains types d'investissement, de relation d'objet, de mode de satisfaction, peuvent subsister. Cette continuité ou reviviscence trouve sa source dans les mécanismes de fixation ou de régression.

Ce qui explique, en outre, l'activation possible de la libido prégénitale réside dans le fait que l'individu conserve des traces de toutes ses expériences infantiles. Il ne faut pas confondre : « passé » et « fin » ou « fini ». Le passé peut être perpétué à la faveur d'une fixation ou réactualisé à la faveur d'une régression.

---

2. Erich FROMM : *Grandeur et limites de la pensée freudienne*, p. 102.

« Dans le développement organique, les phases antérieures ne sont pas conservées ; on ne peut plus déceler l'embryon chez l'adulte. Dans le domaine psychique, au contraire, tous les stades passés persistent au sein du stade terminal. »[3]

Comment opèrent les mécanismes de fixation et de régression ?

Laplanche et Pontalis donnent la définition suivante de la fixation :

« La notion de fixation se retrouve constamment dans la doctrine psychanalytique pour rendre compte de cette donnée manifeste de l'expérience : le névrosé, ou plus généralement tout sujet humain, est marqué par des expériences infantiles, reste attaché de façon plus ou moins déguisée à des modes de satisfaction, à des types d'objet ou de relation archaïques. La cure psychanalytique atteste de l'emprise et de la répétition des expériences passées comme de la résistance du sujet à s'en dégager. »[4]

Le concept de fixation a plus une valeur descriptive qu'explicative. Il n'indique pas pourquoi la libido se fixe, à un moment donné, à une structure particulière. Le terme est largement employé dans la théorie des stades et des caractères mais il est également usité en dehors. La fixation est ici élargie à une organisation, mais elle peut être plus partielle et s'établir vis-à-vis d'un objet, d'une personne ou d'une imago spécifique.

En ce qui concerne la régression, nous nous référons encore au *Vocabulaire de la psychanalyse* :

« Au sens formel, la régression désigne le passage à des modes d'expression et de comportement d'un niveau inférieur du point de vue de la complexité, de la structuration, de la différenciation. »[5]

Il est difficile de distinguer nettement les deux concepts. La régression indique un processus plus dynamique et surtout plus tardif. Elle suggère qu'après le dépassement d'un état, la personnalité y fait retour pour une raison ou une autre. La fixation a un caractère plus passif, dans la mesure où elle s'établit consécutivement, voire simultanément, à

---

3. Jean DUGUE : *Cinq leçons sur la psychanalyse, Commentaire*, p. 135.
4. LAPLANCHE ET PONTALIS : *Vocabulaire de psychanalyse*, p. 161.
5. LAPLANCHE ET PONTALIS : *Vocabulaire de la psychanalyse*, p. 400.

l'expérience. Elle s'interprète comme un « échec » partiel ou total de l'évolution progressive de la libido, qui reste attachée à un mode d'organisation particulier au lieu de se mouvoir vers le prochain stade. La fixation ouvre la voie à la régression. Pour bien différencier les deux concepts, il importe d'insister sur le moment où ces mécanismes se développent : la fixation est contemporaine de l'expérience ; la régression fait état d'un retour après une évolution « normale ».

Dans les deux cas, les motifs ne sont pas rendus par le concept. L'origine de la fixation ou de la régression est à établir au cas par cas, en fonction de l'histoire individuelle de chacun.

Le caractère oral

Ce qui va ressortir de la future étude n'est pas à entendre d'une manière univoque et invariable. L'oralité, de même que l'analité, se manifeste sous forme de traits, c'est-à-dire de tendances ; plus rarement la personnalité entière est soumise à l'organisation orale. C'est pourquoi, certains comportements cités peuvent se rencontrer chez un sujet, sans qu'il réunisse pour autant toutes les caractéristiques de la structure. La complexité et la subtilité de la personnalité doivent être respectées. Le sujet ne peut être réduit à un portrait uniformisant. Pour schématiser notre pensée, nous pourrions dire qu'un boulimique (trait oral) ne sera pas nécessairement optimiste (trait oral). En d'autres termes, il ne faut pas s'attendre à retrouver tous les éléments rattachés à une structure chez un même sujet. Ou, dans la même logique, conclure que ne possédant pas ce trait particulier d'une des deux organisations prégénitales, il n'y a aucune fixation orale ou anale.

Le rapport avec l'enfance

Pour comprendre le caractère oral, il est nécessaire de considérer la réalité de la période (première année de la vie) et la qualité des expériences qui y sont faites, ainsi que la position spécifique du nouveau-né et ses possibilités réelles. Si l'enfant est, du fait de sa prématurité, limité dans son action, il n'en éprouve pas moins une quantité optimale de besoins et désirs. L'insuffisance dans le développement moteur le rend dépendant du monde extérieur. Nous l'avons d'ailleurs vu développer une activité en partie autonome à travers la succion du pouce, plaisir qu'il peut satisfaire par lui-même sans le secours de l'extérieur.

Pour l'étude des traits oraux, nous utiliserons particulièrement les écrits de Béla Grunberger et de Karl Abraham, qui se sont l'un et l'autre, avec pertinence, penchés sur la formation des caractères oral et anal.

Spécificité de la relation

La première particularité de l'oralité réside dans la qualité des relations. Comme nous l'avons souligné, il s'agit plutôt d'une période *anobjectale* (c'est-à-dire sans objet) ou, pour le signifier autrement, d'une époque favorisant l'instauration d'une relation symbiotique avec l'objet. Cette osmose est en continuité avec la vie prénatale comme survivance de la fusion propre à l'univers intra-utérin. Balint[6] définit remarquablement les propriétés de ce principe par l'expression « *unité-duelle* ». Deux éléments, distincts par nature, font corps, sont unis et n'en forment qu'un. Chaque individu a fait l'expérience de cette union fusionnelle, et en a, d'une manière plus ou moins manifeste, conservé la marque.

Le caractère oral se développe donc sur cette relation spécifique au monde. Le cas le plus typique de fusion narcissique-orale se rencontre chez le schizophrène qui est convaincu que l'autre pense ce qu'il pense, ressent ce qu'il ressent. Sans entrer dans les états psychotiques, l'oral cherche ***à se fondre dans l'autre***, ou plus exactement ***à fondre l'autre en lui.*** On retrouve ainsi des composantes de l'organisation orale dans les amitiés adolescentes. Les jeunes amis se jurent fidélité absolue, sont inséparables, se vouent un attachement total et sans compromission. La relation amoureuse reprend les mêmes caractéristiques. ***La fusion implique la négation de la différence.*** Il importe d'être « à l'image de », pareil, identique. Ce refus de l'autre, en tant que personne non-Moi, est sous-jacent à l'organisation orale.

Les amoureux reproduisent la fusion, en tout cas tentent de le faire, avec un succès tout relatif et qui ne peut être, dans le meilleur des cas, que temporaire. Car, de même que l'enfant acquiert son indépendance, pour se construire une personnalité une et indivis, l'union de deux êtres ne peut s'établir définitivement dans la réduction du deux à l'un. La volonté de ***ramener le pluriel au singulier*** (commune à l'oralité et à la relation amoureuse) intervient comme le fantasme de retour à l'unité primordiale.

Les amitiés adolescentes comme l'amour nous montrent clairement la manière dont des composantes d'une organisation prégénitale (ici, orale) peuvent s'intégrer à la structure d'une personnalité ou d'une relation. Elles en constituent alors des traits sans que la structure, dans sa totalité, soit solidaire du caractère prégénital. En d'autres termes, chaque individu, à travers la mise en place de situations typiques de l'existence, peut renvoyer à des éléments constitutifs de l'oralité ou de l'analité sans qu'il y ait formation d'une structure caractérielle figée et définitive.

6. BALINT : *Le moi fondamental.*

A la poursuite d'un rêve impossible

L'oral, souvent, poursuit un rêve impossible. Il est tout entier investi dans un désir, par nature irréalisable, mais dont il continue néanmoins à espérer la réalisation. Il désire un objet perdu, c'est-à-dire qu'il vit dans ***le regret permanent d'un état antérieur idéal.*** Si l'objet est considéré comme perdu, c'est donc qu'il a été un jour possédé. Pourtant, si on l'interroge, l'oral est incapable de décrire, de nommer l'objet. Cette problématique propre à l'oralité trouve sa source encore une fois dans la nostalgie des origines, dans l'éternel regret du paradis perdu, lié à la vie prénatale.

> *« C'est pourquoi, l'oral se comporte non pas comme quelqu'un qu'on aurait privé simplement d'une satisfaction mais comme le propriétaire légitime d'un bien précieux entre tous qui lui aurait été traîtreusement et ignominieusement ravi. »*[7]

Partant de là, l'oral remplit toutes les conditions pour nourrir ***un sentiment permanent d'insatisfaction.*** Puisqu'il ne connaît pas son désir, il ne peut que l'éprouver. Il évolue dans un état intérieur de perpétuel besoin. Besoin de quoi ? Par contre, il l'ignore ! L'objet n'est jamais réel et cela est dû aux qualités spécifiques de l'oralité : un monde « *flou et absolu, imprécis et illimité* ».[8]

Optimisme, crédulité et impatience

L'oral demeure néanmoins toujours ***optimiste,*** c'est d'ailleurs ce qui lui permet de continuer à espérer, c'est-à-dire continuer à désirer. Son exceptionnelle confiance dans l'avenir provient d'un sentiment de protection, nourri dans la prime enfance. Telle la mère bienveillante qui subvient à tous les besoins de son enfant, l'adulte berce l'illusion qu'un ange gardien veille sur lui.

Le sujet est également ***excessivement crédule*** : un jour ou l'autre, ses rêves se réaliseront. Il oublie alors que la réalité est impuissante à remplir des désirs ignorés. Ou, pour formuler autrement, qu'ayant besoin constamment de désirer, il substituera un rêve à un autre, au fur et à mesure de leur accomplissement.

7. Béla GRUNBERGER : *Le narcissisme*, p. 159.
8. Béla GRUNBERGER : *Idem.*

L'oral souhaite ***une gratification totale*** (tout ou rien) ***et immédiate*** (tout, tout de suite). Il ne tolère pas l'attente et manifeste une impatience typique, liée à son insuffisance en constructions temporelles longues et structurées.

G. Devereux[9] a nettement mis en évidence cette particularité chez le nourrisson (et l'oral, d'une certaine manière, en demeure un). De même que l'animal, le bébé est inapte à intégrer deux événements : une cause et un effet, dissociés dans le temps. Il faut pour que l'association puisse s'établir que l'effet succède dans un laps de temps très court (quelques secondes) à la cause. Par exemple, pour qu'un acte (« faire le beau » pour un chien) soit associé à une récompense (caresse, morceau de sucre), il est nécessaire que les deux phénomènes interviennent immédiatement l'un à la suite de l'autre. Le caractère oral renvoie à la première année de vie et à cette incapacité infantile à se représenter le temps. C'est la raison pour laquelle l'oral est impatient. Il ne peut supporter l'attente parce qu'il ne peut même pas l'imaginer, la penser ou la mentaliser.

La demande en tout ou rien

De même que l'immédiateté de la satisfaction, la demande en tout ou rien correspond à un trait oral fréquent. Elle est consécutive au clivage de l'enfant. L'accès à l'ambivalence, comme nous l'avons déjà exposé, se fait plus tardivement. Dans la théorie classique, l'ambivalence accompagne l'analité ; mais pour de nombreux auteurs, notamment Abraham et Mélanie Klein, la division de l'organisation orale fait intervenir l'ambivalence plus précocement avec l'apparition des dents. Quoi qu'il en soit, au minimum jusqu'à quatre/six mois (pour Klein, Abraham) et au maximum jusqu'à un an pour Freud, le bébé a une relation clivée au monde : une relation en tout ou rien. C'est ***tout bon*** ou ***tout mauvais.*** On retrouvera cette caractéristique chez l'oral (de la première époque : le narcissique-oral ou réceptif-oral) dans ***son désir de gratification totale*** et dans son refus des compromis. Il ne veut pas renoncer à la toute-puissance narcissique, ce que l'instauration d'un compromis l'obligerait à faire. Il charge « *de toute sa libido son désir même en tant que tel, sur un mode démesuré,*

9. DEVEREUX : *Considérations psychanalytiques sur la divination.*

excessif, dû précisément à cette surcharge. »[10] De ce fait, il est entier dans ses actes, dans ses pensées et dans ses convictions.

L'oral jette un pont hallucinatoire entre son désir et la réalisation de celui-ci. Il suffit que l'objet soit représenté, pensé, pour être réel. Freud[11] a décrit ce mécanisme comme l'expression de la toute-puissance des idées. Le sujet croit à la force et à la détermination de ses pensées. C'est ce qui explique ***la propension au fantasme et le goût pour le rêve*** de l'oral. Sa vie intérieure très élaborée lui permet de vivre dans sa tête, dans une néo-réalité plus conforme à ses désirs. Il plane ainsi constamment sur lui, telle une épée de Damoclès, la menace de la disparition de la frontière nécessaire entre le rêve et la réalité. Cette perte du sens des réalités se manifeste avec force dans la psychose.

La vie amoureuse de l'oral

Elle peut prendre deux orientations différentes. L'investissement affectif est généralement massif alors que la sexualité est souvent secondaire. De la même manière que le modèle offert par sa structure générale, le désir amoureux de l'oral est difficile à satisfaire, moins par exigence, que parce qu'il ignore ce qu'il cherche. Il peut cacher cette indétermination sous les conditions idéales qu'il pose, mais par essence, son désir est là encore plus fondamental que la satisfaction supposée. Les deux tendances qui peuvent se développer sont :

- ***Soit la succession de relations affectives insatisfaisantes avec la quête permanente de l'âme soeur.*** La recherche de l'être idéal le conduit à vivre de multiples expériences toutes décevantes parce que trop idéalisées au départ. Il connaît des désillusions en chaîne et continue de croire que, quelque part, existe un être parfait, doté de toutes les qualités, capable de répondre à son désir. C'est naturellement un fantasme qui ne peut être réalisé. Ce n'est pas tant la réalité qui est en cause que le désir.

- ***Soit il s'engage dans une seule et unique relation : la relation « idéale » mais la relation « impossible ».*** Sans doute d'ailleurs idéale parce qu'impossible. L'oral vit alors, tel Dante ou Adèle H., dans l'attente de l'objet. La relation impossible lui permet de satisfaire son goût pour le fantasme. Elle est ici tolérée parce qu'elle répond justement à une exigence : rendre l'objet idéal parce qu'inaccessible. Le

10. Béla GRUNBERGER, p. 160

11. S. FREUD : *Totem et tabou.*

« choix » d'objet est alors très révélateur : comme tomber systématiquement amoureux de personnes mariées, ou vivant à plusieurs centaines, voire milliers de kilomètres, de soi, ou encore de personnes refusant elles-mêmes de s'engager, etc.

La vie sociale de l'oral

Elle est marquée par ***une tendance à l'individualisme.*** Son égocentrisme est lié à sa possibilité de se satisfaire par lui-même. Là encore, la référence à la première année de la vie est instructive, en ce qu'elle permet de comprendre ce trait de caractère. Le nourrisson a un univers uniforme. L'oralité se fonde sur l'autoérotisme (succion du pouce) et le ***narcissisme.*** Dans la mesure où il lui est difficile d'établir des relations avec l'extérieur, le bébé a une relation privilégiée avec lui-même. Ses moyens moteurs et intellectuels ne lui permettent pas encore de bien communiquer avec l'entourage. La relation avec sa mère est univoque, il absorbe sa mère dans son être, se fond en elle et, de ce fait, la démarcation entre le dedans et le dehors est imprécise et floue. Nous avons parlé à ce sujet du concept d'incorporation. Tel le nouveau-né, l'oral fonctionne par incorporation et identification. Il ramène tout à lui. Sur le plan amoureux, la tendance se manifeste par une propension à se noyer dans l'autre et réciproquement. Nous avons décrit ce processus comme une négation des différences. Au niveau social, il manifeste la même attitude.

Sa tendance à l'individualisme se justifie également par sa vie intérieure riche et élaborée. ***Le fantasme peut parfois se substituer au réel*** chez l'oral : il est « dans son monde », coupé en quelque sorte de la réalité objective, de la réalité des autres. D'autre part, l'oral se désintéresse volontiers des autres, son univers lui semble de loin plus passionnant.

Le sujet présente une difficulté toute particulière à formuler une demande. ***Il souhaite être deviné.*** Il désire être satisfait « magiquement », spontanément, sans avoir eu à formuler son besoin. Ce comportement s'associe à une difficulté réciproque à refuser. « *Il est d'ailleurs également incapable de refuser, étant aussi généreux (générosité par faiblesse) que pauvre (incapable de posséder). En fait, dans le registre de l'oralité, donner et recevoir, tant que tout se passe à l'intérieur de la fusion, sont équivalents.* »[12]

---

12. B. GRUNBEGER : *Le narcissisme*, p. 165.

Une indication supplémentaire nous est ici donnée par Béla Grunberger : l'inaptitude à posséder. L'oral se révèle ***un piètre gestionnaire.*** Son immaturité se traduit dans ce rapport difficultueux à l'argent, comme au monde matériel et tangible en général. Il désire jouir pleinement de l'existence et préfère à ce titre dépenser qu'économiser. L'immédiateté des satisfactions est encore une fois soulignée.

L'oral peut développer ***des talents artistiques*** et se révéler bon créateur. Son imagination féconde peut s'exprimer dans les arts. Seulement, son activité s'arrête souvent à la création. Il nourrit beaucoup de projets mais réalise difficilement. Il peut, dans la même lignée, écrire mais sans jamais être lu, ses oeuvres restant au fond de quelques obscurs tiroirs. Il peut peindre, sans jamais exposer ses toiles. Non pas qu'il n'ait pas d'ambition, mais il attend souvent que les choses se fassent d'elles-mêmes, toutes seules. On retrouve la toute-puissance des idées, le mode de satisfaction magique, la volonté que ses désirs s'accomplissent sans avoir à le formuler explicitement.

En synthèse, nous pouvons dire du caractère oral qu'il se traduit par le désir d'être *nourri matériellement, affectivement et intellectuellement sans agir* (Freud). L'oral attend que la satisfaction lui vienne de l'extérieur, qu'elle lui soit donnée spontanément et gratuitement. Ce qui se retrouve dans le scénario infantile. D'une certaine manière, on peut dire que la mère allaite son enfant, sans attendre de contrepartie, sans rien exiger en retour, hormis de l'affection, de l'amour, mais la satisfaction du désir n'est pas solidaire du comportement de l'enfant : dans tous les cas, l'enfant est nourri. Il reste évident que les conditions dans lesquelles la fonction nutritive est remplie demeurent fondamentales. Le bébé ne perçoit pas le même plaisir en étant nourri par une mère indifférente, voire agressive, qu'en étant nourri par une mère aimante et tendre.

Nostalgie de cette période d'osmose, de la vie prénatale à la continuité symbolique de la relation symbiotique avec la mère, l'oral conserve cette relation au monde : ***attendre la satisfaction passivement.*** L'exigence d'une gratification spontanée et gratuite constitue un résidu de l'absence d'efforts ou de travail du bébé, qui est satisfait spontanément et naturellement. Ce qui pour l'oral peut conduire au sentiment que ***tout lui est dû.*** C'est pourquoi il est tellement certain d'être dans son bon droit. Erich Fromm nous permet de nettement nous représenter l'attitude typique de l'oral :

> *« ... ce sont les individus qui, la bouche ouverte, absolument passifs et dépendants, attendent qu'on leur donne ce dont ils ont*

besoin ; soit parce qu'ils le méritent en raison de leur gentillesse, de leur docilité, soit en raison d'un narcissisme fortement développé qui leur donne l'impression d'être si merveilleux qu'il est tout à fait naturel que les tiers s'occupent d'eux. Les individus qui appartiennent à ce type de caractère partent du principe que toutes les satisfactions leur sont dues, sans aucune réciprocité. »[13]

Les plaisirs oraux

D'autres éléments sont à noter concernant *l'érogénéité* de la zone buccale. Nous avons jusqu'à présent défini les composantes caractérielles dérivées de l'érotisme oral, c'est plus particulièrement la fixation aux plaisirs oraux qui va nous intéresser à présent. Abraham en parle largement dans son étude.

Pour commencer, il nous faut reconnaître que la bouche demeure une zone érogène chez la majorité des adultes (ce qui prouve ici la persistance quasi universelle des manifestations infantiles). Abraham le souligne en ces termes :

« Il est vrai que l'érotisme normal nous montre clairement que la bouche n'a pas renoncé à sa signification de zone érogène. »[14]

Le baiser est défini dans notre culture comme une activité « normale », significative de l'amour. Il s'agit bien ici de l'érotisation de la cavité buccale, résidu de l'oralité. Comme Abraham le rappelle, l'érotisme oral s'intègre sans difficulté à la sexualité de l'adulte et joue un grand rôle dans les plaisirs préliminaires.

Il convient de prendre également en considération les troubles comportementaux qui répondent directement à la satisfaction orale. La relation à la nourriture est naturellement révélatrice de l'attachement aux plaisirs oraux. Abraham évoque, à ce sujet, ***la faim névrotique ou boulimie.***

« Bien des névrosés souffrent de fringales anormales. Ce symptôme apparaît souvent chez la femme et tout neurologue connaît ces patientes assaillies en pleine rue par la faim et réduites au transport préventif d'aliments ».[15]

---

13. Erich FROMM : *Grandeur et limites de la pensée freudienne*, p. 91.
14. Karl ABRAHAM : *Oeuvre complètes*, p. 14.
15. ABRAHAM, op. cit, p. 22.

Cette faim névrotique n'a pas de lien direct avec un besoin physiologique de nourriture. Elle est définie comme pathologique dans la mesure où elle répond à d'autres motivations qu'à celles du seul corps ; en d'autres termes, le désir compulsionnel de nourriture active d'autres éléments que le seul instinct de conservation ou même la seule pulsion sexuelle. Il s'agit bien souvent d'apaiser l'angoisse cruellement ressentie. Néanmoins, le choix d'objet n'est pas neutre, et il met en jeu à l'évidence une fixation à l'organisation orale. Abraham continue en mentionnant l'aspect aliénant de cette relation particulière à la nourriture. Il cite pour étayer son étude, le cas d'une patiente obligée de se lever plusieurs fois dans la nuit pour consommer des repas gargantuesques.

La boulimie, en tant qu'érotisation de la bouche, est souvent comparée à l'alcoolisme ou au tabagisme. Là encore, le mode de satisfaction est en partie oral.

L'érogénéité de la bouche est étroitement liée à l'intrication des pulsions alimentaires et des pulsions sexuelles. La renonciation à la succion est parfois difficultueuse. Dans cette perspective, une résistance au sevrage entraîne généralement une fixation orale. Il est fréquent que des enfants s'opposent à la privation totale de la succion. Certains peuvent continuer, jusqu'à un âge avancé, à prendre quotidiennement des biberons. Abraham cite le cas d'une petite fille qui, jusqu'à neuf ans, tous les matins, consommait un biberon de lait. C'était pour elle une manière de se préparer à affronter la journée. L'impossibilité de renoncer à la succion peut expliquer la persistance, durant toute l'enfance, voire jusqu'à l'âge adulte, de la ***succion du pouce.***

Pour permettre au petit homme de tolérer la perte du sein, du biberon ou du pouce, le recours aux « plaisirs infantiles » que représentent les sucreries est bien connu. La consommation de chocolats, gâteaux, sucettes et autres bonbons, intervient comme plaisir compensatoire. C'est dire si la bouche conserve sa signification libidinale. D'ailleurs, si les sucreries sont réservées à l'enfant, l'adulte n'en continue pas moins à trouver dans la consommation de chocolats, gâteaux ou bonbons, un plaisir indéniable et un exutoire à son angoisse. Il s'agit ici d'un trait oral parfaitement intégré à l'organisation libidinale de l'adulte. Toutefois, la consommation peut devenir excessive et le désir compulsionnel, auquel cas le caractère oral de l'activité est fortement accusé.

L'effet apaisant de la nourriture ou de la boisson est, du point de vue de la théorie psychanalytique, expliqué par la persistance d'un mode de satisfaction et d'atténuation de l'angoisse propre à l'oralité. A l'observation, l'influence de l'absorption d'aliments ou de liquides ressort nettement, par le fait de se sentir apaisé, bien dans sa peau, heureux, après avoir mangé ou bu. Ce phénomène est du reste identique aux effets calmants du tabagisme, qui constitue également un plaisir oral. Abraham reconnaît la valeur apaisante de ces activités, lorsqu'il écrit :

> *« Pour tout homme, il y a eu un temps où l'absorption du liquide délivrait de toute irritation. »*[16]

La pertinence de cette réflexion ne doit pas être négligée si l'on veut comprendre à quel point nous restons, consciemment ou inconsciemment, soumis à notre petite enfance. Il fut effectivement un temps où la tétée nous délivrait de nos angoisses, de nos peurs et de notre souffrance. L'absorption de lait, certes, mais aussi - et surtout - l'affection, la tendresse, l'amour qui nous étaient alors prodigués dans ces moments privilégiés. C'est pourquoi, la fixation orale (en tout cas la fixation au mode de satisfaction oral) peut souvent s'expliquer par la quantité optimale de gratifications lors de la première année de vie. Parce que cette période était particulièrement plaisante, agréable, heureuse, le sujet y fait retour, intentionnellement ou pas.

L'oral culpabilisé ou le sadique-oral

Béla Grunberger distingue l'oral de l'oral culpabilisé ; ce qui correspond respectivement à la différenciation entre le caractère réceptif-oral (de Fromm, d'Abraham) et le caractère sadique-oral.

L'étude précédente concerne les principaux traits de caractère oraux, qui conviennent, dans l'ensemble, à l'un et l'autre type (réceptif et sadique). Il importe pour l'oral culpabilisé ou le sadique-oral de faire intervenir l'agressivité propre à cette structure. Si l'oral attend passivement, ***l'oral culpabilisé exige violemment.*** La revendication est la même : être satisfait gratuitement et spontanément ; mais la composante sadique s'exerce ici dans l'impatience et la volonté de soumettre les autres à sa volonté.

16. K. ABRAHAM, op. cit, p. 29.

> *« L'individu sadique-oral croit, lui aussi, que tout ce dont il a besoin doit lui venir du monde extérieur et non de son propre travail. Mais contrairement au caractère oral-réceptif, il n'attend pas que les autres lui donnent spontanément le nécessaire : il essaye de le prendre de force. »*[17]

Il s'agit d'un caractère prédateur. L'égoïsme se ligue à la violence et conduit au despotisme. Tel l'enfant capricieux, le sujet désire soumettre les autres à sa volonté. La puissance du désir, la toute-puissance des idées et le mode d'accomplissement s'associent dans une tendance à l'exploitation d'autrui. ***Oralité devient synonyme d'avidité.*** Dans la formation sadique-orale se profilent certains traits du caractère anal, dont les composantes sadiques sont communes.

Abraham évoque l'importance de la parole dans le caractère sadique-oral (oral culpabilisé de B. Grunberger). La bouche est toujours investie et valorisée mais d'une manière différente. La prolixité, la peur du silence, le fait de parler sans trêve, dérivent souvent de cette structure caractérielle particulière. Les pulsions sadiques se manifestent à l'occasion dans la violence des mots, le cynisme, la cruauté verbale. De même que la dentition génère chez le bébé l'envie compulsionnelle de mordre, de faire mal, la fixation à l'organisation sadique-orale peut entraîner ***le désir de détruire, d'agresser, de « tuer » par le verbe.***

Le refoulement des pulsions orales

Reste le refoulement possible des pulsions orales. A ce moment, bien que la fixation ou la régression soit opérante, les tendances vont s'inverser. Par ce mécanisme psychique - la formation réactionnelle -, le sujet oppose, aux pulsions libidinales un investissement contraire. Dans le comportement, la formation réactionnelle se traduit principalement par un dégoût de la nourriture (anorexie), des baisers, et plus généralement dans une horreur pour tout ce qui se rapporte à l'érotisme oral.

Le refoulement peut être aussi partiel et temporaire, expliquant, par exemple, l'alternance des phases boulimique-anorexique, bien connues dans les troubles de l'alimentation.

---

17 Erich FROMM, *Grandeur et limites de la pensée freudienne*, p. 91.

En résumé, les composantes orales entrant dans la structure caractérielle sont les suivantes :

1) L'instauration d'une relation fusionnelle avec l'environnement et, par conséquent, une tendance à tout ramener à soi qui se manifeste dans un égocentrisme prononcé.

2) L'attente d'une gratification totale (tout ou rien), *immédiate* (tout, tout de suite) *et spontanée* (inaptitude à formuler une demande).

3) La passivité qui renvoie à la position infantile, dans laquelle les besoins et désirs sont remplis par l'extérieur, « magiquement », sans intervention de la part du sujet.

4) Les plaisirs oraux : nourriture, tabagisme, alcoolisme, etc.

5) L'érotisme oral entre dans la constitution des plaisirs préliminaires (baisers, caresses) ou, en cas de refoulement, le dégoût pour ces mêmes activités.

Causes possibles de la fixation ou de la régression

Un dernier point nous semble important. Il concerne l'origine de la fixation ou de la régression. Comme nous l'avons expliqué préalablement à l'étude, une analyse individuelle peut seule permettre d'établir les véritables causes. Il n'est pas possible, ni souhaitable de systématiser, en repérant une genèse déterminée aux formations de caractère.

Cependant, l'une des explications proposées par Béla Grunberger mérite d'être citée. Selon l'auteur, le caractère oral s'originerait dans l'absence ou l'insuffisance de frustrations au cours de la première année. C'est la qualité de l'amour qui serait à remettre en cause, plus que la déficience en sentiments tendres et affectueux.

> *« Ceci explique que le passé historique de l'oral est souvent exempt de traumatismes touchant la première phase prégénitale. L'oral est plutôt un enfant gâté qui a précisément manqué d'une quantité optimale de frustrations ou de traumatismes oraux pour pouvoir acquérir et aguerrir sa réponse à ces frustrations - comme à toutes les autres - c'est-à-dire sa composante anale, intégrée et déculpabilisée. Il a pris la mauvaise habitude d'obtenir des satisfactions quasi automatiques sur un mode narcissique oral, il a été*

en somme trop aimé mais mal. Il n'a pas pu - en même temps que l'amour - introjecter également la fermeté et la force. »[18]

Cette définition peut être élargie de la manière suivante : la régression orale, comme toutes les autres régressions, manifeste chez le sujet un désir de retourner vers un état antérieur. Ce retour suppose implicitement la « positivité » de la période à laquelle le sujet reste attaché. La formation du caractère oral peut donc s'étayer sur la qualité des expériences faites dans la phase prégénitale correspondante. C'est en quelque sorte une tentative de retour à une étape « idéale ». La fixation peut être limitée au choix d'objet, au mode de relation, au type d'investissement. Il convient d'insister ici sur la nature partielle du caractère. Seuls certains traits de l'oralité ou de l'analité entrent dans la composition de la personnalité. Ce n'est que dans l'effacement de la génitalité au profit de l'organisation prégénitale, que la structure pathologique se dessine.

Abraham s'intéresse aussi à la genèse de la fixation. Il met en particulier l'accent sur le sevrage : la période, plus ou moins tardive, à laquelle il intervient, la manière, plus ou moins positive, dont il s'effectue, le passage, plus ou moins aisé, de l'organisation orale à l'organisation anale. Le sevrage ne se fait pas invariablement à la même époque pour tous les enfants. La durée du stade oral (et plus précisément des investissements pulsionnels relatifs à l'oralité : comme la tétée) est donc nécessairement plus ou moins longue. Les raisons de son élasticité temporelle peuvent être multiples, individuelles mais aussi culturelles. Dans certaines sociétés, ou dans des conditions matérielles très difficiles, les mères nourrissent le plus longtemps possible leurs enfants au sein. Dans ces conditions sociales, il n'est pas rare non plus qu'un enfant sevré tète de nouveau le lait maternel à la faveur de la naissance d'un petit frère ou d'une petite soeur. Les variations peuvent aussi s'expliquer par le choix des parents, l'éducation, les valeurs morales, etc.

La signification de l'étirement dans la durée du stade oral - ou, en d'autres termes, l'influence d'un sevrage tardif - paraît évidente. La longueur, c'est-à-dire l'habitude, favorise la fixation. Les conditions dans lesquelles se passe le sevrage ne doivent donc pas être négligées.

18. B. GRUNBERGER : *Le narcissisme*, pp. 168-169.

Toujours selon Abraham, des gratifications excessives (il rejoint là Béla Grunberger) ou, au contraire, insuffisantes, durant les premiers mois de la vie, se trouvent souvent à l'origine de la fixation ou de la régression orale. Le résultat est le même, mais la structure caractérielle est différente.

« Dans certaines conditions d'alimentation, la période de succion peut se révéler une source riche en déplaisir pour l'enfant. Dans ces cas, la recherche précoce du plaisir n'est satisfaite qu'imparfaitement et se trouve frustrée de la jouissance recherchée au stade de succion. Dans d'autres cas, la même période est anormalement féconde en sensations de plaisir. Il est bien connu que certaines mères favorisent la recherche du plaisir de leurs nourrissons en satisfaisant tous leurs désirs. Il en résulte une très grande difficulté lors du sevrage, et l'opération prend parfois deux à trois ans. »

Il continue plus loin, en insistant sur les deux causes apparemment paradoxales de la fixation, en notant :

« Que l'enfant ait été frustré de plaisir au cours de cette première période de sa vie, ou que l'on en ait favorisé l'excès, le résultat est le même. »[19]

Nous avons évoqué la genèse, telle qu'elle est envisagée dans la théorie psychanalytique, à titre indicatif. Nous rappelons, ce point nous semblant primordial, que les véritables motivations ne peuvent être trouvées que dans une démarche individuelle, dans une interprétation au cas par cas.

---

19. Karl ABRAHAM : *Oeuvres complètes*, p. 248.

Le caractère anal

La structure anale s'articule sur le double mouvement de rétention et d'expulsion. Le caractère est donc plus ambivalent et les manifestations typiques de la fixation ou régression anale variées. De plus, à la différence de l'oral, l'érotisme anal s'intègre plus difficilement à la sexualité génitale. Nous avons vu précédemment comment de nombreux plaisirs de l'adulte trouvaient leur source dans l'oralité : les baisers, la gourmandise, le tabagisme, pour ne citer qu'eux. Les composantes anales transparaissent moins à l'état brut : elles tombent, le plus souvent, sous le coup de la sublimation, de la formation réactionnelle ou du refoulement. Les manifestations repérables chez l'adulte sont donc dérivées, « travesties », déguisées, et exigent une interprétation pour être rapportées à l'organisation prégénitale correspondante. L'observation superficielle permet néanmoins de retrouver la persistance de ***l'érogénéité de la muqueuse ano-rectale*** chez l'adulte, ne serait-ce que dans l'homosexualité masculine ou encore dans la pratique de la sodomie au sein d'une relation hétérosexuelle.

L'ordre, la parcimonie et l'obstination

Freud décrit trois attitudes caractéristiques, dérivées de l'organisation prégénitale : ***l'ordre, la parcimonie et l'obstination.*** C'est dans l'analyse de la névrose obsessionnelle qu'il découvre et éclaircit ces trois traits comportementaux. Tous sont rattachés à l'analité et aux processus de conservation ou de production.

Nous allons tenter de tracer un portrait global du caractère anal et de mettre en évidence les principaux traits isolés constitutifs de la personnalité « normale ». Cependant, il convient de ne pas oublier la haute variabilité des tendances liée à l'ambivalence de la structure prégénitale.

La volonté d'une maîtrise absolue

Contrairement à l'oralité, l'analité se fonde sur le contrôle. Il y a donc ***un comportement actif visant à une maîtrise absolue***, quasi parfaite du monde extérieur. De même que l'enfant s'assure un pouvoir sur lui-même et sur son environnement par son attitude lors de l'apprentissage de la propreté, le fixé anal poursuit cette volonté de soumettre les autres - et lui-même - à sa propre autorité. L'accès à l'autonomie est également caractéristique de l'analité, qui permet à l'enfant de satisfaire ses désirs par et en lui-même. Cette composante se retrouve ultérieurement dans un narcissisme développé. Elle se manifeste dans la surestimation de sa propre importance, tel l'enfant sur son trône.

Comme nous l'avons souligné, l'apprentissage de la propreté s'accompagne d'un intérêt des parents et éducateurs, souvent gratifiant, pour les fonctions d'évacuation de l'enfant. Ce dernier se perçoit alors, et perçoit plus précisément son activité excrétoire, comme le « centre du monde ». Cette reviviscence de l'intérêt pour soi-même est caractéristique de la régression anale.

Il s'agit donc d'une personnalité exigeante vis-à-vis d'elle-même, qui recherche un contrôle absolu et qui tolère difficilement la médiocrité, l'erreur, ou la faiblesse. Un désir de toute-puissance et d'infaillibilité n'est pas rare. Cela peut conduire au ***perfectionnisme.*** La recherche d'une maîtrise quasi parfaite se retrouve, selon Jones, dans les défis que le sujet se fixe à lui-même, dans les éventuels exploits ascétiques qu'il accomplit et dans la volonté de prouver sa capacité à réussir.

La volonté de dominer

Sur le plan relationnel, le sujet développe ***un goût pour les rapports de force.*** Ses relations se gèrent plus en termes de domination que d'amour. Il s'agit donc plus de dominer et d'être dominé que d'aimer et d'être aimé. Opposée à la passivité de l'oral, la personnalité s'investit activement et recherche, là encore, à travers les relations humaines, à asseoir son autorité.

> *« Le couple anal sujet-objet est donc dans sa forme idéale un couple maître-esclave (« tu es mon objet, je fais de toi ce que je veux et tu n'as aucune possibilité de t'y opposer »). »*[20]

L'union est donc régie par une recherche constante de s'assurer un pouvoir sur l'autre.

20. Béla GRUNBERGER : *Le narcissisme*, p. 178.

Sur le plan social, c'est encore une fois la volonté de contrôler qui s'exprime. Il est nécessaire de se rappeler la pulsion d'emprise relative à l'organisation anale. Le sujet vise à diriger, à occuper de hautes fonctions, à gouverner. Il a tendance à considérer ses inférieurs hiérarchiques comme des parias, des « excréments », ce qui satisfait son besoin d'avoir un ennemi absolu, un réceptacle de ses pulsions négatives, de son agressivité ou de sa haine. Se manifeste également la tendance à la ***possession absolue.*** Possession vient d'ailleurs du latin *possedere* qui signifie « s'asseoir dessus ». Cette possessivité constitue un résidu du comportement infantile correspondant à l'âge (deux-trois ans) auquel on ne veut rien partager. Le « c'est à moi » est caractéristique de la période ainsi que la formulation contemporaine du « je ».

Dans son aspect positif, le caractère anal s'étaye sur une aptitude hors du commun à organiser. Le sujet sait planifier, il est méthodique et ordonné. D'autres qualités lui sont imputées comme la persévérance, la continuité et la régularité, résidus de la première éducation : celle à la propreté. Ce qui peut conduire, si le caractère est accusé, à l'un des éléments de la triade de Freud : l'obstination.

La relation à l'argent

Si pour l'organisation orale, on ne peut manquer d'évoquer le rapport spécifique à la nourriture, dans l'organisation anale, c'est la relation particulière à l'argent qui constitue le point de mire. Classiquement, ***la parcimonie,*** autre élément de la triade freudienne, est associée à la fixation. Nous avons insisté lors de l'étude du stade sur le double mouvement de rétention et de production. Dans cette perspective, la réticence à dépenser, à jeter, à perdre, ou en d'autres termes, la tendance à conserver, garder, économiser, correspond à l'activité rétentionnelle. La théorie psychanalytique alimente à profusion, par de nombreuses études de cas, le rapport aliénant que le fixé anal entretient à l'argent. L'avarice peut être limitée à certaines dépenses, phénomène souvent souligné pour montrer l'aspect partiel d'un trait caractériel. Souvent, le sujet répugne à certains achats, notamment tout ce qui est jugé, par lui-même, comme superflu. Il faut que son argent lui permette d'obtenir une acquisition matérielle, réelle et concrète. Dès lors, on comprend qu'il soit réticent à dépenser s'il a le sentiment de ne rien posséder en retour.

Exemple

A ce sujet, Abraham cite le cas d'un homme qui n'allait jamais à l'Opéra, préférant s'acheter le livret de partitions. Le spectacle était considéré comme un plaisir « abstrait ». Il avait le sentiment de ne rien obtenir de concret, de palpable, de solide, en échange de l'argent qu'il donnait. La dépense ne pouvait donc que lui sembler superflue et inutile.

Le mode de paiement, également peut être en cause : beaucoup d'auteurs soulignent la tendance à régler, même les plus petites factures, par chèque. Le paiement en espèces, en pièces ou en billets, s'avère douloureux parce que le sujet mesure ici réellement toute l'ampleur de sa perte, tandis qu'un chèque, à ses yeux, n'est jamais qu'un morceau de papier. Aussi, attitude significative, l'avarice peut devenir mesquine, porter sur des sommes insignifiantes, s'opposant même parfois à une générosité absurde : tout étant, finalement, une question de mode de règlement.

Selon un axiome célèbre (« Le temps, c'est de l'argent »), l'avarice du sujet peut se prolonger dans sa relation au temps. Toute ***perte de temps*** est alors vécue douloureusement. Plus exactement, les heures non rentabilisées sont perçues comme perdues, ce qui est cause de souffrance. Ce phénomène explique l'impossibilité d'accepter ou de tolérer toute distraction, tout amusement, tout repos, activités considérées par le sujet comme stériles et inutiles.

La phase opposée, liée à la production, peut néanmoins être investie ; ce qui conduit à la consommation, et non plus à la conservation. Ainsi, Abraham montre que les dépenses excessives et intensives interviennent comme une « libération » symbolique, souvent vis-à-vis des parents, du moins vis-à-vis d'une autorité substitutive, ou encore visent à alléger un sentiment envahissant d'angoisse. On retrouve donc tout naturellement dans ***la dépense « névrotique »*** du fixé anal, le même soulagement éprouvé que dans la « faim » névrotique du fixé oral. Acheter semble apaiser le sujet, lui procurer un gain appréciable de plaisir, et atténuer sa nervosité. Abraham insiste surtout sur la valeur libératrice de leur acte :

> *« Ainsi, ces sujets se donnent l'illusion de leur liberté libidinale alors qu'ils sont en réalité sévèrement fixés. L'achat d'objets qui n'ont de valeur qu'instantanée, le passage rapide d'un objet à l'autre symbolisent la satisfaction d'un désir refoulé : transférer la libido à un nombre illimité d'objets en un record de temps. »*[21]

Autrement dit, la liberté d'acheter, et donc de dépenser, donne l'illusion au sujet de sa liberté de disposer de lui-même, du monde objectal, et à l'occasion des autres, comme il l'entend. Caractéristique

21. K. ABRAHAM : *Oeuvres complètes*, p. 54.

qui se retrouve chez certains bienfaiteurs qui dispensent leur argent, en réponse à leur incapacité de dispenser de l'amour.

Quoi qu'il en soit, que le sujet soit avare, c'est-à-dire fixé à la phase de rétention (GARDER), ou prodigue, c'est-à-dire fixé à la phase de production (DONNER), sa relation à l'argent n'est jamais neutre ou sans problème. La personnalité, dans l'un ou l'autre cas, privilégie l'avoir à l'être.

« Dans les cas où le caractère anal est fortement marqué, presque toutes les relations humaines entrent dans la catégorie de « l'avoir » (garder) et du « donner », c'est-à-dire de la propriété. Tout se passe comme s'il n'y avait pour ces sortes de malades qu'une devise : quiconque me donne quelque chose est un ami, quiconque me demande quelque chose est un ennemi. »[22]

Quatre personnalités distinctes

Jones[23] constitue deux groupes, qu'il sous-divise de nouveau en deux. Ces deux groupes s'articulent respectivement :

- sur la pulsion de production (expulser = donner)
- sur la pulsion de possession (retenir = garder)

Dans chacun de ces groupes, Jones fait intervenir les procédés psychiques de sublimation et de formation réactionnelle. Lors de l'étude des mécanismes de défense du Moi, nous étudierons de manière plus approfondie la sublimation et la formation réactionnelle. Il importe, cependant, en introduction à l'étude de Jones, de décrire succinctement ces deux mécanismes :

- ***La sublimation*** consiste, comme son nom l'indique, dans un déplacement de la pulsion, qui s'investit dans un but considéré comme plus élevé, c'est-à-dire dans un objet répondant aux exigences esthétiques et morales.

- ***La formation réactionnelle*** correspond à un investissement libidinal contraire au but initial.

La valeur de l'étude de Jones réside dans la possibilité qu'elle nous offre de distinguer la variabilité des effets de la fixation anale, d'en repérer en partie les causes, et, en particulier, d'en situer le moment.

22. K. ABRAHAM : *Œuvres complètes/II*, p. 237.
23. E. JONES : « Théorie et pratique de la psychanalyse », in *Les stades de la libido*, pp. 87 à 91.

Evoquons, avant de commencer, la raison que donne Abraham à l'éventuelle fixation ou régression. Elle est, selon lui, directement attachée à la manière dont s'est déroulé l'apprentissage de la propreté. Abraham évoque notamment, comme origine possible, la sévérité excessive des parents, le manque de gratifications ou encore la précocité de l'éducation. Seulement là encore, la recherche de cause doit être faite au cas par cas, par une investigation individuelle.

Jones distingue les quatre personnalités suivantes :

A1. Instinct de possession : *sublimation de la pulsion anale*

Volonté d'amasser = garder, conserver, posséder

La parcimonie intervient ici comme trait caractéristique. Elle constitue d'ailleurs, comme nous l'avons déjà rappelé, un des éléments de la triade de Freud (parcimonie-ordre-obstination). Cette tendance s'articule sur le refus de donner et la volonté d'amasser. A l'extrême, elle peut confiner à l'avarice. Reprenant l'équation infantile : fèces = argent, le sujet ***survalorise*** (sublimation) le monde objectal. L'avoir prime sur l'être. La force est donnée par la possession. ***Plus je possède, plus j'existe.*** Jones trace un portrait peu flatteur, évoquant une personnalité portée à la mesquinerie, peu généreuse, ultra-conservatrice.

La nature irrationnelle, c'est-à-dire inconsciente, de l'attachement à la matière porte le sujet à des attitudes paradoxales : il répugne à donner une pièce de monnaie, ou à prêter un objet, par exemple, alors qu'en revanche, la signature d'un chèque d'une somme importante ne lui est pas nécessairement difficile. Le monde matériel est primordial et survalorisé. La relation aux choses est concrète : un chèque est plus abstrait, moins significatif de sa valeur, qu'une pièce de monnaie.

L'instinct de possession sublimé se manifeste également dans la propension à ***collectionner des objets,*** des plus précieux aux plus ordinaires ou inutiles. Selon Jones, les collectionneurs tirent leur passion de l'érotisme anal. Il cite, comme caractère accusé, la pulsion « pathologique » à récupérer des objets de toutes sortes.

Le dernier point que l'auteur mentionne consiste dans la tendresse toute particulière vouée aux enfants. Ceci s'explique par le fait que l'enfant soit envisagé comme une création, une production. Retour de nouveau à l'équation fèces = enfant. Dès lors, le sujet considère son enfant comme ***SA*** possession, une partie de lui-même à laquelle il reste attaché et rivé.

A2. Instincts de possession : formation réactionnelle

Ordre et propreté

On retrouve ici le deuxième élément de la triade de Freud. L'amour de l'ordre intervient comme un contre-investissement de la pulsion anale. L'intérêt pour les matières fécales est détourné dans un attachement à la propreté et même ***un dégoût pour la saleté.*** Il s'agit bien ici d'une réaction (formation réactionnelle) à une pulsion indésirable ou refoulée.

Si ce trait comportemental est particulièrement marqué, il prend le caractère d'un véritable symptôme névrotique. Ce que Freud considère comme un élément distinctif de la névrose obsessionnelle est justement cette obsession de l'ordre, de la propreté, qui confine à la maniaquerie. Le sujet développe une passion (pathologique) pour le rangement, assortie d'une horreur proportionnée pour la saleté, le désordre, les souillures.

S'ajoute à ces tendances ***une répugnance au gaspillage.*** Il est difficile pour le sujet de jeter quelque chose. Demeurant dans l'instinct de possession, on comprend cet attachement aux objets, commun à la personnalité du premier groupe décrit par Jones. Mais c'est moins ici la valeur matérielle de l'objet qui est la cause de l'intérêt particulier qui lui est porté, que la répugnance à se séparer d'une partie de soi-même. L'aversion pour le gaspillage prend également ses racines dans le sort de l'objet jeté, qui devient ainsi un détritus, et qui alimente donc l'horreur que la personnalité porte aux déchets.

B1. Instinct de production : sublimation

Générosité (expulser = donner)

Il s'agit pour Jones de l'aspect positif de la formation du caractère anal. La ***générosité*** s'oppose ici à l'avarice, potentielle ou réelle, des sujets qui se développe autour de l'instinct de possession (et donc de la rétention). Certains psychanalystes distinguent le caractère anal qui repose sur la rétention (garder, posséder), du caractère « érotique-anal » qui repose sur la production (expulser, donner).

Le sujet témoigne d'un sens esthétique prononcé et peut faire preuve de ***véritables talents artistiques***. Cette créativité est encore en relation avec la « première oeuvre » de l'enfant, en tout cas considérée comme telle. Il convient bien entendu d'entendre cela à un niveau symbolique. C'est donc la continuité de sa tendance à produire qui s'exprime dans son amour des arts. La personnalité se plaît à manipuler la matière, à jouer avec, à utiliser sa malléabilité comme dans la sculpture, la peinture ou le modelage. La sublimation amène donc la personne à s'investir dans la création artistique.

B2. L'instinct de production : formation réactionnelle

Indifférence pour le monde objectal

Le sujet manifeste une indifférence générale pour ce qui l'entoure. Il s'investit peu dans ses réalisations et ne tient pas compte des résultats ou du fruit de ses actes. Ce désintérêt trouve sa source dans ***l'aversion pour ce que l'on produit*** (excréments). Aussi, la personnalité a tendance à considérer comme « impures », sales, dégradantes, toutes ses créations. Cette indifférence, selon Jones, peut même se communiquer aux enfants. La femme, par exemple, qui est heureuse lors de la maternité, et qui se désintéresse de l'enfant une fois qu'il s'est détaché d'elle, qu'il est venu au monde.

On retrouve de nouveau ici comme trait distinctif l'aversion pour la saleté et le goût forcené pour l'ordre, l'obsession du rangement, conséquences de la formation réactionnelle. Plus précisément, cette horreur de la saleté s'exprime dans ***une peur de la contamination,*** une crainte des virus, de la contagion et de la maladie. Cette angoisse typique n'est pas sans évoquer ***l'hypocondrie*** que Ferenczi décrit comme un résidu de l'organisation prégénitale anale. La crainte de la maladie finit par nourrir la conviction de l'être réellement.

Le dégoût pour la saleté et le désordre s'étend largement à tous les domaines de l'existence. Le sujet ne supporte pas une tache sur une nappe, une rature sur une lettre, un accroc à un vêtement, etc. La sexualité peut également être perçue comme impure.

Le caractère génital

Il convient, une nouvelle fois, d'insister sur la valeur toute relative des tableaux descriptifs des caractères. Ceux-ci risquent, en effet, dans une lecture primaire, d'être réducteurs, et de ne pas rendre toute la complexité de la nature humaine. Tout au contraire, la psychanalyse met largement en lumière la profonde subtilité tant de la structure caractérielle que de la psychologie individuelle. Dès lors, la personnalité n'est pas considérée comme figée, les comportements peuvent être acquis ou abandonnés à la faveur des événements. La labilité du caractère doit ainsi être expressément prise en considération, si l'on veut éviter une interprétation rigide et stéréotypée des attitudes humaines.

Vers une personnalité riche et équilibrée

La personnalité adulte correspond à une construction composite des différents traits oral, anal et génital. Ce n'est d'ailleurs *que* dans leur heureuse combinaison, que le sujet peut accéder à un relatif équilibre. L'évolution se fait ainsi dans l'adoucissement progressif des manifestations prégénitales. Il ne s'agit bien évidemment pas de ***tuer l'enfant qui demeure dans l'adulte.*** Cependant, grandir équivaut finalement à ***transcender petit-à-petit les comportements infantiles.***

En fait, la psychanalyse ne définit pas de norme. Elle se défend d'être moralisatrice, rien ne permettant de valoriser un comportement au détriment d'un autre. Si elle parle d'équilibre, ***c'est dans la socialisation possible de l'être humain.*** Des traits caractériels fortement accusés sont, en effet, préjudiciables à une vie en communauté, et en conséquence peuvent constituer un obstacle à un épanouissement personnel. Toutefois, là encore la relativité du système de valeurs pour une société donnée doit être prise en considération. Nous avons par exemple vu à quel point la propriété, la possession, en un mot : l'« avoir », étaient des éléments associés à l'analité. Il se trouve que cette tonalité trouve une expression concordante avec la dynamique des cultures modernes. Nous sommes effectivement dans une société de consommation, dans laquelle « posséder » et « être » se confondent souvent. C'est dire la relativité des choses et, à travers ce constat, l'impossibilité d'établir objectivement une norme.

La relation au monde révélatrice de la structure de la personnalité

Chaque individu puise, plus ou moins largement, dans les composantes prégénitales. C'est surtout au niveau de la relation objectale que la force et la limitation de la fixation se font sentir. Il n'est pas dénué d'intérêt de revenir ici sur le tableau d'Abraham (cité p. 231 du présent ouvrage), car il nous permet d'envisager l'évolution positive opérée dans la relation objectale, de la prime enfance jusqu'à l'âge adulte.

Dans le tableau d'Abraham, l'étape précoce du stade oral (comme la position schizo-paranoïde de Mélanie Klein) est décrite comme pré-ambivalente ; l'étape sadique-orale et les stades anal et phallique sont considérés comme ambivalents ; enfin, le stade génital est envisagé comme post-ambivalent. En d'autres termes, cela revient à dire que :

- durant les trois à six premiers mois de la vie, le bébé a une relation clivée à l'objet (si tant est qu'il y ait représentation d'un objet) : il est tout bon ou tout mauvais.

- durant la prime enfance et l'adolescence (du milieu de la première année de vie jusqu'à la post-puberté), le sujet a une relation objectale ambivalente : l'objet est à la fois bon et mauvais. L'amour et la haine sont intriqués.

- enfin, selon Abraham, la *génitalisation* de la libido permet d'atteindre l'amour objectal, c'est-à-dire une relation objectale post-ambivalente ou non-ambivalente, que l'auteur décrit comme « *une attitude parfaitement amicale vis-à-vis des objets* ». Ce qui signifie essentiellement que l'organisation libidinale achevée doit permettre une réduction sensible, voire totale, des pulsions sadiques. Le sujet échappe, dans cette perspective, à l'opposition des sentiments positifs/négatifs : il parvient à *désintriquer* l'amour de la haine et à atteindre, à travers la non-ambivalence, une certaine plénitude.

Ces considérations peuvent schématiquement être résumées de la manière suivante :

1) Relation objectale orale (phase préambivalente : étape orale précoce) : je t'aime *ou* je te hais

2) Relation objectale sadique-orale ou anale (phase ambivalente : enfance et adolescence) : je t'aime et je te hais

3) Relation objectale anale : je t'aime, je te *domine*

4) Relation objectale génitale : je t'aime *sans* te haïr

Pour conclure, nous pouvons noter, qu'indépendamment des comportements spécifiques que génère la fixation ou la régression à une organisation libidinale donnée, c'est surtout et particulièrement la relation objectale qui est en jeu. ***De l'accès à la génitalité dépend l'aptitude à aimer pleinement.***

Le caractère génital consiste donc dans le dépassement et l'harmonisation des traits prégénitaux. Il se manifeste dans une personnalité ouverte, respectueuse et équilibrée.

POUR CONCLURE…

Nous ne pouvons qu'espérer que la somme des données contenues dans cet ouvrage servira à chacun à mieux se connaître et se comprendre, et, à travers cette difficile tâche, à mieux connaître et comprendre son prochain.

Si la psychologie nous enseigne que la normalité est finalement une notion dépourvue de sens, elle nous ouvre la voie vers l'équilibre et l'épanouissement.

DICTIONNAIRE DES MOTS-CLEFS DE LA PSYCHOLOGIE ET DE LA PSYCHANALYSE

Acte manqué · Comme pour le lapsus, il s'agit d'une opération psychique au service de l'inconscient. L'acte manqué correspond à l'échec d'une entreprise ordinairement réussie.

Affect : Dans une optique générale, l'affect renvoie à la somme des émotions et des sentiments humains. Il représente, en psychanalyse, la charge émotionnelle associée à la pulsion.

Ambivalence : Capacité de ressentir, à l'égard d'un même objet, des sentiments divers et opposés. L'ambivalence exige une certaine maturation psychologique puisqu'elle permet de tenir pleinement compte des réalités, sans aspirer à des modèles idéaux ou totaux qui fonctionneraient en tout bon ou tout mauvais.

Amnésie : Il s'agit d'une perte de mémoire partielle ou totale. En psychanalyse, l'amnésie n'est en fait toujours que relative puisque ce n'est pas à proprement parler d'un oubli dont il est question, mais d'un refoulement. Si l'absence de souvenirs conscients est réelle, elle ne signifie pas pour autant une suppression pure et simple de la mémoire relative à l'événement oublié. C'est uniquement au niveau conscient que la disparition de traces mnésiques intervient. Les souvenirs sont devenus inconscients et c'est pour cette raison qu'ils n'accèdent plus à la conscience. La cure psychanalytique a justement pour objet d'intervenir sur cette amnésie, en faisant affluer au conscient des souvenirs enfouis dans l'inconscient.

Amnésie infantile : Perte de souvenirs conscients qui recouvre les premières années de la vie.

Analité : L'organisation anale se retrouve dans les notions de stade et de caractère. Le stade anal s'étend sur les deuxième et troisième années de la vie. Ses principales caractéristiques sont : le plaisir lié à la fonction excrétoire, le contrôle et la domination, la relation ambivalente instaurée avec l'environnement. Le caractère anal, relatif à l'adulte, procède d'une fixation ou d'une régression au stade anal.

Analyse didactique : Analyse suivie, conjointement à un cursus d'études théoriques, par le futur psychanalyste, afin de lui autoriser, à son tour, à psychanalyser. L'analyse est qualifiée de didactique (en vue d'exercer la psychanalyse) pour la dissocier de la cure psychanalytique habituelle et uniquement thérapeutique.

Angoisse : Peur éprouvante, fondée ou non, caractérisée par la multiplicité des émotions ressenties.

Annulation : Utilisée à des fins défensives, l'annulation consiste à gommer les pensées répréhensibles ou les désirs interdits, à faire comme s'ils n'avaient jamais existé. Cette opération psychique inconsciente est étroitement liée à la toute-puissance des idées. Associée à des rituels expiatoires, les représentations tendancieuses sont magiquement annulées.

Anobjectal : Qualificatif employé pour rendre compte de l'absence d'objet, et donc de l'absence de relation objectale. Le nourrisson ne définit pas clairement le dedans et le dehors, le Moi et le non-Moi, c'est-à-dire lui-même et l'autre. Dans cette mesure, son univers est anobjectal puisqu'il englobe en lui le monde extérieur.

Anxiogène : Qui provoque de l'angoisse.

Association libre : Clef de voûte des psychothérapies (d'inspiration psychanalytique ou non), l'association libre repose sur l'existence de chaînes de représentations. Le mécanisme de déplacement est à l'origine de la constitution de chaînes associatives : une idée est rattachée réellement, symboliquement ou psychiquement à une seconde idée, elle-même rattachée à une troisième idée, etc. La représentation initiale enfante ainsi une succession de représentations. En se livrant au travail de l'association libre (appelée aussi association d'idées), le sujet remonte la chaîne associative en amont pour parvenir à la représentation originelle, et donc au désir réprimé ou au traumatisme initial.

Auto-analyse : Si Freud a, ne serait-ce que par l'exemple, validé l'auto-analyse, ses successeurs, en majorité, la jugent impossible et dangereuse. L'auto-analyse consiste à se livrer soi-même au travail d'introspection et d'interprétation (des rêves, symptômes, troubles du comportement, etc.)

Auto-érotisme : Dans une acceptation large, concept qui exprime une activité sexuelle solitaire. Le sujet obtient du plaisir sans recourir à des objets extérieurs. Le stade oral est marqué par l'auto-érotisme, fait qui ressort dans la succion du pouce par exemple.

Bonne mère - Mauvaise mère : Concepts directement liés à la perception du bébé et à la relation pré-ambivalente qu'il instaure avec sa mère. Le bébé est incapable de comprendre que c'est la même mère, sa mère, qui le gratifie et qui le frustre. Une dissociation s'opère (le clivage) et la mère se trouve scindée en deux, comme s'il s'agissait réellement de deux personnes distinctes avec la bonne mère qui gratifie, cajole, caresse, nourrit et la mauvaise mère qui frustre, gronde, prive, s'absente.

But de la pulsion : Le but pulsionnel est la décharge, c'est-à-dire la baisse de l'énergie, l'épuisement de la pulsion à travers la satisfaction du désir et le passage à l'acte.

Ça : Instance psychique apparaissant dans la deuxième topique freudienne, le Ça contient originellement toutes les pulsions. Il est défini, à ce titre, comme le réservoir pulsionnel du psychisme.

Cannibalisme : Concept employé par Freud pour rendre compte des mécanismes d'incorporation et d'introjection relatifs à l'organisation orale.

Caractère : En relation avec les stades de la libido, la formation de caractères spécifiques rend compte, en partie, de la psychologie de l'adulte. La théorie psychanalytique distingue trois formes caractérielles : le caractère oral, le caractère anal et le caractère génital. La caractérologie freudienne se singularise par sa tonalité dynamique et repose sur les mécanismes de fixation et de régression.

Censure : Située à la frontière du système conscient et des systèmes préconscient-conscient, la censure empêche aux contenus refoulés d'accéder à la conscience. Elle se lève néanmoins partiellement dans le sommeil et permet l'activité onirique, à condition que les processus de symbolisation, de déplacement et de condensation soient suffisants.

Clivage : Selon Mélanie Klein, il s'agit d'un mécanisme défensif précoce. Le nouveau-né, n'ayant pas encore accès à l'ambivalence, ne peut comprendre que ce soit la même mère qui le gratifie et qui le frustre. Il clive donc sa mère en deux, séparant ainsi la « bonne » mère qui gratifie de la « mauvaise » mère qui frustre. Le clivage s'illustre aussi à merveille dans les contes, les légendes, les récits romanesques, les figures religieuses où la réalité est clivée en deux : avec d'un côté, les gentils et de l'autre, les méchants. L'ambivalence, qui s'oppose au clivage, permet d'admettre qu'un objet ou un être puisse être *à la fois* bon et mauvais.

Complexe de castration : Dans la théorie classique, ce concept s'articule autour de l'angoisse de l'enfant d'être (réellement) castré. Contemporaine de la reconnaissance de la différence des sexes, l'angoisse de castration est éprouvée par le petit garçon, en relation avec son désir incestueux pour sa mère.

Complexe d'Electre : Concept introduit par Jung pour exprimer la forme féminine du complexe d'Œdipe. Le complexe d'Electre concerne le désir éprouvé par la petite fille pour son père et l'hostilité ressentie à l'égard de sa mère.

Complexe d'Œdipe : Evoquant directement le mythe œdipien dont le héros tue le père et épouse la mère, le complexe d'Œdipe est, selon Freud, universel. Il s'articule autour de l'Interdit fondamental de Il se traduit dans sa forme classique par le désir éprouvé pour le parent de sexe opposé et l'hostilité manifestée envers le parent du même sexe, considéré comme un rival. Dans sa forme inversée, le complexe d'Œdipe s'exprime dans le désir éprouvé pour le parent du même sexe et l'hostilité manifestée envers le parent du sexe opposé. Dans sa forme complète, le complexe d'Œdipe conjugue désir et hostilité pour l'un et l'autre parent.

Compulsion : Ce terme décrit le caractère obsessionnel de la pulsion. L'attitude compulsionnelle dépasse la volonté consciente du sujet. Il agit sous la contrainte de forces internes (« c'est plus fort que lui ! »).

Compulsion de répétition : C'est à travers les jeux d'enfants que la compulsion de répétition se manifeste le plus ouvertement. Elle apparaît dans la répétition de scénarios douloureux, de situations désagréables, d'expériences anxiogènes. Le caractère pulsionnel est lié à la nature instinctive de cette propension à reproduire, à revivre, à réactualiser les situations dramatiques. La compulsion de répétition s'étend de l'enfant qui joue au docteur à l'adulte qui se replace systématiquement en situation d'échec.

Condensation : Fonctionnant avec le déplacement, la condensation permet de réunir plusieurs représentations associées en une seule. C'est notamment la condensation qui explique la réduction du contenu manifeste du rêve par rapport à son contenu latent.

Conflit œdipien : Il figure la scène triangulaire originelle : le père, la mère et l'enfant, et les conflits entre l'enfant et ses parents où se mêlent amour et haine.

Contre-investissement : Lorsque la réalité extérieure ou le Surmoı s'oppose à l'investissement d'une pulsion, celle-ci renonce à l'objet interdit pour s'investir dans un autre objet. C'est cette opération psychique défensive qui est appelée contre-investissement.

Conscient : Système psychique apparaissant dans la première topique, le conscient régit les perceptions, la relation avec le monde et la parole. Il fait référence au processus secondaire, aux représentations de mots et à l'énergie liée.

Culpabilité : Produit du Surmoi, la culpabilité génère un mal d'être, le sentiment d'avoir fait une erreur et d'être en faute. Elle est généralement consécutive au passage à l'acte, c'est-à-dire à la satisfaction d'un désir interdit.

Décharge : Le but de la pulsion est constitué par la décharge. La pulsion correspond à une augmentation d'énergie psychique, entraînant une tension. La décharge permet de ramener l'énergie psychique à son seuil le plus bas, en permettant à l'énergie de s'épuiser dans le passage à l'acte.

Dédoublement du Moi - Dédoublement de la personnalité : Défense limite et exclusivement employée dans les délires psychotiques, le dédoublement s'illustre à travers une scission du Moi. Le sujet change d'identité et se construit une nouvelle réalité pour pouvoir passer à l'acte. Il agit ainsi comme s'il était réellement quelqu'un d'autre et ne conserve aucun souvenir de ce dédoublement.

Dénégation : Ce mécanisme de défense, à la différence de l'annulation, ne supprime que partiellement la représentation gênante. La dénégation consiste à ne pas reconnaître comme sien le désir interdit. Ce dernier demeure donc conscient mais devient inoffensif parce que le sujet n'en assure plus la paternité.

Déni : Défense essentiellement rattachée à la psychose, le déni, comme son nom l'indique, consiste à nier la réalité des situations déplaisantes ou des actes répréhensibles. Contrairement à l'annulation, ce n'est pas seulement la représentation ou le désir qui est psychiquement supprimé mais l'acte lui-même.

Déplacement : Essentiellement rattaché à l'activité onirique et à la phobie, le déplacement s'illustre par la création d'une association de représentations. La pulsion se déplace de la représentation interdite ou anxiogène vers une représentation inoffensive, qui est psychiquement ou symboliquement associée à la représentation initiale.

Dépressive (position) : Mélanie Klein divise le stade oral en deux périodes. La position dépressive constitue la deuxième période. Ses principales caractéristiques sont liées à l'accroissement des angoisses et de la douleur, à l'accès à l'ambivalence et à la relation à un objet total.

Désinvestissement : Par ce mécanisme, la pulsion se retire de l'objet qu'elle avait préalablement investi.

Energie libre : L'énergie est dite libre lorsque la pulsion cherche à atteindre, de manière primaire et sans organisation, son but. L'état libre de l'énergie induit le primat du principe de plaisir.

Energie liée : L'énergie est dite liée lorsque la pulsion est contrôlée et soumise au principe de réalité.

Envie de pénis : Dans la théorie psychanalytique classique, l'envie de pénis constitue un concept majeur pour la compréhension de la psychologie féminine. La reconnaissance de la différence des sexes par la petite fille lui fait éprouver son absence de pénis comme une punition. Suite à cette découverte, la fillette aspire, consciemment puis inconsciemment, à posséder un pénis. C'est ce désir qui est appelé envie de pénis.

Erogénéité : Mot utilisé en psychanalyse pour décrire la qualité érogène d'une source corporelle.

Eros : Autre nom donné aux pulsions sexuelles. Dans la mythologie grecque, Eros, le fils d'Aphrodite, s'éprend de Psyché et l'épouse. Sous les traits d'un chérubin ailé et maniant l'arc avec brio, il symbolise l'amour et ses caprices. Les pulsions sexuelles font indifféremment référence à la libido ou à l'Eros.

Etayage : Dans la théorie des pulsions, Freud propose ce terme pour rendre compte de l'association des pulsions de conservation et des pulsions sexuelles, les deuxièmes s'étayant sur les premières. La notion d'étayage exprime le fait pour une pulsion, un désir ou une angoisse, de s'appuyer sur un élément pour se développer.

Fantasme : Terme qui désigne d'une manière générale la rêverie diurne. En psychologie, le fantasme est implicitement rattaché au désir et constitue une production imaginaire à la fois consciente et inconsciente. Le fantasme permet de réaliser, sous un mode hallucinatoire, des désirs non satisfaits, que leur non-accomplissement soit imputable aux considérations extérieures ou aux exigences morales du Surmoi. L'activité fantasmatique se révèle néanmoins dangereuse pour l'équilibre mental lorsque la frontière entre le fantasme et la réalité s'efface (« prendre ses désirs pour des réalités »).

Fixation : Mécanisme expliquant la survivance de certains traits infantiles chez l'adulte, la fixation constitue un concept majeur tant dans la formation des caractères que dans l'étiologie des pathologies mentales. Comme son nom l'indique, la fixation indique que la libido se fixe, s'arrête, s'attache soit à une organisation générale (orale ou anale par exemple), soit à un objet spécifique, soit à un mode relationnel.

Formation de compromis : Le lapsus, l'acte manqué, le symptôme sont autant de formations de compromis. Ils concilient à leur niveau les intérêts du Ça et du Surmoi, en opérant un compromis entre l'interdiction et la permission, le renoncement et la satisfaction.

Formation réactionnelle : Mécanisme de défense particulièrement à l'œuvre dans la névrose obsessionnelle, la formation réactionnelle consiste dans le désinvestissement de l'objet interdit et le réinvestissement de la pulsion dans un objet contraire et opposé.

Formation substitutive - Satisfactions substitutives : Lorsque la pulsion ne peut atteindre son but, et donc que le désir est insatisfait, elle opère un nouvel investissement en choisissant un objet proche de l'objet interdit et lui permettant ainsi d'atteindre son but, *de manière détournée*. Il s'agit de compenser pour éviter la frustration et la douleur consécutive.

Frustration : Terme qui qualifie l'état du sujet dont le désir est insatisfait. Il recouvre tous les phénomènes, expériences ou situations entravant la réalisation d'un besoin vital ou d'un désir. Si la frustration génère de la souffrance, elle est néanmoins fondamentale pour l'élaboration du sens des réalités.

Fusion : Terme relatif à la vie intra-utérine et à la qualité de la relation bébé-mère dans les premiers mois de la vie du nourrisson. La relation fusionnelle est rattachée au stade oral et à la survivance chez l'adulte de ce mode de relation spécifique (dans le caractère oral notamment). La fusion exprime l'envie de se fondre, de s'identifier totalement, de ne faire plus qu'un, attitude typique des amitiés adolescentes ou des liaisons amoureuses de l'oral.

Génitalité : Concept qui se rattache à la sexualité de l'adulte et qui implique la résolution du conflit œdipien.

Hypnose : Technique très en vogue au début du XXe siècle, l'hypnose doit sa célébrité en grande partie aux travaux de Charcot. Freud l'adopte pour ensuite la rejeter, la trouvant trop directive et inefficace à longue échéance. Elle est néanmoins à l'origine de la psychanalyse et continue d'être utilisée dans plusieurs thérapies. L'état hypnoïde correspond à un seuil particulier de conscience, entre veille et sommeil. De ce fait, l'hypnose permet d'accéder directement à l'inconscient et d'induire ou de modifier des comportements. Cependant, la passivité du sujet s'oppose à l'attitude active et responsable préconisée par la cure analytique ou par la plupart des psychothérapies. En outre, une certaine suggestibilité est nécessaire pour être amené en état de sommeil hypnotique ; fait qui explique qu'elle ne soit pas applicable de manière systématique.

Hypocondrie : Affection psychique liée à la peur de la contamination (caractère anal). Véritable maladie imaginaire, l'hypocondriaque vit à travers ses symptômes. C'est pour lui une manière d'exister, de donner du sens à sa vie.

Hystérie d'angoisse : Le cas d'un jeune garçon, prénommé Hans, constitue l'illustration la plus célèbre de cette névrose. Le symptôme central de l'hystérie d'angoisse est la phobie.

Hystérie de conversion : Névrose qui s'établit sur une symptomatologie riche et variée. L'hystérique cherche inconsciemment à attirer l'attention sur lui. Les troubles et attitudes physiques remarquablement spectaculaires (cécité, paralysie, crise de nerf) remplissent cet effet.

Idéal du Moi : Construit sur les figures idéales, l'Idéal du Moi contient les modèles auxquels le sujet cherche à se conformer. Il est en grande partie inconscient et les modèles qui le composent peuvent être choisis ou imposés.

Identification : Cette activité du Moi joue un rôle prépondérant dans la construction de la personnalité. C'est notamment à travers le jeu des diverses identifications que le Surmoi s'établit dans son pôle permissif et dans son pôle interdicteur.

Identification à l'agresseur : Comme activité défensive, l'identification à l'agresseur permet au sujet de se mettre dans la peau de l'autre et d'inverser ainsi les rôles « bourreau-victime », « dominant-dominé ». A travers ce mécanisme inconscient, il s'agit aussi souvent de donner du sens et de comprendre les désirs et intentions de l'agresseur.

Inconscient : Découverte essentielle pour la psychologie, la notion d'inconscient s'associe à celle de territoire psychique profondément enfoui et non accessible à la connaissance directe. Pour Freud, l'inconscient est constitué de contenus refoulés et s'élabore ainsi au fur et à mesure de l'histoire du sujet.

Inconscient collectif : Concept élaboré par Jung, l'inconscient collectif élargit la notion d'inconscient, pourvu alors d'une dimension universelle. Alors que pour Freud l'inconscient est constitué uniquement de contenus refoulés, pour Jung, l'inconscient comprend également une connaissance universelle, faite de symboles et d'archétypes.

Instance : Terme utilisé pour nommer les différents constituants de l'appareil psychique (Conscient-Préconscient-Inconscient / Ça-Moi-Surmoi).

Instances idéales : Associées au Surmoi, les instances idéales sont composées du Moi Idéal et de l'Idéal du Moi.

Interprétation : La psychologie et la psychanalyse reposent sur l'interprétation. Le travail thérapeutique a principalement une fonction de compréhension. Il s'agit de donner du sens à un phénomène qui n'en a apparemment pas ou plus. Dans tous les cas, la lecture qui est faite est une interprétation, c'est-à-dire qu'elle demeure subjective, empirique et relative. L'interprétation respecte des schémas et des concepts classiques, mais elle ne peut s'appliquer invariablement et demande un constant ajustement à la réalité et à l'individu.

Introjection : Concept essentiellement rattaché au stade oral, l'introjection traduit le désir de prendre en soi, de s'approprier, de posséder l'objet. Le plaisir oral est étroitement associé à l'introjection, à l'envie de fairc entrer l'autre en soi. Chez l'adulte, l'introjection constitue un mouvement défensif régressif.

Investissement : Toute activité mentale entraîne une production d'énergie. Cette énergie ou pulsion cherche à s'investir dans un objet. L'investissement désigne donc l'activité pulsionnelle primordiale qui tend à prendre corps, à habiter, à pénétrer une personne, une représentation ou un objet.

Isolation : Rejoignant en partie la projection, cette défense consiste à isoler, pour la rendre inoffensive, la représentation tendancieuse.

Lapsus : Mot de l'inconscient, le lapsus repose sur le passage, involontaire et non prémédité, de l'inconscient vers le conscient, d'une représentation refoulée. Il met principalement en jeu l'association libre.

Latence (période) : A l'issue du stade phallique et jusqu'à la puberté s'établit la période de latence. Elle se caractérise par une rémission de l'activité sexuelle et par l'intégration des valeurs morales et sociétales, comme la pudeur, et par le développement des intérêts intellectuels.

Libido : Terme que choisit Freud pour désigner les pulsions sexuelles. La libido représente la somme des désirs humains. Utilisé comme qualificatif, le terme induit les notions de désir et de plaisir (énergie libidinale, pulsions libidinales).

Maladie psychosomatique : Expression qui fait référence à l'unité entre corps et esprit jouant dans le processus morbide. Les troubles corporels sont significatifs de désordres psychiques.

Masochisme : Expression de la pulsion de mort, le masochisme joue dans le plaisir d'être violenté, torturé, malmené. La jouissance est liée au mal ou à la douleur que le sujet s'inflige à lui-même ou que l'autre inflige au sujet. Le masochisme est souvent associé au sadisme avec une constante interaction entre le plaisir de souffrir et le plaisir de faire souffrir.

Mélancolie : Psychose qui se singularise par sa forme dépressive. Le sujet est prostré. La culpabilité et la dévalorisation sont très fortes.

Mère : Terme utilisé pour désigner la mère mais également élargi à une dimension symbolique, en représentant le substitut maternel, la personne chargée de donner des soins à l'enfant.

Métapsychologie : Terme introduit par Freud pour distinguer ses théories, de la psychologie et de la médecine du début du XXe siècle. La métapsychologie recouvre l'étude de l'appareil psychique (étude des pulsions et des topiques).

Moi : Instance psychique apparaissant dans la deuxième topique freudienne, le Moi assure un rôle de médiateur entre les exigences pulsionnelles du Ça, la réalité et les intérêts du Surmoi.

Moi Idéal : Le Moi Idéal est décrit comme une structure archaïque en relation avec le narcissisme infantile. Il est lié à l'expérience de toute-puissance vécue dans l'univers intra-utérin.

Narcissisme : En évocation à Narcisse, héros grec amoureux de son image, ce concept majeur exprime l'amour que l'on se porte à soi-même. Dans une dimension plus large, le narcissisme est relatif aux notions d'orgueil et d'amour-propre.

Néo-réalité : Terme qui fait référence à la création fantasmatique d'une autre réalité. Pour fuir la réalité objective, le sujet imagine, hallucine une nouvelle réalité lui permettant de réaliser ses désirs.

Névrose : Concept générique qui regroupe plusieurs pathologies mentales, dont les points communs sont un refoulement rigide et une étiologie sexuelle.

Névrose obsessionnelle : Ordre, parcimonie et obstination constituent les trois éléments classiques de cette névrose. Mettant en jeu l'organisation anale et la formation réactionnelle, la névrose obsessionnelle se singularise par une affectivité réduite et une volonté de maîtrise totale.

Objet : En psychologie et en psychanalyse, le terme « objet » est employé dans une signification très large. Il se différencie du sujet et peut être aussi bien un être humain qu'un animal, une chose, une matière, etc. Il représente le Monde. La relation objectale est significative de la relation au monde.

Objet de la pulsion : Il s'agit du moyen utilisé pour permettre à la pulsion d'atteindre son but.

Oralité : L'organisation orale se retrouve dans les notions de stade et de caractère. Le stade oral s'étend sur la première année de la vie. Ses principales caractéristiques sont liées aux plaisirs oraux, à l'auto-érotisme, l'incorporation, la relation fusionnelle instaurée avec l'environnement. Le caractère oral, relatif à l'adulte, procède d'une fixation ou d'une régression au stade oral.

Paranoïa : Psychose basée sur l'angoisse de persécution. L'attitude méfiante et suspicieuse du malade peut prendre une dimension délirante, dans le cadre d'une évolution sévère de la pathologie. Le terme est utilisé dans le langage courant et sert à désigner un comportement hostile, la propension à se placer en victime et à nourrir des angoisses de persécution non-fondées et irraisonnées.

Paranoïde (tendance, angoisse) : Qualificatif qui se rattache au sentiment d'être persécuté.

Pare-excitations : Situé entre le conscient et la réalité extérieure, le pare-excitations a une fonction de filtre. Il permet au sujet d'être partiellement protégé contre des excitations trop violentes et donc menaçantes.

Perversion : Résultat de fixation ou de régression à des stades de l'organisation prégénitale, la perversion s'étaye sur une déviation sexuelle (sado-masochisme, exhibitionnisme, féchitisme, etc.)

Phallique (stade) : Il s'étend de la troisième à la cinquième années de la vie. Il est la scène où se jouent et se résolvent plus ou moins totalement le complexe d'Œdipe et l'angoisse de castration.

Phallus : Evocation de la représentation gréco-romaine du pénis, le terme « phallus » est utilisé en psychanalyse dans une dimension représentative et symbolique de la masculinité (et non dans sa réalité anatomique).

Phobie : Peur irraisonnée, la phobie peut revêtir différentes formes selon l'objet d'élection. L'angoisse ressentie est forte, irrationnelle et paralysante ; elle ne disparaît pas sous l'effet du raisonnement. Les phobies les plus célèbres sont la claustrophobie (peur des espaces clos) et l'agoraphobie (peur de la foule).

Préconscient : Système psychique apparaissant dans la première topique, le préconscient constitue une zone intermédiaire entre le conscient et l'inconscient.

Prégénitalité : La sexualité de l'enfant n'est pas la même que celle de l'adulte. Elle n'est pas génitale. Elle est donc appelée prégénitale puisqu'elle précède, dans le cadre d'une évolution normale, l'organisation génitale. La prégénitalité fait référence aux stades oral, anal et phallique.

Principe de constance - Principe de nirvana : Ces deux principes coïncident dans leur fonction de maintenir l'énergie à son seuil le plus bas et d'éviter ainsi toute augmentation d'énergie et donc toute tension.

Principe de plaisir : Comme son nom l'indique, le principe de plaisir est tout entier orienté vers la recherche de plaisir. Suivant cette loi psychique, le plaisir prime sur tout et les pulsions cherchent coûte que coûte à atteindre leur but, au détriment de la réalité (principe de réalité) ou des considérations morales (Surmoi).

Principe de réalité : S'opposant au principe de plaisir, le principe de réalité assure le sens des réalités, la capacité de différer la satisfaction des désirs, d'y renoncer temporairement ou définitivement.

Processus primaire : En tant que concept rattaché à l'inconscient, le processus primaire exprime la nature poussive, irrépressible de la pulsion et l'absence de mentalisation.

Processus secondaire : En tant que concept rattaché au conscient, le processus secondaire exprime la prise en compte des exigences extérieures et le contrôle exercé sur la pulsion.

Projection : Selon Mélanie Klein, la projection constitue l'une des défenses les plus archaïques. Généreusement utilisée par le nouveau-né et le jeune enfant, ainsi que par l'adulte, cette opération psychique courante permet de projeter à l'extérieur les stimuli désagréables et douloureux. De manière schématique, la projection intervient dans le fait de prêter ses propres intentions à l'autre, de projeter sur lui ses désirs, ses peurs ou ses fantasmes (« Tu dois croire que... », « Tu penses sûrement que... »).

Psychanalyse : Fondée par Freud, la psychanalyse regroupe un ensemble de théories et une thérapie. Comme psychothérapie, la psychanalyse se distingue par la relation duelle, la méthode de l'association libre et les mécanismes de transfert et de contre-transfert.

Psychisme : Le terme « psychisme » fait référence à Psyché, héroïne de la mythologie grecque qui s'éleva au rang divin en devenant l'épouse d'Eros, grâce à son intelligence et à sa beauté. En psychologie et en psychanalyse, l'utilisation du terme « psychisme » pour parler de l'esprit et de ses fonctions est liée à la volonté de se distinguer du vocabulaire philosophique, religieux ou scientifique (employant les termes de conscience, de mental, d'esprit ou d'âme).

Psychose : Concept générique regroupant plusieurs pathologies mentales dont le point commun est l'inadaptation à la réalité. L'absence de refoulement, la faiblesse du Surmoi et la relation problématique à la mère sont souvent à l'origine des psychoses.

Psychosomatique : Concept qui affirme l'existence d'une liaison entre le corps et l'esprit. Le mot vient de psyché (l'esprit) et de soma (le corps).

Psychothérapie : Méthode préventive ou curative destinée à soulager des troubles psychologiques ou psychosomatiques ou à permettre un plein épanouissement dans la résolution des conflits. Il existe de nombreuses psychothérapies se singularisant soit par leurs théories fondatrices, soit par leur abord spécifique du travail thérapeutique (thérapie familiale, thérapie de groupes, travail sur le corps, interprétation des rêves, etc.)

Pulsion : La pulsion se distingue de l'instinct dans son élargissement à la notion de plaisir. L'instinct ne sert que le besoin vital. La pulsion sert le besoin vital et le désir (non rattaché aux idées de survie ou de reproduction). La pulsion est organisée en trois éléments : la source, l'objet et le but.

Pulsions de conservation : Freud les distingue des pulsions sexuelles. Elles sont orientées vers la satisfaction exclusive des besoins vitaux. Se rattachant directement aux instincts, elles sont également appelées *pulsions du Moi*.

Pulsions de mort : Elles sont orientées, réellement ou symboliquement, vers la destruction, la mort, l'anéantissement et la souffrance. Elles se manifestent dans les attitudes morbides et agressives (notamment dans le sadisme et le masochisme).

Pulsions de vie : S'opposant, par définition, aux pulsions de mort, elles recouvrent les pulsions de conservation et les pulsions sexuelles, orientées les unes comme les autres vers le développement, l'épanouissement, la vie.

Pulsions sexuelles : Elles sont orientées vers la recherche de plaisir. Etroitement liées à la notion de désir, elles sont également appelées *libido* ou *Eros*.

Refoulement : Principal mécanisme de défense, le refoulement permet d'effacer de la mémoire consciente les situations, représentations et affects gênants, douloureux ou réprimés. Les contenus ainsi refoulés deviennent, par le biais de cette opération psychique, inconscients.

Régression : Mécanisme expliquant la survivance de certains traits infantiles chez l'adulte, la régression constitue un concept majeur tant dans la formation des caractères que dans l'étiologie des pathologies mentales. Au contraire de la fixation qui indique un attachement à une organisation libidinale spécifique et donc une absence d'évolution, la régression fait état d'un retour après une évolution « normale ». La régression peut être totale ou partielle.

Représentation : Dans la théorie psychanalytique, la pulsion se compose de la représentation et de l'affect. La représentation fait référence à la manière dont la pulsion se représente, c'est-à-dire à sa manifestation, en dehors de son aspect émotionnel et qualitatif correspondant à l'affect.

Représentations d'images : A l'inverse des contenus conscients, les contenus inconscients ne sont pas représentés par des mots. L'incapacité de dire est significative de la nature inconsciente. Les contenus inconscients sont véhiculés à travers des images (comme dans le rêve). On parle alors de représentations d'images.

Représentations de mots : Les contenus conscients peuvent s'exprimer. C'est d'ailleurs la verbalisation, c'est-à-dire la capacité à dire avec des mots, qui est considérée comme garante de la nature consciente des diverses représentations. Tout ce qui peut être parlé est conscient. C'est en cela que la théorie rattache représentations de mots et système conscient.

Résistance : La notion de résistance est étroitement rattachée au travail d'analyse. Dans la cure psychanalytique, un certain nombre de résistances jouent pour faire obstacle à la verbalisation et à l'accès à la conscience des contenus refoulés. La résistance peut être active et consciente, mais elle est plus fréquemment inconsciente.

Retour du refoulé : Indissociable du refoulement, le retour du refoulé constitue une réapparition dans le conscient des contenus précédemment refoulés.

Rêve : Objet d'étude vénéré par Freud, le rêve constitue la *voie royale de l'inconscient*. C'est à travers l'activité onirique que les contenus inconscients parviennent le plus facilement et surtout le plus naturellement à la conscience. Le rêve respecte des modalités spécifiques constituant le travail d'élaboration. Seule l'interprétation rend possible la compréhension, c'est-à-dire la prise de conscience, des contenus refoulés libérés dans le rêve.

Sadisme : Expression de la pulsion de mort, le sadisme se traduit dans le plaisir pris à faire du mal, à détruire, à torturer physiquement ou mentalement l'autre. Le sadisme est souvent associé au masochisme avec une constante interaction entre le plaisir de faire souffrir et le plaisir de souffrir.

Schizoparanoïde (position) : Mélanie Klein divise le stade oral en deux périodes. La position schizoparanoïde constitue la première période. Ses principales caractéristiques sont liées aux angoisses de persécution, à la non-ambivalence et au clivage de l'objet, à l'utilisation massive des mécanismes de projection et d'introjection.

Schizophrénie : Psychose qui touche surtout les enfants et les adolescents, la schizophrénie met en jeu des problèmes relationnels, notamment avec la mère. La communication avec l'extérieur se révèle difficile et le malade cherche à s'isoler, à se couper, à rompre avec un monde qui le terrorise.

Somatisation : Lorsque l'inconscient ne peut se dire à travers des mots, il s'exprime à travers le corps. On parle alors de somatisation pour expliquer les lésions organiques causées par des troubles psychologiques.

Source de la pulsion : La source traite de l'origine topographique de la pulsion (où, dans quelle partie du corps naît-elle) et des facteurs déclenchants (causes intérieures ou extérieures).

Stades de la libido : Traduisant l'évolution progressive et graduelle de la libido, le découpage en stades traite de leur durée, de leur nature et de leur qualité. La psychanalyse distingue les stades oral, anal, phallique et génital.

Subconscient : Terme que Janet emprunte aux philosophes pour décrire l'espace psychique non accessible à la connaissance directe. Le terme de subconscient n'est pas utilisé en psychanalyse (on parle d'*inconscient).*

Sublimation : Selon Freud, la sublimation constitue une défense du Moi. La pulsion ne pouvant s'investir dans son objet d'élection (sexuel), elle se déplace vers d'autres objets plus « élevés » et donc plus conformes aux intérêts du Surmoi. Pour Jung, en revanche, il existe une libido non sexualisée et donc la sublimation n'est pas une activité défensive mais est l'expression des idéaux humains, moraux ou esthétiques.

Surmoi : Instance psychique apparaissant dans la deuxième topique freudienne, le Surmoi constitue la somme des considérations morales et des interdits intériorisés.

Symptôme : En psychologie, le symptôme est considéré comme un effet et non comme une cause. Il constitue une formation de compromis entre les exigences du Ça et du Surmoi.

Tendances œdipiennes : Persistance du conflit œdipien originel à l'issue du stade phallique, et notamment chez l'adulte. Le désir incestueux demeure dans une expression réelle ou symbolique.

Thanatos : Dieu de la mort, dans la mythologie grecque Freud l'associe aux pulsions de mort.

Topique : L'aspect topique correspond à la disposition spatiale et symbolique des instances psychiques. Pour Freud, la topique répond à la volonté de donner une représentation des systèmes psychiques, permettant notamment de décrire leur situation les uns par rapport aux autres et d'expliquer la nature de leurs fonctions. La théorie psychanalytique fait référence à deux topiques (Conscient-Préconscient-Inconscient et Ça-Moi-Surmoi). Elles couvrent la totalité de l'organisation psychique.

Zone érogène : La zone érogène correspond à une source corporelle génératrice de plaisir. Dans l'organisation prégénitale, la psychanalyse distingue des zones érogènes privilégiées à l'origine des stades de la libido.

Bibliographie

ABRAHAM K., *Œuvres complètes,* tome II, Payot

BALINT M., *Amour primaire et technique psychanalytique,* Payot

BERGERET J., *Psychologie pathologique,* Masson

DADOUN R., *Freud,* Belfond

DUGUE J., *Cinq leçons sur la psychanalyse de Freud,* Pédagogie moderne

FOURNIER J.M.- RICHARD M. - SKRZYPCZAK, *La psychologie et ses domaines,* Chronique Sociale

FREUD S., *Introduction à la psychanalyse,* Payot

FREUD S., *Psychopathologie de la vie quotidienne,* Payot

FREUD S., *Totem et tabou,* Payot

FREUD S., « Psychologie collective et analyse du Moi », in *Essais de Psychanalyse,* Payot

FREUD S., *La vie sexuelle,* P.U.F.

FREUD S., Lettre n°74 du 5-11-1897, extraite de *La naissance de la psychanalyse,* P.U.F

FREUD S., *Trois essais sur la théorie sexuelle,* Folio Essais

FREUD S., *Le rêve et son interprétation,* Folio Essais

FREUD S., « Contributions à l'histoire du mouvement psychanalytique », in *Essais de psychanalyse,* Payot

FROMM E., *Grandeur et limites de la pensée freudienne,* Robert Laffont

FROMM E., *Avoir ou être,* Robert Laffont

GEETS C., *Melanie Klein,* Editions Universitaires, Psychothèque

GRIBINSKI M., Préface, in *Trois essais sur la théorie sexuelle,* Folio Essais

GRODDECK G., *Le livre du Ça,* Gallimard

GRUNBERGER B., *Le narcissisme,* Payot

HUMBERT Elie G., *Jung,* Editions Universitaires

JONES E., *Théorie et pratique de la psychanalyse,* Payot

JONES E., *La vie et l'œuvre de Freud,* 3 tomes, P.U.F.

JUNG C.G., *Dialectique du Moi et de l'inconscient,* Folio Essais

KLEIN M., *L'amour et la haine,* Payot

KLEIN M., *Développement de la psychanalyse,* P.U.F.

KLEIN M., *Essais de psychanalyse,* Payot

LAPLANCHE J.- PONTALIS J.B., *Vocabulaire de la psychanalyse,* P.U.F

NUNBERG H., *Principes de psychanalyse,* P.U.F.

PERRE M., *Qu'est-ce que la psychanalyse ?,* Aubier

REICH W., *L'analyse caractérielle,* Payot

SEGAL H., *Introduction à l'œuvre de Melanie Klein,* P.U.F.

SPITZ R.A., « A propos de la genèse des composants du Surmoi », in *Revue de Psychanalyse,* Tome 26, P.U.F.

WINNICOTT, D.W., *De la pédiatrie à la psychanalyse,* Payot

WINNICOTT D.W., *Jeu et réalité,* Gallimard

Table des matières

INTRODUCTION

LA MÉTAPSYCHOLOGIE

LE FONCTIONNEMENT PSYCHIQUE

NATURE ET RÉSOLUTION DES CONFLITS

LES VOIES D'ALLÉGEMENT DE L'INCONSCIENT

PSYCHOLOGIE DE L’ENFANT ET CONSTRUCTION DE LA PERSONNALITÉ

LA PSYCHOLOGIE DE L'ADULTE

ANNEXES

Achevé d'imprimer en avril 1996
sur presse CAMERON
par Bussière Camedan Imprimeries
à Saint-Amand-Montrond (Cher)

Dépôt légal : janvier 1995.
N° d'impression : 1/769.
Imprimé en France